本书受国家社科基金艺术学项目资助
项目编号：19CH194

成都:
当代城市公共图像
的接受与交往

张一骢/著

RECEPTION AND
COMMUNICATION
OF CONTEMPORARY
URBAN PUBLIC IMAGES

四川大學出版社
SICHUAN UNIVERSITY PRESS

图书在版编目（CIP）数据

成都：当代城市公共图像的接受与交往 / 张一骢著
— 成都：四川大学出版社，2024.1
（城市与文明）
ISBN 978-7-5690-6444-5

Ⅰ．①成… Ⅱ．①张… Ⅲ．①城市文化－研究－成都
Ⅳ．① G127.711

中国国家版本馆 CIP 数据核字（2023）第 210445 号

书　　名：成都：当代城市公共图像的接受与交往
　　　　　Chengdu: Dangdai Chengshi Gonggong Tuxiang de Jieshou yu Jiaowang
著　　者：张一骢
丛 书 名：城市与文明

丛书策划：张宏辉　徐　凯
选题策划：张伊伊
责任编辑：张伊伊
责任校对：陈　蓉
装帧设计：墨创文化
责任印制：王　炜

出版发行：四川大学出版社有限责任公司
　　　　　地址：成都市一环路南一段 24 号（610065）
　　　　　电话：（028）85408311（发行部）、85400276（总编室）
　　　　　电子邮箱：scupress@vip.163.com
　　　　　网址：https://press.scu.edu.cn
印前制作：四川胜翔数码印务设计有限公司
印刷装订：成都金阳印务有限责任公司

成品尺寸：170mm×240mm
印　　张：17.5
字　　数：308 千字

版　　次：2024 年 4 月 第 1 版
印　　次：2024 年 4 月 第 1 次印刷
定　　价：68.00 元

本社图书如有印装质量问题，请联系发行部调换

扫码获取数字资源

四川大学出版社
微信公众号

目　录

上　篇　城市公共空间的图像接受与交往理论

下　篇　成都公共空间图像接受与交往

专　题

结　语

上篇

城市公共空间的图像接受与
交往理论

第一章　图像、公共空间和当代城市

在今天，如下关键词已经成为社会文化生活中的重要组成部分。

首先是城市。现代性社会中，城市成为人们生活、消费和文化生产的重要空间载体。

其次是公共空间。这一和现代性进程一同出现的空间形态，以市场、街道、广场、商场、文化空间等形态，不断形塑着公共文化，也呈现出现代公共文化生活和交往空间。

最后是图像，今天的生活中席卷而来避无可避的景观：自20世纪中叶以来，图像爆炸时代的视觉呈现迅速占领了我们的公共和私人生活，我们不必再去美术馆，而是在城市生活的每一个空间，通过私人生活中的几乎所有媒介不停与之接触。

总之，今天人们的交往生活，包括时空感知、意义交互、情感交互等，都呈现出一个前所未有的现象，即城市作为时空基础、公共空间作为语境，以图像完成交往活动。

于是，这一现象在我们当代的日常生活中频频出现。

在中国北京天安门广场，人们注视着天安门城楼上悬挂的国家领袖毛泽东的头像，对于民族文化和政治共同体有着共同的感知和认同。

在美国时代广场，人们在除夕夜里狂欢，巨大LED屏幕和商店橱窗琳琅满目的商品海报、LOGO、广告，让人们对图像许诺的生活目眩神迷。

在巴黎地铁站附近的街头，各色皮肤的亚文化青年们手持喷枪，在墙壁上留下五颜六色的涂鸦，向来往的行人展示活力四射的街头文化。

在意大利佛罗伦萨的石块小街上，一个红色的"汽车禁停"交通指示图像守护着街道的静谧，驾驶机动车的人们在图像的示意下自觉驾车离开。

英国伦敦泰特美术馆，以一个封闭的城市公共空间向观者展示自拉斐尔前派一直到后现代的种种艺术图像，以一个向公共开放的封闭空间，实现文化艺术交流和艺术教育。等等。

关于这种当代文化艺术生活的现象研究，对解释今天的文化生活、艺术展示和交往活动，有着非常重要的意义。不过首先，我们需要厘清题目所涉的三个关键词，即图像、公共空间、当代城市的含义和脉络。

一、图像：当我们谈论图像时我们在谈论什么

（一）图像研究的时代背景

在今天的生活世界中，我们很难不与图像打照面。图像学在近 40 年来成为艺术研究和文化研究的重要关注对象，借助印刷品、手机、电视、互联网、城市建筑等媒介，各色视觉形象向我们潮水般汹涌扑来。我们会产生一种错觉："当今的世界文明好像会变成由图像所构成的'蚕茧里的蚕蛹'。"[①] 无论是政治、经济、文化、传播领域，还是艺术领域，我们都势必要对图像及相关议题进行及时的探讨和分析，从而在理论层面切入这一"图像爆炸"之前未被重视的现象域。

之所以说这是一个新的研究领域，就在于图像理论视域是在当代"图像泛化"背景下艺术学理论的溢出。20 世纪之前，对图像的关注主要集中于传统艺术（Fine Art）领域。在本雅明所谓"机械复制时代"到来之前，图像主要是由艺术家和工匠所手工绘制的视觉形象，属于艺术学的研究范畴。过往的研究主要集中于美术史论，集中探讨艺术图像的创作源流、审美价值、社会意义、艺术思潮等。然而 20 世纪之后，"机械复制时代"的来临使得图像不再仅仅是艺术家和工匠所垄断的、仅限于零星时空场域的"即时即地性"[②] 的审美造物，而是在当代生活世界中具有更多功能和属性，如：

更明确的功能性。图像不仅是审美的造物，更是一个意义交互的功能媒

---

① 霍斯特·布雷德坎普：《图像行为理论》，宁瑛、钟长盛译，译林出版社，2016 年版，第 1 页。
② 本雅明：《机械复制时代的艺术作品》，王才勇译，中国城市出版社，2002 年版，第 7 页。

介，无处不在的图标，城市街道的各种交通信号标志、产品包装上的各种功能指示图案等，都属于今天图像景观的新浪潮。

更强烈的意义性。大量图像不再仅关注自身审美和情感的传达，而是有更强烈的意义和价值。如国旗、国徽等图像，以视觉直观的形式展现出共同体的价值凝聚，展现出图像在意义层面的更多表达。新闻图像、符号图像更是在传达信息层面展现出不同于文字的直观、形象的媒介优势。

而在这两个趋向的基础上，图像带有了更强的政治属性，以视觉直观的方式传达和承载意识形态、政治宣传等功能性意义内容；也具备更强的经济属性，以其审美、价值、意义和功能混同的号召力，展现出商品经济和文化娱乐产业无尽的魅力。

今天还有一个趋向无法被我们忽视。自 1895 年电影这一动态图像媒介被发明以来，到 20 世纪之后电视时代、电脑时代、手机时代的不断演进，被雷吉斯·德布雷在《图像的生与死》一书中称为"视像"的视频图像，成为今天不能忽视的图像景观。电影的发明，以每秒 24 帧胶片放映形成的视错觉，为图像的形象注入了时间。在今天，电影、电视、网络短视频等图像形式，已成为文化生活中不可缺失的一环。

如上所述的图像发展的新形式、新领域、新思潮、新形象，是过去艺术史论的图像研究无法涵盖的。而图像的价值，也溢出了艺术学的范畴，在社会学、政治学、经济学、传播学、文化学，甚至在法律、自然科学等学科中，展现出更强的影响力。

图像既是生活世界中表达和传播的媒介，也是创作者自我表达的对象。然而过去的图像研究，主要都是关于图像的本体研究，创作研究和部分的传播研究，其中最为兴盛的是图像理论。当下主流研究从以下两个方面着手：

首先是集中于符号学分析研究。这类理论研究将图像看作一个符号文本，在"能指－所指"的意义指涉中分析图像的意义。譬如罗兰·巴特的图像学理论，米歇尔的《图像学研究》等。

其次是集中于意识形态分析/批判。这类理论研究奠基于西方马克思主义文化批评，致力于发掘当代图像文化背后的异化危机。主要有保罗·维利里奥《视觉机器》《无边的艺术》、德布雷《图像的生与死》、朗西埃《图像的命运》等。

此外，在今天的人文社科研究中，也有大量从社会学着手，将艺术、图像与社会学进行结合的社会研究与文化研究。如维多利亚·D.亚历山大的《艺术社会学》等。不过这类研究目前总体上多是笼统的图像社会学描述，接受和交往两个以图像为媒介的社会文化研究视角还未能有效聚焦。

因此本书主要将视点聚集于此。

本书研究的图像接受，主要是指图像这一文本在受众接收过程中的意义生成和理解机制；图像交往则是指借助图像这一媒介，人与人之间直接或间接地形成意义交互，从而调节规范自身行为。

（二）一个本体追问：图像是什么

跳出过往艺术史论的视域，对今天的图像进行视野更广的研究（包括图像分析、传播、接受、交往等维度的研究），具有打破学科边界、体现理论前瞻性的价值和意义。不过在此之前，因为图像在今天社会生活中展现面相的复杂，我们首先需要厘清一个问题：当我们在谈论图像时我们在谈论什么。

中文"图像"一词，在英文中对应着几个不同的符号所指。最通俗的对应是"picture"，指代照片、画像、图画、影片等。而学界通常将图像对应为"image"（如雅克·朗西埃、雷吉斯·德布雷等），即形象、画像、雕像、意象等视觉直观形象呈现。此外还有"presentation"（表现形式）、"tableau"（戏剧场面）等，不同的语言符号所指在具体的指向上也有不同的方向差异。下文将通过几个典型的图像定义，确认不同理论视域下图像一词的含义。

1. 艺术史论视野

在艺术史论领域，图像无疑是指架上艺术形象。在罗杰·弗莱、格林伯格、施坦伯格等现代艺术史论家那里，谈及图像之时，核心论域仍旧集中在艺术史和艺术批评的层面。以图像学（iconography）研究的创始人潘诺夫斯基为例，其著作《图像学研究：文艺复兴时期艺术的人文主题》所论及的仍旧是艺术史中艺术图像和绘画作品的形式、主题和内容层面，没有跳出传统艺术史论的视野。

2. 语言学视野

半个多世纪后 W.J.T. 米歇尔的著作《图像学：形象、文本、意识形态》，则将图像的概念进行了拓宽。虽然在著作的前言和主题部分，米歇尔的论域仍旧集中在绘画等传统手工艺的艺术图像中，但在界定"什么是图像"时，米歇尔则追溯到语言学的领域，试图从符号学层面进行形象谱系的切入和整理。如米歇尔所言，"现代图像，犹如古代的'相似性'观念，至少揭示出了其内在机制是语言这一事实"①，图像在语言学和符号学层面的意义维度被看到，而不再局限于艺术图像的狭窄区域。而国内胡易容的《图像符号学：传媒景观世界的图式把握》更是从符号学的角度对图像进行了意义把握，从语言学、符号学和传媒的层面观照图像的意义范畴。

3. 人类学视野

霍斯特·布雷德坎普的《图像行为理论》一书，则利用人类学视野的历史追溯，认为图像的定义应该是"大自然的形成物只有显示出了人类加工——哪怕是少许的加工的痕迹才能够被看成图像"②，确定了图像的两个要素：一是人工造物的痕迹，二是视觉直观认知的可能性。在这里，图像的一般概念就不止于架上艺术图像，而是将日常生活中视觉可以捕捉到的痕迹全部囊括进来（如书中谈及的石斧、雕塑甚至中国传统园林中的假山）。与霍斯特·布雷德坎普类似，克里斯托夫·武尔夫的《人的图像：想像、表演与文化》（后文简称《人的图像》），也从人类学的视角将图像从艺术史论中拓展开来，"指那些视觉化−感官过程的最终结果"③，并且将综合感官、记忆、梦境、想象的图像图景全部囊括进来。

---

① W.J.T. 米歇尔：《图像学：形象，文本，意识形态》，陈永国译，北京大学出版社，2012年版，第51页。
② 霍斯特·布雷德坎普：《图像行为理论》，宁瑛、钟长盛译，译林出版社，2016年版，第20页。
③ 克里斯托夫·武尔夫：《人的图像：想像、表演与文化》，陈红燕译，华东师范大学出版社，2018年版，第2页。

4. 影视理论视野

在《人的图像》中，武尔夫同时也提到，进入数字时代之后，动态性图像成为重要的图像媒介呈现形式，而这一分类成为21世纪图像理论继语言学、人类学之后的又一转向。雅克·朗西埃在著作《图像的命运》中论及图像仍旧是以绘画为核心，但也谈到，电影这样一种动态性图像，因其视觉直观和言语意义共同出场，形成"图像句子"①的图像呈现形式，会是未来图像命运在纯粹的物感和纯粹的意义两种"图像的终结"之间一种可能的出路。莫罗·卡波内《图像的肉身》更是将其论域直接锚定在绘画与电影之间，探讨电影作为动态性图像的哲学问题。

因此，在今天探讨图像问题之时，我们所谈及的已经不再仅仅是一个世纪前关于架上艺术的形式、象征、意义的讨论，而是更多将眼光置于生活世界中更广泛的视觉表象之中。如胡易容在《图像符号学：传媒景观世界的图式把握》（后文简称《图像符号学》）中所言"贸然界定图像并不明智"②，本项研究对于"图像是什么"这一本体论意义上的界定，在学理上是极为困难的。一方面是因为汉语术语图像对应的英语名词数量庞杂，含义丰富，另一方面实则是当代媒介发展进程中"图像"作为视觉文化表征的外延和内涵也在不断发生变化。然而每一项研究总需要有视野和立场的出发点，于是在本书的研究中，一是主要参照了《人的图像》一书中"通过知觉将外部世界的知觉转化为内部世界的感官认知的媒介"的理论界定；二是兼顾《图像行为理论》中关于狭义图像的定义［(1) 平面的、人造的且相对稳定的；(2) 在交流活动中用于说明真实或虚构的情形；(3) 可通过视觉感知的③］；三是突破传统图像学对于艺术图像的关注视野，将理论演说扩展到当代生活世界更为广泛的视觉文化领域之中。基于上述三个理论视野的融合以及对城市公共空间图像的聚焦，本书将关于图像言说的范畴锚定在以下三个层面。

第一，核心论述领域：平面性、静态的人造视觉感知形象，包括绘画、海

---

① 雅克·朗西埃：《图像的命运》，张新木、陆洵译，南京大学出版社，2014年版，第63页。
② 胡易容：《图像符号学：传媒景观世界的图式把握》，四川大学出版社，2014年版，第22页。
③ 克劳斯·萨克斯－洪巴赫：《图像行为理论》，王卓斐译，载《外国美学》2015年第1期，第20页。

报、印刷品等形式的平面图像。这部分作为论述和分析的核心内容进行言说。

第二，延伸论述领域：雕塑、建筑、装置、景观、影像等不在传统"平面图像"范畴之内，但以固定物理媒介承载的视觉表象的形式呈现的形象。这部分不作为核心内容，但仍旧是关注的重点。

第三，前沿论述领域：景观、灯光、VR 影像等更加前沿的视觉文化和视觉景观。这部分视觉形象在经典论著中并未被纳入，也没有单一或实体的物理媒介承载，但也在以视觉文化的形式产生着审美、意义、功能的强大效力。鉴于技术和理论相对前沿，这部分图像在专题章节中进行针对性论述。

考虑到图像在城市公共空间中现身的公共性，在具体的实证性考察研究中，笔者将以成都市的公共图像为例，把目光主要聚焦于以下几种在公共空间中经常出现，并对人的空间接受交往产生影响的图像：

（1）城市公共空间的符号图像，包括 LOGO（即 logotype，徽标图像）、吉祥物、卡通形象等；

（2）城市公共空间的宣传图像，包括平面宣传图像、动态影像等；

（3）其他具有城市文化和记忆特征的公共绘画、雕塑等图像和影像；

（4）作为公共事件（政治、经济、商业、文化等）出现的城市公共图像；

（5）其他以公共景观方式出现的城市视觉形象。

谈到这里就有另一个问题亟待厘清。本书试图分析和阐述城市公共空间中的图像接受与交往，但是空间本身对于图像的现身和被接受又有着什么样的影响？过去的诸种空间样态和今天的城市公共空间，之于图像又有着什么样的意义？

二、空间：当代城市公共领域和公共空间的演变

图像在历史中总是和公共领域、公共空间有着一定的联系。古代的东亚文化圈中，在寺庙、道观等宗教文化场所，人们总是向标记着宗教人物或宗教故事的图像顶礼膜拜。另一轴心文明发源地西欧亦是如此。在爱德华·泰勒、弗雷泽等人类学家看来，图像的发明和巫术、祭祀等宗教活动密切相关。在漫长的上古和中古历史中，图像主要是寺庙、祭坛、寺庙等公共空间，以及一些陵墓、特权阶级居所等空间的伴生品。如《古希腊艺术》开篇所述：

希腊人的世界充满了图像。……许多圣域中都保存着无数图像作品，作为还愿品（Weihgeschenk）：包括大型的立像（其中部分是表现多个人物的群雕），画在木板上或以湿壁画技法画在建筑物墙面上的绘画，但尤其常见的是青铜或赤陶质地的小型还愿雕像，它们的数量时常成百上千。……在讲究的住房里，许多在节庆场合使用的器皿和用具上，极尽华丽地装饰着各种各样的图像主题；后来住房中又出现了小雕塑，偶尔也有大型雕像，还有壁画。在大城市中，有时公共广场上和圣域中的图像作品是如此繁多而密集，以致连走动和交通都受到了阻碍，对此官方不时设立规章并加以清理。①

在西方文明中，中世纪中期（尤其是"图像之争"前后），公元 6 世纪末的格列高利大教皇认为："许多基督教徒并不识字，为了教导他们，那些图像就跟给孩子们看的连环画册中的图画那样有用处。他说：'文章对识字的人能起什么作用，绘画对文盲就能起什么作用。'"② 罗马教廷将图像由异教徒的偶像认知转化为天主教自身的圣言"道成肉身"的形象呈现。图像成为天主教用来宣传教义的形象化展示，在彼时识字率极低的西欧土地产生了神奇的效果。人们惊讶于图像的"神迹"，又因其形象性直接领会宗教教义中的意义，从而顶礼膜拜。图像以自身形象的神圣感召力和意义象征毋庸置疑的权威性，在教堂这一公共空间形成一种神圣的宗教"共契"感，以一种宗教仪式的空间展开，将民众在公共空间之内凝聚起来。

文艺复兴思潮解构了中世纪图像与公共空间之间牢不可破的关系。随着世俗权力的崛起，以贵族和商人为首的势力开始与教廷争夺公共图像领域。以美第奇家族为代表的贵族逐渐参与到图像的占有和购买中。图像不再是罗马教廷不可动摇的垄断物，而是逐渐滑向贵族和商人的客厅和餐厅。图像所呈现的公共空间的变迁使得图像自身的视觉审美和意义也发生了改变：一是图像本身的审美维度开始被重视，而不仅仅停留于"道成肉身"的意义呈现；二是图像的内容开始向公共领域的所有者趣味转变，时而是古希腊罗马神话故事（如波提

---

① 托尼奥·赫尔舍：《古希腊艺术》，陈亮译，世界图书出版公司北京公司，2014 年版，第 2～3 页。

② 贡布里希：《艺术的故事》，范景中译，广西美术出版社，2008 年版，第 135 页。

切利《维纳斯的诞生》），时而是世俗的战争甚至围猎（如乌切洛的《圣马力诺之战》）。虽然如美第奇家族等贵族家庭的客厅和餐厅在财产所有权方面被视为私人领域，但贵族和富人招待客人、举行宴会和沙龙的空间开启了公共领域的另一个维度。贵族和上层阶级在客厅和餐厅举行沙龙，进行各种形式的交流。此时，图像成为建立和调整公共空间意义和氛围的媒介，有时也成为传播的内容中介，即话题中心。

　　出现于 16 世纪并于 19 世纪兴盛起来的另一个承载图像的公共空间领域，则逐渐代替贵族的餐厅、走廊以及上流社会沙龙，成为影响力持续到今天的城市空间。画廊，这一最早作为特定阶层展示藏品的图像陈列空间，经过几百年的商业化发展，逐步变成了城市公共服务或商业领域中图像陈列、展览和交易的中介。在这一公共空间中，绘画图像完成了从作为身份和品位的展示品到具备审美趣味的商品的物的转向，而后者的属性开始对图像自身更加触目、亮眼、具有"瞬间"审美冲击力的物感有了更高的要求——毕竟，如同超级市场的市场营销逻辑一般，商品被销售出去的前提是"看得到"，然后才在商品亮眼的包装触目下展开"内涵如何""是否值得买"等命题。于是，在 19 世纪之后公共领域和空间变迁以及其他各种因素（诸如艺术思潮、社会思潮等等）的共同影响下，我们可以看到自浪漫主义、巴比松、透纳到印象派、新印象派、后印象派的图像演进，绘画图像越来越明亮和鲜艳起来，更加重视色彩和光影"瞬间击中"的审美质感。也就是说，在画廊体制之下，因为公共空间的变迁，艺术图像呈现出一个品质的飞跃：绘画图像更加重视视觉的物感直观，而不仅是上古和中古时期承载意义和内容的视觉载体。图像从意义中心的束缚中解放了出来。

　　20 世纪则是现代博物馆、美术馆等公共领域大力发展的时代。现代城市中的博物馆、现代艺术馆等公共领域，建构了一个特殊空间。作为承载绘画图像的公共空间，博物馆、美术馆和画廊等机构在当代显示出其时空结构的"无时间性"异托邦指向。置身体量宏大的艺术图像公共空间之中，人们的直观感受就是与这一时空之外的日常生活世界的"时间"相脱离：在建筑的形制、布局、墙体、展陈设计，以及其中的绘画图像、古物、雕塑等艺术品之间徜徉游走，会有一种强烈的"不知今夕是何夕"的时间停滞感。博物馆、美术馆和画廊之中的时间感唯有一种，即与日常生活世界的时间感割裂开来后，这一时空结构和艺术图像内部的"时间感"营构形成的张力。大量的现代和当代美术馆都呈现出这样一种时间感知：用包豪斯的极简室内设计、大面积的白墙、风格和装饰的大幅删减，以及取代自然光、保证恒定亮度和色温的人造灯光，营造出一种白纸一般的时空氛围，"这样才能让观众与当今的艺术文化发展和历史化方式拉开距离，从而直接与艺术品相遇"①。这样一种白纸一般的时空结构，在置身其中的主体的内时间感知中，既不指向过去，也不指向现在和未来，而完全是一种"飞地"一般的"无时间"异托邦。而在与不同的绘画图像（以及其他形式的艺术品）照面时，艺术图像内部时间的多元化呈现，则在审美感知的内时间绵延中，形成"艺术时间性的多元化"②的碎片化时间呈现，让观者在一种整体的"无时间性"感知中，恍惚间又经历和绵延了多重碎片的时间感知指向，形成一种恍惚的、异域的异质性时间体验。

　　而在城市公立的博物馆和美术馆中，艺术图像就失去了其作为商品的交换价值，成为在公共空间中展示的"纯粹"的"物"：在海德格尔看来，它是失去了"上手"功能的"纯粹的物"。在这类公共空间中，艺术图像的存在意义也发生了另一种转变：作为公共教育机构中的"物"，艺术图像承担着现代审美教育的功能。因此，在现代博物馆、美术馆中，我们一方面看到的是具有文物价值的"古物"形象（对历史的保存和记录的功能），另一方面展示在我们面前的，是最前沿、最前卫的形象：公共教育机构需要对公民进行"现代性"的审美教育。在这一类公共空间，公众在生活世界边缘的特殊空间中，完成具有现代性品质的美学感知和美术美育，形成彼此审美感知和意义的"共契"。这一审美的"共契"与之前的时代并不相同——这并不是出自宗教意义、符号和仪式的共契，也不是沙龙生活中特定阶级对文学意义的共同领会。现代美术馆与博物馆所提供的"共鸣"与"交往"的共契，是前卫艺术的一种"哲学意义"，是对现代人感性的自我确认，以及现代世界生存感知的"异域性"开启。此外，博物馆等类型的公共空间作为现代民主社会中的公共机构，向社会中的每一个人开放，在图像展示和图像承载的情感体验层面真正实现了"感性经验

---

　　① 雅克·朗西埃：《审美革命及其后果》，赵文、郑冬梅译，载汪民安、郭晓彦主编：《生产》第8辑，江苏人民出版社，2013年版，第219页。
　　② 雅克·朗西埃：《审美革命及其后果》，赵文、郑冬梅译，载汪民安、郭晓彦主编：《生产》第8辑，江苏人民出版社，2013年版，第221页。

的平等再分配"。这一公共领域的出现，也是现代社会情感体验民主化、平等性的重要标志。

20 世纪以来，因为世界范围内城市的崛起和消费社会的不断蔓延，伴随着机械复制时代图像的生产，更多的图像开始占领城市户外的公共空间。在城市的广场、街道、消费购物中心等公共空间，如哈贝马斯在《公共领域的结构转型》中所言，"文化商品市场成为不断扩大的消闲市场，担负起新的功能"①。法国思想家居伊·德波写下《景观社会》时，曾将"景观"理解为资本主义高度发达的背景下"现代生产条件无所不在的社会，生活本身展现为景观（spectacles）的庞大堆聚"②，这正是对今天城市空间中无处不在的图像景观的精准描述。城市中无处不在的广告灯牌、海报，都在以图像的形式展示着消费社会给予城市居民的诱人生活和审美许诺。借由消费物已经填充了整个世界的景观样态，以消费物为媒介的图像，也就成为公共空间的重要组成部分：卖场、商店、商业街区……都成为图像出场的"公共领域"。从大众传播媒介到消费社会，可以窥见，"图像与公共空间"的范畴已经远远突破了前现代的教堂、广场等场域，也不仅限于现代性社会早期的沙龙、画廊、博物馆、美术馆。在 20 世纪，随着现代性的社会进程，"公共领域""公共空间"的概念已经被极大泛化了，显示出突破物理时空、在消费社会中"即时即地化"等倾向。因此，图像在公共空间内现身的意义，也超越了现代性早期人们的认知。近年来，在《银翼杀手 2049》《红辣椒》《阿基拉》等赛博朋克电影中，城市被描写为充斥着全息影像的空间，这一景观社会得到更为夸张的呈现。而另一方面，城市广场上的广告、影像，尤其是宣传性或公益性的图像，又在向城市生活中的人们共同传达着一些意义，使得图像的接受者因为图像的审美和意义呈现产生连接、交互和共契。

于是乎，城市广场、街道、购物广场等开放公共空间的图像就呈现出这样一种复杂的效果：或是广告图像带来的城市生活的许诺，或是各种图像景观形成的审美氛围的认同，又或者是某些图像意义的传达和连接……总之，城市居民在对图像审美、意义、品质的认同中，也作为城市居民产生了市民身份的自

---

① 哈贝马斯：《公共领域的结构转型》，曹卫东等译，学林出版社，1999 年版，第 191 页。
② 居伊·德波：《景观社会》，王昭风译，南京大学出版社，2006 年版，第 3 页。

我确认。于是，这一公共空间中图像的接受和交互的意义就在于城市居民之间普遍身份的确认、共振和交互。因而，北京市民看到红墙绿瓦、看到天安门等地标图像时总是倍感亲切；西安市民更偏爱鼓楼、大明宫等图像的呈现；上海市民除去一些地标图像，也会用琳琅满目、充满了"高级感""奢侈感"的广告图像获得"国际都市市民"的自我认同；香港和重庆市民对城市的图像认同则会趋近于立体城市的"赛博朋克"景观……每当与城市标志图像照面时，现代城市公民的自我认同和相互认同就以图像为媒介得以完成。

至此，对现代城市中公共空间与图像的几个典型场景，我们已经进行了粗浅的介绍。在城市的"沙龙"中，市民因为修养、阶层和趣味聚集在一起，以文化、图像等内容作为谈资，组建的是城市特定阶层和群体之间的交往行为。而博物馆、美术馆等现代文博空间，作为封闭的城市公共空间，则使得这一图像接受、市民交往和认同行为，借着审美活动和美学教育扩展开来，市民进入这一公共空间，在审美认知、共契、教育中更加普遍地进行图像接受和交往。而在今天，更加高效、普遍地进行图像接受和交往的公共空间则是城市的广场、街道、商业综合体等开放空间，人们更加广泛地达成彼此之间的认同，并且对城市的归属性认同也更加强烈。因此，城市公共空间的图像接受和交往无疑是今天图像文化研究中不可忽视的一个领域。

三、城市：感性再分配的新空间

在政治哲学视野下，"公共领域"除去和"公共空间"近似的泛指意义，还有狭义的"政治聚焦领域和政治空间"之义。而置于当代生活世界中，"公共领域"的概念也突破了前现代具象时空的物理范畴。20世纪大众传播的发展，使得以电视、电脑、手机屏幕为媒介的图像，可以通过大众传播的复制传输并呈现在每一个人面前。尤其是数字时代和互联网的兴起，使得图像可以在网络中无限复制和增殖。身处21世纪的我们已经普遍认同互联网络是虚拟的新兴"公共领域"，在此基础上考察公共空间内的图像呈现，其范围也就得到了极大扩展。

今天的城市公共空间，和传统西方政治哲学的"公共领域"存在着一定的区别。在西方政治哲学看来，公共领域的一大功能就是作为专门的政治领域。

哈贝马斯在早期的政治哲学著作《公共领域的结构转型》中，将城市范围之内一切公共空间之中的交往行为都视为政治行为。无论是文学公共领域、政治公共领域，还是资产阶级社会以来的商业领域，其核心实质在于权力、规范和立法的政治性交互场域。在这一场域之中，人与人之间交互、交往和共契的最重要目的在于政治力量的集结和对抗，对权力进行批判，从而实现政治权力的再分配。用哈贝马斯的话来说就是：

> 它用公共性原则来反对现有权威，从一开始就能使政治公共领域的客观功能与其从文学公共领域中获得的自我理解一致起来，使私人物主的旨趣与个体自由的旨趣完全一致起来。……因此，政治解放与"人的解放"——按照青年马克思的划分——在当时是很容易统一起来的。①

不过，显而易见的是，今天的城市公共空间的功能已经超越了狭义的政治领域。当代社会之中，公共空间之中的政治并非狭义的"政治"本身，而更指向融入日常生活场景之中，融审美、生活、交互、政治、经济于一体的"元政治"。法国哲学家雅克·朗西埃认为这是不将政治和审美、文化等形式对立，而是将其融合和混合的关联状态。朗西埃在论著中提出"歧义"政治，意在建立一种"可感性的再分配"，"将美学带出自治独立的话语系统，以跨领域和忽视身份、象征等级的方式重塑社会领域，即美学不仅仅指涉无关功利和知识概念的艺术趣味、形式、媒介问题，还与跨越社会等级、消除话语区隔的对话、交流或事件都发生关联。美学沉降到日常经验领域，在旧有的审美秩序（伦理和再现秩序）中不被感知、不被再现的事物、主题、行动，在新的美学识别系统中被感知和呈现"②。这也就意味着，如朗西埃所言，在今天的各类城市公共空间中，政治行为和事件随时发生，但并非狭义的"政治"，更多是和感知、审美、交往行为并置的"元政治"。政治的再分配机制，也从狭义的基于物质和权力的生产再分配过渡到今天城市空间之中基于感知审美的"可感性的再分配"。

---

① 哈贝马斯：《公共领域的结构转型》，曹卫东等译，学林出版社，1999 年版，第 60 页。

② 张意：《城市参与式艺术的"在地实践"与"场域感知"》，载《广州大学学报（社会科学版）》，2021 年第 5 期，第 115 页。

通俗来讲，这就意味着政治可能会以城市公共空间内共同感知、共同经验、共同审美的方式，向市民进行经验的再分配。与 19 世纪和 20 世纪初的城市公共领域不同，今天的城市广场，已经不再以广场政治和街头政治为主要功能。尤其是在当代中国的大型城市，广场、街道、公园等公共空间，更多呈现的是去政治化的生活场景，人们在这些公共空间中歌舞、散步、游戏，呈现出的是更加日常化的交互方式。但感性再分配的"元政治"也在这些场景中伴随着日常生活的内容不断生成。爱德华·格莱泽在《城市的胜利》中提到伦敦作为欧洲老牌的城市，至今都在全世界内拥有无穷的魅力，吸引人们源源不断涌向这些城市的一大原因就是"它们包含了长达几个世纪的在建筑、博物馆和公园等方面的巨额投资"①，让人们在城市中更加快乐。享乐的审美精神与对城市的认同感交织起来，在城市公共空间弥散，就成了一种感知的再分配。在这个意义上，城市公共空间就成为当代城市政治的新场域，在感知与权力之间不断展开新的政治运动。在城市公共空间中，人们也在共同感知、领受和参与一系列事件，自身的感知以空间为单位，不断重塑。

基于城市公共空间可感性再分配的不同功能指向，接下来简单谈一下最为常见也最典型的几种空间形式。

（一）城市公共广场空间

在今天，广场通常是一座城市最重要的公共空间。每当我们想到世界著名城市时，广场总是会作为这座城市的门面形象在我们的脑海中浮现：美国纽约时代广场、法国巴黎托卡德罗广场（埃菲尔铁塔前）、中国北京的天安门广场、成都的天府广场、上海的人民广场、兰州的东方红广场，等等。对于城市来讲，广场不仅仅是供人们停留、休闲、游戏、交往的场地，也是一座城市政治性和文化性功能凝聚的空间。

在英文中，"广场"一词对应几重含义。它可以对应 public square，即"公共广场"。在传统的西方政治哲学范畴，"广场"被当作政治性集会、游行、信息交互和再分配的重要场所。无论是各种群众的政治性集会，还是政客演讲，再到今天城市举办的各类大型活动，在各种各样的政治再分配活动里，广

---

① 爱德华·格莱泽：《城市的胜利》，刘润泉译，上海社会科学院出版社，2012 年版，第 111 页。

场都被当作公共政治的标志性分享和交往时空。于是，这一意义下的广场，向我们呈现的是一种政治再分配的功能，例如北京的天安门广场被国人认为是最富政治意味的城市公共空间：中外游客去往天安门广场游览，通常带有对国家政治意志瞻仰领会的动机，国家的大型集会活动（如庆祝新中国成立七十周年大会、建党一百周年庆典）也多以天安门广场作为举办地。广场内的公共图像，就成为政治意义再分配的聚焦：从人民英雄纪念碑、华表，到领袖画像、天安门标语，再到作为公共空间景观的天安门城楼形象，无一不在辅助这一城市公共空间完成政治意涵再分配的功能。国内很多城市也抓住了城市公共广场的政治性功能，通过集会、活动，以及日常生活中投放平面公益广告、LED大屏公益广告的方式，进行政治、政策、城市形象等图像宣传，向人们展示门户性的城市政治文化力量。

（二）城市街道的公共空间

广场一词也对应 esplanade，即"城市中海滨、河畔供人散步的空地"，对应城市中与街道、河畔、海滨等相连的小块空地。这一定义实际就延伸到更普遍、更属于我们日常生活场景的公共空间，包括街道、空地、小广场、街区公园、社区广场等。这一类城市公共空间没有专门而宏大的用途和功能，在日常生活中也都是不起眼的，却对城市公共生活的审美氛围分配有着重要的意义。

简·雅各布斯在著作《美国大城市的死与生》中反复强调街区对于城市的重要意义。在她的笔下，街区的商铺和商户让人安心，街区作为城市最小单位，发挥凝聚的力量，而街区公园、社区广场等城市公共空间，有着更强大的功能。不同阶级、不同文化的人在街区空间中"有时是来坐一坐，解除疲劳，有时是来玩耍或者是来观看某个游戏；有时是来谈恋爱；有时是来赴约；有时到这里来是为了找一个僻静的地方体验城市的喧闹；有时则是希望在这里碰到某些相识的人；有时是为了更贴近一点自然；有时是为了让孩子有个玩的地方……"①，完成雅各布斯所谓"互构性"的交往活动。在中国的城市，这类广场、空地、公园等空间中，各式各样的交往活动尤其频繁：既有年轻人的恋爱散步，又有老年人的集体广场舞，白天有退休人员的麻将、交谊舞或者器乐

---

① 简·雅各布斯：《美国大城市的死与生》，金衡山译，译林出版社，2006 年版，第 92 页。

演奏，晚上又会有无数夜跑、直播的身影。这些不起眼的小空间散布在城市之中，构建了无数活态的城市交往活动场景。这一类空间的意义交互和再分配也趋于日常生活的审美特质。

这一城市公共空间本身的氛围、审美和文化特质并非交往活动的核心，却能够激发公共交往活动的激情。以成都合江亭为例。成都市天仙桥南路合江亭街道上，有一条当地著名的"爱情斑马线"，整条斑马线是大红色底面，中间有一大一小两颗"心"的图像，图像里面写有"I LOVE YOU"字样。合江亭街道原本只是城市通行的街道空间，因为这一图像而被赋予了城市旅游、交往功能，这一公共空间也呈现出更多人情趣味，使得城市空间本身更有温度。同理，街区、公园、空地、社区广场中的不少装置、图像、雕塑，也在用自身审美的呈现影响整个城市空间的品质，使得城市空间的场域更具有"在地化"的审美凝聚，建构一种日常生活的感性秩序。

（三）城市公共商业空间

在今天中国的城市语境中，"广场"一词往往在日常使用中更多指向mall，即"购物广场"之意。20 世纪中后期，现代性社会的进程已经使得"消费社会"这一概念呈现在大众面前。因为现代性进程中资本主义生产机制的发展，西方发达资本主义国家带动全球风潮，进入了"物的不断丰盛的时代"。消费物已经填充了整个世界的景观样态，以消费物为媒介的图像，也就成为公共领域的重要组成部分：卖场、商店、商业街区……都成为图像出场的"公共领域"。各种各样的商业综合体、购物中心，往往被冠以"广场""天街"之名，实际上形成的是以商业、零售、娱乐、餐饮为核心的城市公共商业空间。在这一空间之中，商家和消费者之间的消费行为，消费者与消费者之间的娱乐行为构成了主要的交互模式，人们借由交易在这一空间中完成哈贝马斯所谓"文学公共领域"之中的交互行为——审美、文化、享受，从而实现感知的再分配。因此，现身于城市公共商业空间之中的图像，更多的是承担一种商业性、娱乐性的感知重塑，从而调节公众的可感性再分配模式。更具商业气息的广告、更具先锋性或娱乐性的艺术品就成为城市公共商业空间中的主流图像。

这方面最具影响力的莫过于美国纽约的时代广场。时代广场（Times Square）是坐落于美国纽约市曼哈顿的著名城市公共商业空间，附近聚集了近

40 家商场和剧院，是繁盛的娱乐及购物中心。百老汇的剧院、大量耀眼的霓虹光管广告、电视式的宣传版、LED 大屏广告，已经成为纽约的标志，反映出曼哈顿强烈的都市特性。走近时代广场，四周是色彩绚烂的霓虹灯和沉浸于表演的街头艺人，随时播放着新闻、歌曲 MV，大屏幕不断闪烁，足以震撼每个人的眼球。广场本身浓烈的娱乐性和商业气息的图像彰显出整个公共商业空间的感知功能指向。而这一气息也成为纽约乃至美国的都市文化、商业文化象征，在娱乐、审美和商业之外呈现出更多的泛政治色彩。而在中国，类似于北京三里屯太古里、芳草地等公共商业空间，也在娱乐、商业和审美的交互范式之外呈现出城市形象的另一维度凝聚，向人们彰显城市的商业文化活力。公共空间的政治属性，就在人们的交往行为中得到凸显。

（四）城市公共文化展陈空间

包括博物馆、美术馆等在内的城市公共文化展陈空间，是被区隔在城市日常生活之外的公共空间。不少城市的公共文化展陈空间都选在市中心，无论是工作、消费、娱乐、通勤或是其他事宜，当代日常生活的场景总是与这里保持着区隔的距离，使之成为一个连贯生活场景之外的"异域"。人们只在特定的审美需求驱动下才进入这一空间，并在密闭空间中将自己与城市世俗生活隔离开来。但这一看似隔离的"异域"空间又是当代城市必不可少的。对于标榜历史文化艺术的城市来讲，城市公共文化展陈空间是一座城市文化的门面。从法国巴黎的卢浮宫、英国伦敦的大英博物馆，到中国北京的故宫博物院、西安的陕西历史博物馆等，无一不在以异域空间的形态封存保护着城市的文化精神。除此之外，在亲子、教育、文化、旅游等需求方面，城市公共文化展陈空间也在扮演着重要的角色。人们进入城市公共文化展陈空间，在"审美异托邦"的城市特殊时空之中，展开浸润了城市精神的特殊审美交往，建立起审美和文化的感知共契。

这一共契在城市的范畴下首先表现在对城市文化精神的认同。它可能是西安、北京等历史名城居留于博物馆中的历史文化精神的认同，也可能是上海、深圳等当代城市先锋前卫时尚文化精神体现于博物馆的展品、展陈设计甚至建筑空间的认同。其次在于对具体时空体验的共契。人们在同一特殊封闭异域时空之中的审美感知，能够在无形之中形成一种主体之间的共振与共契，从而凝聚人际交往的关系结构。于是，在城市公共文化展陈空间中现身的图像，在文化记忆和审美经验的双重维度成为城市居民审美交互、审美经验再分配的焦点。以 2020 年上海浦东美术馆开馆，用英国泰特美术馆一系列艺术作品进行开幕展览的事件为例：异国现代性的美术作品与上海市民的相遇，同样建构了人们对这座城市"洋泾浜"和开放的城市气质的想象和认同。同时，借由这些艺术作品，对现代艺术、抽象艺术的审美感知经验也成为他们的情感共振。

（五）城市公共展会/赛事空间

与城市公共文化展陈空间相似，城市公共展会/赛事空间也是特殊的城市公共空间：这一空间本身并非城市日常生活的连续场景，甚至不在日常生活的范畴内，仅在节庆等特殊时间以展会赛事作为事件驱动，呈现出短期的特殊时空氛围。然而这些展会赛事除去自身固有的功能，也是承办城市的重要形象宣传载体。参与展会赛事的市民在事件之中产生情感共振，事件之外的人则通过展会赛事的宣传对城市形象进行认知和认同。因此，这一借由事件构筑的不定时间、不定空间的公共空间，往往也是城市形象宣传和认同的重要空间。人们在这一空间之中既有审美感知交互，也存在着以事件作为政治的可感性的再分配。

奥林匹克运动会作为世界最为知名的体育赛事，就充分体现出这一点。奥运会承办城市除去赛事及相关事宜的准备，通过一系列图像在这一空间之中进行展示，既能够宣传城市形象，也能让空间中的人们共同沉浸在节庆的审美气氛中。2008 年北京奥运会的会徽图像"中国印·舞动的北京"彰显了城市的文化历史和活力气氛，向世界宣告北京的文化形象；2020 年东京奥运会则是以几何形体展现未来感和设计感。奥运吉祥物图像、运动项目 LOGO 符号等，都是不同城市文化活力和审美趋向的呈现。沉浸在这一事件或这一空间之中的人通过对图像的接受与交互，也能够领会主办者想要传递的信息、审美和氛围，从而对城市在历史、文化、创造力等方面的品质产生更深刻更立体的理解，形成可感性的共振与默契。

可以看到，无论是政治性的再分配，还是审美性、生活化，乃至更加广泛的"歧义政治"，不同品质的城市空间都向市民提供了多元化的"元政治"再分配的可能性。人们在空间之中交换思想、意见乃至感知、审美，实现生活化、在地化的泛政治性城市政治运动。朗西埃所谓"歧义政治"正活态化发生在城市空间中，且被城市空间影响，产生变化。在这一城市事件中，城市、空间、图像，作为三个坐标，不断影响着人们的审美、感知、意见和判断，成为城市生活中文化政治变动的重要力量。本书对城市公共图像的研究，其意义正在于此：洞察城市不同公共空间中图像对人们接受和交往的影响机制，从而尝试掌握这一重要的城市文化政治力量。

第二章　城市公共空间的图像接受行为

今天对图像的研究，已经不仅限于图像的创作和生产，亦不拘泥于图像本身表现的内涵。图像的接受行为、接受反应和接受效果成为艺术社会学关注的重点领域。从伽达默尔到瓦·霍曼、姚斯等理论家，都将研究视野从艺术本体论和创作论中移出，开始关注艺术作品与受众之间的互动关系。这一关系被总结为："一是主体对于作品文本的"前理解"和接受行为的视域融合，二是强调作品文本的接受（感觉）过程中接受者对于作品意义的主动建构。"① 其中，姚斯在《文学史作为向文学理论的挑战》一文中就谈道：

> 一方面，假如作品生命的产生"不是来自于作品自身的存在，而是来自于作品和人类之间的相互作用"，这种不断的理解和对过去的能动的再生产就不能被局限于单个作品。相反，现在必须把作品与作品的关系放进作品和人的相互作用之中，把作品自身中含有的历史连续性放在生产与接受的相互关系中来看。换言之，只有当作品的连续性不仅通过生产主体，而且通过消费主体，即通过作者与读者之间的相互作用来调节时，文学艺术才能获得具有过程性特征的历史。另一方面，假如"人类现实不仅是新事物的产生，而且也是一种对于过去（批判的、辩证的）再生产"，只有将其独立出来，我们才能观察到艺术在这一不间断的总体化的过程中的功能。②

---

① 张一骢：《当代生活世界的图像交往研究》，四川大学出版社，2020 年版，第 73 页。
② H. R. 姚斯、R. C. 霍拉勃：《接受美学与接受理论》，周宁、金元浦译，辽宁人民出版社，1987 年版，第 19 页。

姚斯以《堂吉诃德》为例，认为这部小说在文艺复兴时期，读者的期待视野是基于对骑士冒险小说的喜爱，然而最终的文本呈现在那个时代中的影响，使得这部作品成了一部具有现代性文学风格的嘲讽之作。这种期待视野的历史变迁，在姚斯看来，呈现出如下结构：

> 一部作品的期待视野允许人们根据它对于一个预先假定的读者发生影响的种类和等级来决定它的艺术特性。假如人们把既定期待视野与新作品出现之间的不一致描绘成审美距离，那么新作品的接受就可以通过对熟悉经验的否定或通过把新经验提高到意识层次，造成"视野的变化"，然后，这种审美距离又可以根据读者反应与批评家的判断（自发的成功、拒绝或振动，零散的赞同，逐渐的或滞后的理解）历史性地对象化。①

在这一文本研究视野的变迁下，对于包括图像在内的文本接受的研究，就变成了文本的客观物感和意义呈现在不同历史语境下，在主体接受过程中意义的生成和变化。于是，对图像的认知、理解和接受，就变成了今天图像意义生成和影响的关键环节。当图像出现在城市公共空间时，对社会施加的种种影响并不只是图像本身的内容呈现，而是和空间、氛围、观众积极互动所产生的交互性意义生成。在伽达默尔处，这一意义的交互性生成被看作"视域融合"，即带有前见的人在与文本相遇时进行理解，从而使得图像生产者（作者）和接受者的观念能够交互合一，二者视域得以融合，强调读者在艺术接受过程中的主动性。而在法国符号学家罗兰·巴特那里，则是以"作者之死"来呈现这一视野变迁。罗兰·巴特主张读者避开作者的阐释，自己作为主体在艺术欣赏的过程中做出主动的理解和意义生成，实际上更加强调在文学艺术的接受活动中，开放式的意义交互与生成关系。

不过，上述理论所针对的对象还是以文学作品和架上艺术（即封存在文博类公共空间的艺术图像）为主。图像对比文学艺术，其接受机制是否存在差异？城市公共空间的图像的接受又有什么特点？这需要进一步分析。

---

① H.R. 姚斯、R.C. 霍拉勃：《接受美学与接受理论》，周宁、金元浦译，辽宁人民出版社，1987年版，第31页。

一、从文学接受到图像接受

虽同为艺术类型，但作为文学媒介的语言文字，因其高度凝练抽象的媒介特性，天生拥有表意的优越性。因此，文学接受相较于图像艺术接受更为简单，仅仅是将文学欣赏和接受的范式进行视野转换，不再从生产和创作的层面进行思考，而是将重心转移到文学消费的主体（即受众），思考观众维度的期待视野的展开、意义的互动性生成等相关问题。语言文字作为符号的确定性和规约性，使得文学文本在阐释空间方面具有一定的限制。文学作为一种抽象的表意媒介，其接受行为的姿态和氛围也是被指定的：观众必须通过主动的阅读行为才能和文学作品相遇。作为意义载体的语言艺术，文学虽然具有语感层面的直观特征，但更多依靠的是对语言文字符号的主动理解和思考。在这两个层面，图像的接受就呈现出不同的特质。

（一）图像接受的媒介差异

图像与音乐、舞蹈等艺术媒介类似，其艺术接受过程不仅仅是表意性的理解、思考和阐释，更多诉诸直观表象的感性威力，通常我们称之为形象、表象、形式（form），在此，笔者更倾向于遵从吴兴明教授的一系列论著，将其称为媒介表象形式直观的"物感"。在最早的图像学研究文献《图像学研究：文艺复兴时期艺术的人文主题》中，图像就被分为主题、意义和形式三个维度进行研究，其中形式是决定图像区别于其他艺术媒介的重要维度。雅克·朗西埃在《图像的命运》中，也提到图像的两种威力，一种是意义层面的语言序列，负责表意和言说，另一种则是作为物的图像"固执的沉默"①，即作为物的图像在场的物感力量。图像的物感与文字的表意不同，是混沌而沉默的，其在接受过程中的意义生成更多来源于现象的直观或是象征性的再现，而非直接的表意。20世纪以来，从瓦西里·康定斯基的《点线面》到阿恩海姆的《艺术与视知觉》，都孜孜不倦地尝试着建立形式本身的不同范式与意义之间的勾连，诸如曲线表现张力、重叠造成偏离等，但复杂图式中形式物感的多变使得

---

① 雅克·朗西埃：《图像的命运》，张新木、陆洵译，南京大学出版社，2014年版，第18页。

这一努力显得杯水车薪。观众在图像接受的过程中，一方面是主题和意义，另一方面则是在与作为物的图像的遭遇中，感性直观地利用自身的原始感性冲动，与图像进行情绪效力、时空感知和意义生成，而不诉诸确定意义的展示。诸如面对巨大图像如芝加哥的雕塑云门时，崇高和震撼的物感会先于对其图像意涵的解读，从而呈现出更加开放性的想象；又如面对不少中国当代艺术家的架上艺术图像时，前卫艺术的"哲学感"也会先于主题和意义占据观者的感知。

（二）图像接受的意义指向差异

这一媒介区别体现在意义指向方面的差异，首先是图像接受相较于文学接受的过程，存在着"双重的威力"。图像所呈现内容展示的符号、意义甚至语图关系纠缠，"是事物直接记录在其身躯上的意指，是有待解读的事物的可见语言"[1]。而图像本身物感的直观性，以其构图、色彩、肌理、线条、形象直观出场的威力，给予观者原初直观的震慑。而在实际的接受和体验中，这两种威力又往往纠缠在一起，给予观者更为丰富含混的感知，生成新的意义。雅克·朗西埃称之为"大型并列"，意为图像"意指和物质性的不加区别的大型混合"[2]，赵宪章则在《文学成像的起源与可能》一文中，从艺术史经典的题字题诗艺术图像出发，提出文字和图像混合呈现得更复杂。他认为："不妨将文艺史上的这一现象名之为'语图漩涡'：图像艺术选取同样的文本母题，但却图说着不相同的意义；图像母题也有可能被诗文演绎，演绎出来的图像和诗文又会相互影响，反复的语图互文无穷期。"[3] 这两种意指相互之间的纠缠，使得图像的意指性和阐释、交互、反应乃至意义再生成的可能高于文学艺术。

其次是因为图像在物感和意义表达层面的媒介特点，图像的理解、解释、反应反馈，留给观众更加广阔的空间。除去刚才提到的图像直观物感难以进行符号性的意指锚定，更重要的是图像在接受过程中因为空间艺术提供的"瞬间

---

① 雅克·朗西埃：《图像的命运》，张新木、陆洵译，南京大学出版社，2014年版，第18页。
② 雅克·朗西埃：《图像的命运》，张新木、陆洵译，南京大学出版社，2014年版，第59页。
③ 赵宪章：《文学成像的起源与可能》，载《文艺研究》，2014年第9期，第25页。

形象"造成的叙事不确定。图像作为一种"相像"①的形象呈现，自身作为"最具包蕴性的瞬间"呈现出一个限定性时空节段的叙事内容。但相较于文学等时间艺术，图像的叙事能力终究有限，这就使得观者更难在图像的物感表达中获取完整的叙事，而只能得到一个瞬间的意义和情绪效力。如列奥纳多·达·芬奇著名的壁画图像《最后的晚餐》，绘画叙事仅止于所叙述故事的瞬间，故事之前和之后的意义就留给观者巨大的想象空间。又如当代城市广场循环播放的广告，视频图像提供了一定长度的叙事，但呈现出的只是一个特定的场景中时长有限的情绪效力。这就使得图像在叙事层面留给受众更多的想象空间。不过另一方面，当身处当代生活世界的我们将图像作为一种真实世界发生过的"事实"进行接受时，就忽略了图像在媒介、视角、空间、时间方面巨大的局限。总之，在图像接受中，图像的媒介特质，既给予我们更多的想象空间，带来更多交互和意义生成的可能性，也可能误导受众，造成接受视野的局限。

（三）图像接受的场景和姿态差异

文学的接受行为与图像接受行为存在着明显的场景和姿态差异。文学的阅读和接受是读者主动的审美行为，读者基于某种意图，去主动进行文学阅读，在符号之间理解意涵，通过大脑的理解、思考、分析，运用理性进行文学的接受，从而领会文本的意义，形成对文本的阐释和意义再生产。图像接受则不然。图像作为一种直观的视觉形象，在很多接受场景中并不是观者主动的行为，而是在广场、街道、地铁、酒吧等生活世界场景中和观者的"遭遇"。观者几乎是被动地遭遇图像，基于其感官对图像的形象产生原初直观的反映。也就是说，我们在图像接受的场景和过程中并非主动阅读图像，甚至不是阅读图像，而是视线被图像俘获。因此，我们接受图像的场景和姿态是被动的、混沌的，图像在很多时候并非作为可读之物而是作为可感之物出现在我们的接受场景之中……甚至只是场景边缘视野所及的最远处。我们对图像的接受，就在不同的场景之中显示出更加多元的可能性：时而是作为文本的接受反应，时而是作为纯粹审美的接受反应，时而是作为景观的接受反应，甚至有时只是微不足

---

① 此处取雅克·朗西埃《图像的命运》中的术语"相像"（ressmblance）之义，指图像与事物之间广义维度的连接，既包括再现性的连接，也包括差异性的修辞连接。

道的氛围。图像的场景和接受模式的多元使得这一审美接受和意义生成具有更多审美性、延异性的可能。

二、图像接受行为的范式和维度

在今天，我们对图像的接受行为是更加随性的。无论是翻看或研读机械复制时代以来海量出现的图像印刷制品，还是在生活场景之中与图像的不期而遇，图像的接受行为已经散布在我们生活场景的每一个角落，不断与我们交互并进行着意义的再生产。而基于图像本身在媒介、意义指向和接受场景方面的特质，今天的图像接受行为也可以被大致划分为以下三个维度。

（一）图像的意义接受维度

在诸多接受场景中，图像都是作为表意媒介而出场的。图像作为文本或符号所携带的意义，就成为图像接受行为中意义理解、阐释和再生产的重要来源。在这一维度，图像被当作更具视觉形象性的文本进行观照，如米歇尔在《图像学》中所言，"文本和言语行为毕竟不单纯是意识的问题，而是与我们创造的所有其他物质再现——图画、雕像、图像、地图等——公共构成的公共表达"[①]。因此，图像被当作一种表意的符号或语言进行接受和阐释，而意义生成的来源，则可以用符号学家皮尔斯对符号赋义的三分法（像似符、指示符、规约符）来解释：

一是基于图像的相像性，对应皮尔斯"像似符"概念。现代诗学理论中，维特根斯坦在《逻辑哲学论丛》中提到基于相似性，原始的图像与象形文字图像、表意符号图像、声音符号（即意义符号）之间存在着逻辑上的连接，而这一逻辑就是象征和换喻。简言之，就是象形或表意符号图像因其图像表象的呈现与原始图像或物在特征方面存在高度相似，从而在接受行为中观者可以将物的意义与图像的形象进行联系，达到意义指代的效果。与之类似，雅克·朗西埃则认为图像的可读性、言语行为等均来自图像的相像性（包括"近临""仿

---

① W. J. T. 米歇尔：《图像学：形象，文本，意识形态》，陈永国译，北京大学出版社，2012年版，第20页。

效""类推""同感"等"原相像"的范式），也是基于同一逻辑。于是，图像通过相像的方式为自身赋义，从而给观者提供阅读和接受的意义基础。而在图像的接受行为中，观者则是通过对图像相像性的解读，理解图像相像性背后的原型（可能是事物，也可能是意义），从而使观者借助文本和图像作者之间的视域融合，达成对创作和生产的理解。

二是图像的规约性，对应皮尔斯的"指示符""规约符"概念。在历史概念中，人们基于不同动机或逻辑，以群体的方式对图像的意义进行规范性和共识性的规定，使得具有相似性、相似性不明显或不具有相似性的图像都拥有了意义，在生活世界之中被人们当作工具和语言使用。胡易容在《图像符号学》中所谓"文化习规的制约"①，实际上就是社会之内最广泛的主体之间，历史性地共同赋义和协调规约的结果。在规约机制下，人们对图像意义的接受和理解并不仅仅来自图像本身，而更多借助社会规约意义系统对图像赋义。例如国旗、国徽等作为视觉图像，其意义就并非基于相似，而是国家机构和国民对图像的共同认同。在国旗、国徽的图像接受行为中，图像意义视域融合的来源不仅是图像文本和创作生产，更多则来自社会群体对于这一意义的历史性生成过程和共识性认同的理解。社会、群体和他人，在图像接受行为中具有重要的意义。

（二）图像的物感接受维度

作为视觉直观感知的媒介，图像与观者的相遇也呈现出另一个维度的可能性，也就是作为纯粹形式的物感。在这一维度，图像并不被看作表意文本，而更多是自身物性和形式的凸显，是"事物固执的沉默"。吴兴明在《反省"中国风"——论中国式现代性品质的设计基础》一文中，曾以设计为例，将包括图像在内的物，自身形象在世界之内出场的力量命名为"物感"（feeling of things）。吴兴明扩充了阿达姆·卡尤索关于"物感"是建筑的物理现场直接具有的情感效力的解释，将"物感"的意涵进一步扩充为"物不仅摆脱了外在装饰的约束，同时也极大地摆脱了历史赋予的外在社会性含义的约束。由是，物得到凸显，显示出它不是作为符号、象征，而是作为物理现场的直感、情绪

---

① 胡易容：《图像符号学：传媒景观世界的图式把握》，四川大学出版社，2014年版，第39页。

效力"①。这其实就使得图像的接受行为中出现两个层面的趋向。

首先，是图像自身的在场和观者的遭遇，其在场和现身本身，就赋予观者一种直觉的威力。在这个层面，图像的接受充分展现出"存在先于本质"的特性，观者对其感知形式的原初直观的世界感，先于对图像意义的解读而产生。在康德《纯粹理性批判》意义上的纯粹感性经验，即时间与空间的感知层面，我们对图像的在场本身就有这种纯粹直观的感知和惊骇。如 2008 年北京奥运会开幕式，著名艺术家蔡国强的烟花作品"大脚印"，就是在北京夜空用烟花制造巨大的脚印的图像。苍茫夜空配合巨大闪烁的烟花图像，与观者相遇时，图像所在时空形成的巨大震撼就在意义生成之前占据了观者的感知，从而生成一种崇高感和异域感的意义。而这一直观感知，在手中的图像接受行为中显然先于对其符号意义的精确辨识。

其次，是图像表象形式的色彩、材质、线条、肌理、形体等物性的直观呈现所形成的直观的情绪效力。不借助于相像或者符号意义的转译，图像形式的物感呈现本身，就可能击中观者的感知而形成直接的情绪效力，包括震惊、迷醉、惊骇、狂喜等。著名现代艺术家和设计师瓦西里·康定斯基认为图像在其内容之外，画面本身的形式就有自身的内在情感等待观众接受。在其著作《点线面》和《艺术中的精神》中，他就尝试着客观归纳这些不同的图像形式要素对人的感知造成的情绪效力和意义生成。在《点线面》中，康定斯基以图像中常用的"角线"举例，认为不同的角在图像接受的过程中，可能形成不同的情绪感知："锐角的声音，尖刻而活跃；直角的声音，冷静而克制；钝角的声音，迟拙而消极。"② 而在《艺术中的精神》中，康定斯基则以色彩举例，认为作为形式要素的色彩也有自己的情感："深刻的含义，须得到蓝色中寻找。蓝色的运动一方面规避观者，另一方面内敛于自身的中心。任何蓝色几何形状，均能以这种规避和内敛的方式，从精神上影响观者。蓝色调越深，效果越显著。深邃的蓝色，让我们感受到对无限的憧憬，对纯净和超脱的渴求。"③ 在我们的日常观图经验中，不同类型的线条、色彩、肌理所形成的情感指向，也或多

---

① 吴兴明：《反省"中国风"——论中国式现代性品质的设计基础》，载《文艺研究》，2012 年第 10 期，第 17 页。

② 瓦西里·康定斯基：《点线面》，余敏玲译，重庆大学出版社，2017 年版，第 64 页。

③ 康定斯基：《艺术中的精神》，余敏玲译，重庆大学出版社，2011 年版，第 94 页。

或少成为我们的日常经验，如特定语境下，白色代表纯洁、红色代表喜庆等等，不一而足。

不过，在图像的物感接受行为范式下，接受行为的意义生成和再生产呈现出与意义接受不同的品质。物感之维建立在内涵退场的前提之下，即图像内容方面的意义指向不再对图像本体的意义生成形成绝对的影响。这时，图像的形式本身所呈现的在场、世界感，或是具体的情感效力，呈现出更强的不确定性和开放性。形式本身的凸显意味着"作者"的退场（也就是罗兰·巴特所谓"作者之死"），这就意味着对图像的接受和解读行为中，图像的创作者（生产者）和图像自身的相像性原型（即图像内容）都是缺位的。图像作为形式和物，赤裸地与观者遭遇，观者自身对于图像的感知成为意义生成的唯一权威。因此，"作者之死"的图像物感的意义传达、接受与交互，就形成一种更为开放的互动可能性。观者对于图像意义的接受和解读，不拘泥于图像在内容方面的意义指向，也不被作者、社会背景等外在元素束缚，而是在图像自身物感在场的混沌威力之下，观者的开放性理解。而另一方面，开放性的理解和意义生成所带来的是图像本体意义锚定的不确定性，因此图像的接受行为的另一重要品质，就是图像接受行为的最终期待视野和视域融合，都是以不确定的、差异巨大的受众个体为依据。这就意味着"一千个读者心中有一千个哈姆雷特"的读者反应效应，在图像接受行为中会更为凸显。对于图像的理解、接受和意义生成，在物感的维度更加差异化、个体化，也在接受行为过程中显现出更加丰富、更加私人、更加去中心化甚至不受系统控制的倾向。

（三）图像的氛围接受维度

在生活世界的审美接受行为中，图像并不总是作为审美的直接对象，很多时候也作为审美接受的氛围感知参与到审美和交互的行为之中。这一现象最为突出和夸张的场景出现在近期一系列"赛博朋克"风格的科幻电影中。从《攻壳机动队》《银翼杀手》再到《阿丽塔：战斗天使》《爱、死亡和机器人》，借助电影画面可以窥知，画面的主体是电影中主人公的行动和故事剧情，但电影世界中城市系统发达繁复的图像在建筑、街道、天空的堆砌，形成一种无法忽视的审美氛围。观者在关注剧情走向和人物命运之余，也会被氛围的视觉呈现打动，形成一种直观但零散的感知－反馈机制。格诺特·伯梅在《图像与气氛：论图像经验的现实性》中提道，"至少体验某些图像，是要以身体性在场为前提的"①，即需要观者身体性的在场体验图像氛围的"临在感"。在此基础上，图像以自身视觉性的在场为核心，展开一种特定视觉品质，将观者卷入其中，"或者以新现象学道之：让观众在其间产生情感震动（affektive Betroffenheit）"②。在这里，图像并非凝视的对象，而是一种视觉体验的情境，以及居伊·德波在《景观社会》中强调的"景观"。

在这一机制下，图像在接受行为中形成的意义生成在于一种时空氛围的体验。图像在公共空间的出场，或是整个情境和景观的中心，或者只是边缘性的点缀，在接受过程中都暗藏着一种时间和空间的隐秘感知。如现代美术馆中，具有先锋性的前卫艺术作品，在其图像本身的形式和内容的意义呈现之外，还呈现出一种气氛的时空感知。法国哲学家列维纳斯在《存在与存在者》中，就认为前卫艺术有这样一种时空氛围的特质，观者在前卫艺术面前被迫剥夺了生活场景惯性的所有日常经验，仿佛"将宇宙的一个片段剥离出来，置于一旁，并在一个内在中实现了一些互不相通、彼此陌生的世界的并存"③。物从日常生活的连贯性中脱落出来，呈现出"异域"的氛围感。在这一氛围感知中，观者难以凭借日常生活的经验，只能在感觉和审美的层面体验"异域"的直观的、关于物和物背后物态时空的源始感性直观。这一氛围感知在《论前卫艺术的哲学感——以"物"为核心》一文中被认为是一种"哲学感"，文中认为在当代生活世界中，我们与这些物感凸显的作品照面时，"看这些作品，有一种发怵的感觉，有某种被深度击中的摇晃。所感者常常不限于美感，神志在无措中常处于被迫分散的游离状态。依我之见，这是前卫艺术所特有的哲学感"④。

相反，日常生活场景之中的图像则呈现出更加亲切的时空氛围特质，指向我们更加熟悉的氛围经验。关于社会、历史、文化的图像在公共空间中的现

---

① 格诺特·伯梅：《图像与气氛——论图像经验的现实性》，高砚平译，载《外国美学》，2018年第2期，第3页。

② 格诺特·伯梅：《图像与气氛——论图像经验的现实性》，高砚平译，载《外国美学》，2018年第2期，第1页。

③ 埃马纽埃尔·列维纳斯：《从存在到存在者》，吴蕙仪译，江苏教育出版社，2006年版，第58页。

④ 吴兴明：《论前卫艺术的哲学感——以"物"为核心》，载《文艺研究》，2014年第1期，第10页。

身，图像自身所携带的内容，则会让观者有更加熟悉的社会、历史、文化方面的认知和审美经验依靠。即使不去"读图"，仅仅将这些图像当作一种氛围性的营构，图像所组建的时空氛围依然会让我们感觉安全而熟悉，在海德格尔的言说中，是一种回到自己命运中去、回到熟悉的天地人神环化栖居的"归家"①感。在今天，各大城市纷纷打造所谓的"历史风情文化街区"，其作用就在于此，文化风情街区的建筑、街道和图像，并非作为目的性的审美接受对象，而是在城市之中建构一种图像氛围，让观者身处其中，无论是行走、体验或者凝视，都能够有一种在历史或文化上的归家感，以对抗现代城市摩天大楼和包豪斯街区的现代但虚无异域的氛围感知。

最后，也需要注意图像物感本身在接受行为中形成的氛围。当图像的形式和物感不作为接受行为的对象，而是作为接受行为本身的时空氛围营构时，其直观的物感呈现可能成为一种氛围感知的意义生成。图像因为色彩、肌理、结构等最为直观的物性呈现，在公共空间的时空氛围中，会对观者的感知形成一定的影响，如色彩的冷暖影响氛围的情感指向、肌理的呈现使得氛围更加简洁或复杂等。我们日常生活中也会有诸多经验，如全息投影成像在物感层面的未来感、街区灯牌夜晚霓虹灯形成的都市感等，都是作为氛围而产生的时空意义感知。对图像物感品质的分析，也往往意味着对特定场景或空间之中气氛的分析。气氛作为一种时空、情感、意义的体验，会对公共空间的意义生成形成不同程度的、隐秘的影响。

总之，图像接受行为中，无论是对图像自身的内容还是形式（物感）的接受行为，无论是将图像作为审美的对象还是氛围对象，我们在面对图像之时，总是在接受和领会着不同品质、不同维度的意义。这种意义的接受与生成时而是一种视域融合的结果，时而是一种开放性的解读和意义再创造，也可能是一种隐秘的氛围暗示。而更重要的是，图像三个维度的意义接受与生成，通常也是交织混杂在一起的，这一更加复杂的感知和接受，就会在接受实践中形成更加丰富多元的意义生成。

---

① 余虹：《艺术与归家——尼采·海德格尔·福柯》，中国人民大学出版社，2005年版，第176页。

三、城市公共空间的图像接受场景

图像的接受行为不仅是一种单向的意义传播和接受，更重要的是在具体的氛围、场景中，观者对图像意义生产反馈的意义交互性生成。而上文所论述的图像接受行为三个维度的意义生成交互，在具体的城市公共空间中，则可能依据相应的场景情境，在接受维度进行组合和纠缠，从而呈现出更为多元的意义指向。

（一）城市公共广场空间：在意义和氛围中游走

城市公共广场空间是一座城市重要的政治性、文化性的公共空间，是以城市为单位可感性再分配的核心情境。无论是一些国家的游行、示威、集会，还是国内的重大活动，广场一直是人们将自己的身体和精神高度投入、凝聚目光的时空。

因此，现身于城市公共广场空间的图像就先天地处于人们目光聚焦的中心。广场上的人们对图像的接受行为，首先在于图像意义的解读和阐释。出现在广场的图像，必然要被人们审视、解读、赋义，被作为意义的载体凝视。而这一意义指向又因其城市核心公共空间的公共性，先天地带有政治的意味，甚至呈现出高度的意识形态特征。这就意味着，出现在城市公共广场空间的图像，因其意义接受行为甚至政治性意义接受行为的特质，要就其文学性和符号性意义进行诸多考量。国内大批城市的城市公共广场空间，大多会首先考虑在其中现身的图像的意识形态指向，诸如北京天安门广场、成都天府广场等空间内，都树立或保留了毛泽东的塑像或图像，向广场内的观者展示公共图像的意识形态影响。而在国外，如巴黎凯旋门等广场，也是以历史文化为表象，通过图像来呈现自己国家文化意识形态的属性。这时，图像在物感层面的考量就不是第一位的了。相较于公众对图像意义的强烈期待，图像的形式是否前卫、是否具有更高的审美性，通常不会优先被当政者考量。中国近年来在天安门广场举办大型庆典活动之时，对广场及周边出现的图像也会进行细致的考量。从庆典本身选用的头像、标语、花车、宣传画，到长安街沿线应该被摄入直播镜头的图像类别内容等，都经过一次又一次精密的意义筛选活动，以满足观者在特定时空图像接受行为的期待。

而另一方面，城市公共广场空间又不仅仅是作为政治性和意识形态性的城市空间而存在。也有很多时候，人们是将其当作城市地标进行旅游活动。在这时候，观者凝视的目光通常指向作为城市地标的广场这一空间本身，而非广场现身的图像；图像就并非作为意义的承载而是作为氛围性的调节而存在，以时空边缘视觉呈现的方式影响空间的氛围。举例而言，北京天安门广场在城市政治空间之外，也是北京著名旅游目的地，每年都会迎来无数中外游客。在游客面前，无论是天安门城楼的挂像，还是人民英雄纪念碑的浮雕图像等，未必是游客所关注的核心，而只是旅游行为过程中游客目光边缘的点缀。这时广场之中图像的表意几近失效，但其集体现身在时空氛围中则形成一种文化性和政治性的氛围，隐秘地影响着游客的感知，使之能够感受到区别于其他旅游目的地的肃穆感、庄严感，直观而隐秘地接收到意识形态的意义形塑。图像的意义和物感，都是以氛围的方式在广场上蔓延。因此，城市公共广场空间中图像接受行为的范式，在意义和氛围之间游走，真正的指向取决于观者在这一空间中的行为目的。

（二）城市公共文化展陈空间：意义和物感的"双重威力"

与广场不同，城市公共博物馆、美术馆、影像馆是特殊的文化展陈空间，图像物感的意义是进入这一时空的人们关注的核心。城市公共文化展陈空间作为城市文化艺术形象的门面和地标，其所展示的核心内容就是图像的主题、形式、风格。受众亦以审美和美育为目的进入这一空间，图像的审美品质就成为图像接受行为中观者考量和期待的核心。因此，图像在审美和直观层面所呈现出的物感（无论是古物的历史感、传统艺术的文化记忆感，还是现当代艺术的先锋感），是图像接受行为中发挥威力的维度。观者在对艺术图像的审美活动中获得审美享受，从而满足审美期待。尤其是现代和当代美术馆，图像纯粹形式的物感呈现对观者的冲击会更为强烈，使观者在接受和交互活动中更能直观感受到视觉在形式上的巨大威力。

同时也不能忽视这一公共空间内图像意义维度的威力。一方面，对图像的接受，有意义认知的层面，对于古物历史文化记忆的认知，对于摄影图像或传统绘画表达内容的认知，也是以审美和教育为目的的观者进入这一空间与图像照面的期待视野。对于图像文本内容的分析，对贺拉斯至理名言"诗歌如绘画"意义上图像诗性意义的鉴赏，也是图像审美意蕴威力的一种彰显。另一方面，城市公共文化展陈空间也是一个特殊的情境。在这一时空之内，受众是与城市生活的日常经验完全隔离的。经过安检、检票，进入这一空间之后，城市公共文化展陈空间展现出的是一个与外界毫无关联的"异域"，在这里没有日常经验的各种活动，没有怀抱其他目的的杂乱人流，甚至人造灯光和墙面都显示出这一空间的无时间性，或如朗西埃所言，"美术馆完成了对艺术时间性的多元化"[①]。图像被置于空间的核心，不容得观者的眼神回避。这就使得观者在图像接受行为中必须心无杂念地认知和解读图像的所有形式、主题、信息和内涵。这一被迈克尔·弗雷德称作"剧场性"的空间氛围使得"所有情境——似乎包括观看者的身体。在他的视域里没有任何东西——没有任何他以任何方式注意到的东西——可以宣布与情境无关，也因此与刚才说到的那种体验无关"[②]。一方面是整个时空的在场连同图像一起都成为艺术性的来源，另一方面则是观者无法将目光从图像上移开（除非是走出这一空间），被迫与图像所有信息照面，包括图像本身的形式和内容，也包括图像的作者信息、尺寸、时代、背景等外延的意义。图像被充分认知和解读，图像的物感混杂着图像的内容及其外延的各种意义，以"双重威力"的方式在观者的接受行为中形成复杂的审美感知。

（三）城市公共商业空间：以气氛营构为主

购物广场中的图像展陈主要分为两种。最常见的是各种各样的广告图像，以海报、LOGO、招贴画、艺术字等方式出现在购物广场的街道和店铺周边，作为品牌和商品的视觉营销载体，承载着"以言表意"和"以言取效"的图像言语行为功能。而另一种图像则是处于高端商业的购物广场和城市综合体中，零星出现点缀空间的艺术图像。北京芳草地的硕大佛头、成都IFS购物中心的熊猫塑像和绿狗雕像，各地太古里商业综合体街巷中放置的各种景观雕塑或装

---

① 雅克·朗西埃：《审美革命及其后果》，赵文、郑冬梅译，载汪民安、郭晓彦主编：《生产》第8辑，江苏人民出版社，2013年版，第221页。

② 迈克尔·弗雷德：《艺术与物性：论文与评论集》，张晓剑、沈语冰译，江苏美术出版社，2013年版，第163页。

置作品……各类艺术图像充斥着商业空间，一方面提升公共商业空间的档次，另一方面使得在空间之中的观者在消费行为之外，获得一种审美体验。

但显然，这一审美体验并非意义范式，也不完全是物感范式——毕竟城市公共商业空间中的人主要以商业消费为目的，这些琳琅满目的图像并不是空间之内游走的人凝视的对象。不同种类艺术图像的呈现，更多是为商业空间提供一种审美化的情境。北京的芳草地购物中心，海量前卫艺术的图像（雕塑、绘画和装置，甚至还有一个专门的美术馆）的出场，将原本单调的商业购物空间激活，使其具有可赏、可玩、可看的审美剧场空间，在商业之外增添了摩登前卫的氛围感。观者在图像接受活动中，隐秘感知到的是一种舒适的"高级感"，在消费行为之外，在氛围中对自身产生一种认同式满足，或"情调式的自我满足"。而即使是作为营销表意的广告图像，在城市公共商业空间之内的集体出场，也是"赠与和戏剧性的、用之不竭的挥霍形象。这个形象即节日形象"①，形成一种"物的全面丰盛"的节日氛围。审美氛围和消费狂欢的节日氛围，共同构成了城市公共商业空间之中令人满足和眩晕的气氛，观者在图像接受活动中获得自我满足。

商业空间深谙营销之道。各类节庆之时，诸多城市公共商业空间都会用符合节日气氛的图像，如春节的烟花、对联、福字图像，圣诞节的圣诞树、雪花和圣诞老人图像等装点空间内部，在原有空间之中利用图像增添节日气氛。这一气氛的营构形成一种图像情境的幻觉：最具节日气氛的城市空间既不是家庭私人空间，也不是其他空间领域，而是堆砌了图像氛围的城市公共商业空间。逢年过节之时，商场总是爆满，体现出人们在这一图像接受行为之中对于图像气氛价值和意义的认同。人们的图像接受行为模式和倾向，反向成为图像生产者们制作图像进行营销的逻辑依据。

也有例外。城市公共商业空间为了营构空间的审美气氛，偶尔会有快闪、小型展览、文化沙龙或其他艺术活动。当这些活动中呈现的图像具有足够的名气、出色的内容或强大的物感时，图像自身的威力会超过商业空间的逻辑，观者反而会将图像的凝视和审美作为这一空间之中的核心行为。此时，城市公共商业空间的逻辑就会短暂和不完全地被城市公共文化展陈空间替代。毕竟，去

---

① 让·鲍德里亚：《消费社会》，刘成富、全志钢译，南京大学出版社，2008年版，第3页。

往成都 IFS 购物中心的人，谁不愿意专门去看一眼试图攀爬到楼顶、用细密的抽象几何块面拼贴起来的大熊猫的形象呢？

（四）城市街道公共空间：以气氛营构为主，除非停下脚步

城市的街道、社区广场、公园等公共空间中，图像如同景观一般林立在建筑、空地和墙壁上，形成一种总体性的视觉景观。但是在日常生活中，我们并没有太多停下脚步驻足凝视图像，从而接受图像意义的经验。这一类城市公共空间具有两种属性，一是人们休闲社交的空间，如公园、社区广场等，人们在空间之中交谈、歌舞、游戏，广场和公园本身的时空品质并不深度参与这一交互活动。也就是说，空间并非意义交往的内容媒介，仅承担空间载体的功能。二是人们通行的空间，如街道、空地等，承担的是交通载体的功能，人们在空间之中匆匆走过，空间的视觉品质与这一核心功能相互疏离。在这一空间之内现身的图像，除部分符号指示图像外（如路牌、地图、交通标志等），在图像接受行为中主要承担的都是氛围营构的功能。

这一接受行为的意义生成主要体现为情调性的审美氛围。街道上的广告牌、指示标志，或是街边建筑墙壁呈现的图像，其物感品质的整体出场形成一种整体时空的审美氛围感。人们在匆匆走过或是目的性活动之余，视野边缘瞥见图像，能够感受到城市公共空间的氛围和格调，从而生成一种情调性的意义感知。如上海外滩的街道空间，街边建筑以 20 世纪开埠区折中主义为主，建筑外墙呈现出大量欧式浮雕、廊柱的图像，其整体出场就给予漫步街边的观者一种"洋泾浜"的审美格调，从而体味到上海这座城市中西结合的文化风情。而中外历史文化街区致力打造的图像（灯光秀、墙绘等），则更多在图像接受行为中营构出一种"回到历史"的审美氛围，形成一种审美式的幻象。

不过，近年来在城市文化旅游建设和景观提升的风潮下，不少城市开始大力提升城市街道公共空间的图像品质，以灯光、墙绘、LOGO 等图像提升街道审美氛围，甚至让街道变成城市旅游的目的地而非通勤空间。借助自拍、短视频等方式，人们开始停下脚步，凝视街道、凝视街区空间的图像，这时图像在接受行为中的价值就发生了变化。这一趋势之后会有专章进行讲述。

（五）城市公共展会/赛事空间：负重的意义和被忽视的物感

与城市公共文化展陈空间一样，城市公共展会、赛事、文旅等类型的空间也是城市公共生活中较为封闭和特殊的空间。因为特殊的事件驱动，人们在这一空间之中聚拢，产生策略性的言语行为和交互活动。在这一类空间中出场的图像，以会旗、会徽、宣传广告、吉祥物等为主，多是紧扣展会赛事或文旅内涵的符号和宣传图像，伴随赛事展会等事件而现身。这就意味着，其图像内容的展示必然与赛事、展会、文旅等高度相关，成为事件本身的伴随文本。

因而，人们在这一类图像接受行为中会更加注意作为事件伴随文本的图像的意义指向。以吉祥物图像为例，大众的期待视野惯常性地对准吉祥物所代表的文化价值和意义，符号式解读其视觉元素的内容意义表达。因此，城市公共展会/赛事空间之内图像的设计、制作和生产，都在遵从这一接受行为期待视野的逻辑，强化自身视觉效果的意义属性，希望能够代表确定的文化。尤其是中国的赛事、展会，更加强调图像的文化性，例如我国从 1992 年亚运会，到 2022 年冬奥会，都在体育赛事中使用熊猫作为吉祥物，就是希望这一被国内外熟知的国宝动物形象能够代表中国，向观者传达具有民族性的文化形象。同样逻辑的图像还有祥云图案、印章图像、龙纹、朱红色视觉呈现等，不一而足。

不过另一方面，这类图像在物感方面的威力则是过去几十年中被忽视的。作为特殊公共空间中被凝视的对象，图像如同文博展陈类空间的艺术作品一样，在接受行为中有着意义和物感的双重威力。图像在审美直观方面传达出的时空感、世界感、异域感、前卫感，以及视觉效果形成的情绪效力，同样在接受行为中有着生成意义感知的可能。如 2021 年东京奥运会的抽象风格的会徽图像、动态的赛事图标图像，都给人一种现代感。相较而言，国内在类似图像的设计方面往往重视意义的堆砌，在"中国式现代性品质"① 的审美物感方面尚有不足。因此，有大量图像在接受行为中被领会了意义之余，也会被冠以"土""丑"的评价，物感的审美呈现形成的意义价值反过来变成了赛事活动的

---

① 吴兴明：《反省"中国风"——论中国式现代性品质的设计基础》，载《文艺研究》，2012 年第 10 期，第 16 页。

负面认知。近年随着美育和设计的整体提升，这一被忽视的维度也开始被重视起来，但在城市空间的实践中，实际品质仍然参差不齐。

在今天的图像接受行为中，观者在不同的城市公共空间里对图像的威力会产生不同的期待视野。而图像的现身，或是以意义的完满满足受众的期待，或是以物感直陈和意义缺席打开意义重构新生的可能性，又或者用自身视觉效果在空间之中的氛围营构隐秘的意义交互，图像已经成为今天的接受行为和意义生成的重要媒介。而在城市的日常运行中，基于不同的接受行为的模式和期待，图像生产者们也在制作着满足空间运行策略行为的图像，迎合或挑战受众的期待视野，闭合或打开接受行为中的意义生成，或者营构时空意义感知，从而将图像接受行为的意义生产锚定在城市公共空间的运行上，辅助城市日常生活的逻辑不断向前推进。

不过另一方面，在图像行为中，并不总是"人－图像"的主体性认知和接受关系。人作为社会性的动物，在今天，更多的时候在日常行为中呈现出的是人与人之间的互动。在这个意义上，人和图像的关系在更多场景中也展现为"人－图像－人"的主体间交互关系。那么，在人与人的交互关系中，图像扮演着什么样的角色？当"人－图像"的关系被拓展出另一个主体，其意义生成、接受是否会更加复杂？那就是另一个值得思考的问题了。

第三章　城市公共空间的图像行为和交往

当图像成为世界无法回避的景观，无时无刻不出现在我们周遭时，我们和图像的关系已经发生了深刻的变化。如果说 20 世纪之前的图像，我们与之更多是一种"观看/被观看"的单纯主客关系，那么 21 世纪的图像就超越了这一单一的关系，变成了人与人之间的一种交互关系的中介。在过去，我们习惯于用语言或文字进行人与人之间的沟通交流，在今天，这一主体间表意交互的媒介工具拓展到了图像层面。在日常生活中，图像生产者通过投放在广场、街道、电视、手机上的图像和图像受众进行意义沟通和互动；人与人之间借助网络和多媒体终端发送图像进行言语行为交流；生活周遭各类图像总是有意或无意参与到人与人的交互之中……图像交往这一命题在当代已经成为一个无可回避的新研究命题。

一方面，这就使得在新的媒介时代，图像在人的交往问题上产生的一系列新现象和一系列问题亟须厘清。譬如，同样作为表意媒介驱动的主体行为，图像行为和言语行为在今天呈现出哪些区别？图像行为与图像交往之间有什么样的关联？图像交往在今天有哪些范式？另一方面，这一命题在城市公共空间和公共生活中，也会出现疑问：图像在城市公共空间中如何参与交往行为？这一交往行为又会呈现出哪些新特质？这就需要一一进行梳理。

一、图像行为与图像交往

所谓"图像行为"，指的是主体以图像作为媒介而进行的言语行为表达。而所谓"图像交往"，则是指以图像作为媒介进行的主体之间的各种形式的意义交互活动。在日常生活中，人们借助图像的意义、功能，完成某一行为动作，从而实现自身目的、价值或诉求。然而当这一行为的对象是另一个主体的时候，以图像为媒介的意义交互就已经展开了。也就是说，当图像行为针对的是另一主体时，"图像行为"就变成了"图像交往"。而在日常生活的各类图像行为和交往的行为活动中，所谓"主体"也呈现出更丰富的身位：有时是生活世界中的个体，有时则是某一群体、机构、组织的共同意志。而所谓"图像交往"，也就因为主体身位不同而呈现出不同的沟通交互模式：有时是组织、机构、群体的共同意志和个体的图像意义交互，有时则是个体之间凭借图像行为完成的沟通。

在当代生活世界中，图像的内容不仅多样复杂，其功能和意义都在不同场景、不同语境中有着多元和含混的指向。包括图片内容在内的互联网不断更新和发展的今天，图片的种类也在不断扩大和更新。因此，笔者放弃了对图像的功能、媒介或意义的详细分类进行烦琐的宗谱式梳理，而是关注不同类别的图像对当代生活世界中主体之间的交往行为的影响。基于这一动机，笔者借鉴了哈贝马斯在《交往行为理论》中，对主体言语行为模式的研究，作为划分图像类别的基本模型。

德国著名当代哲学家、政治学家于尔根·哈贝马斯，在其代表著作《交往行为理论》中借助前人理念，阐述了客观世界、社会世界和主观世界三个形式维度的区分，在"三个世界"的形式关系体系之上，又提出了"生活世界"概念，作为三个世界分化中的反思与交流的世界概念，意在搭建一座桥梁，增加分化过程中的三个世界相互认识、理解和共识的可能性。于是在"三个世界"思想和更加混沌总体的"生活世界"的建构下，哈贝马斯对不同世界中的四种主体行为和交往模式进行了区分：

a. 在行为者－客观世界中，主体的行为模式主要表现为目的行为（teleologisches Handeln）和策略行为（strategisches Handeln）；

b. 在行为者－社会世界和客观世界中，主体的行为模式主要表现为规范行为（normenreguliertes Handeln）；

c. 在行为者－主观世界和客观世界（包括社会对象）中，主体的行为模式主要表现为戏剧行为（dramaturgisches Handeln）；

d. 此外，在哈贝马斯引入的作为交往和沟通的生活世界中，行为者－生活世界的行为模式则表现为交往行为（kommunikatives Handeln）。

在四种主体行为模式之中，图像都可能在"主体－世界"或者"主体－世界－主体"的行为模式中作为一种媒介，对主体行为和交往的意义产生重大的影响。其中可能产生：(1)"没有目的"的图像，即没有主体明确介入的图像；(2) 戏剧行为的图像，即主体用来与自我感性主体沟通，并在主体间形成感性互动的图像；(3) 目的（策略）行为的图像，即被主体作为目的或策略行为媒介的图像；(4) 规范行为的图像，即被主体用来进行作为社会群体的主体行为规范的图像；(5) 交往行为的图像，即作为主体间交往语言进行沟通、承认、解释的图像。① 不过在这其中，不同行为范式对图像行为和交互的影响，有很大的区别。

接下来对几种主要的图像行为和交往进行言说。为避免混淆，先将"交往行为"一词定义约定如下：交往行为在哈贝马斯的《交往行为理论》中有双重含义，广义的交往行为与日常用法相近，是指主体间最广泛的意义交互行为；而狭义的交往行为则是哈贝马斯规定的作为交往和沟通的生活世界中，主体间真诚、有效、规范的"以言行事"的言语行为。为避免混淆，下文对狭义交往行为均以双引号进行标注，而其他地方则通约为广义的交互状态。

（一）目的行为/策略行为的图像交往

图像不仅仅是一种视觉直观的审美对象，在今天更是一种重要的表意媒介。这就意味着，在公共空间内现身的图像，在很多场景中都有自身出场的目的和意图。无论是在广场、商场、茶馆，或者其他地方，图像的生产者和传播者，都试图让图像代替自己发声，借助图像进行一种目的行为和策略行为，从而使图像接受者能够通过图像察觉到自己的意图（策略），并受到影响和改变，使得图像生产者和传播者理想的事态能够在目的（策略）行为中得以实现。

哈贝马斯在《交往行为理论》第一卷中写道："目的行为概念的前提是一个行为者与一个实际存在的事态世界之间的关系。"② 而所谓的"事态世界"，既是客观世界的事实呈现，在现代社会中又显示出人与人之间各种情境、交

---

① 关于该图像行为与归类的分类依据与案例阐释，在拙著《当代生活世界的图像交往》（四川大学出版社 2020 年版）中已有详尽阐述，此不赘述。

② 尤尔根·哈贝马斯：《交往行为理论：行为合理性与社会合理化》，曹卫东译，上海人民出版社，2004 年版，第 85 页。

往、利用等关系的总和："行为效果也要视其他行为者而定，这些行为者的目光都紧盯着自己的效果，只是在符合其自我中心论的利益原则下才会相互协作。"① 也就是说，目的（策略行为）在交往论的视野下，呈现出这样一种特征：行动者通过目的（策略）行为，通过对"事态世界"的整体影响，将自己的意图作用于客观世界，以及同处于"事态世界"社会之中的他人。目的行为和策略行为的差别在于，目的行为主要是行为主体通过对实际存在的事态的意见形成意图，对客观世界提出目的命题，从而将客观世界存在的事物与行为者的愿望统一起来。相较于目的行为，策略行为显示出更为明显和强烈的主体交互性："策略行为至少需要两个有目的的行为主体，他们一边把其他行为者的决定作为准绳，一边又对其他行为者的决定施加影响，以此来达到其目的。"② 因此，策略行为更多地间接面对他人，通过对社会系统的策略影响，与他人的意图、接受视野和利益进行视域融合。

在今天的图像世界中，图像代替言语成为行为者作用于"事态世界"的重要媒介。行动者通过投放和展示图像的方式，实际进行的是一种目的或策略的言语行为，旨在通过图像的表意或其他效力达成自己的目的（策略）。这一行为在私人领域，通常表现为一种直接的言语行为。如欧洲文艺复兴时期的贵族，常用挂在自己家中的艺术图像来对特定的来宾彰显自己的身份和品位，图像的内容（多是宗教、神话或贵族战争狩猎题材）、作者的签名等，作为图像承载的意义信息，以其在语用学意义上的"标出性"③ 而被用来进行自我彰显的目的（策略）行为。如保罗·乌切诺著名的木板油画《圣马力诺之战》，就是表现美第奇家族战争功勋的画作。科西莫·迪·美第奇（据传）订购并在家中展示画作，除审美效用外就是一种典型的言语目的（策略）行为，通过画作中美第奇家族历史上的功勋事迹，向来往家中的客人炫耀家族的荣耀。

而在公共领域之中，图像的目的（策略）行为面向的不是具体的个人或有限的群体，而是公共空间内不确定数量、职业、阶层的大众。从这一维度来

---

① 尤尔根·哈贝马斯：《交往行为理论：行为合理性与社会合理化》，曹卫东译，上海人民出版社，2004 年版，第 86~87 页。

② 尤尔根·哈贝马斯：《交往行为理论：行为合理性与社会合理化》，曹卫东译，上海人民出版社，2004 年版，第 86 页。

③ 赵毅衡：《符号学原理与推演》，南京大学出版社，2011 年版，第 284 页。

讲，图像的言语行为主要表现为面向非特定人群乃至大众的"宣传"功能。图像生产者将图像投放在公共空间之中，让携带信息的图像面向大众进行表意，从而达到生产者和传播者宣传的目的。以这些年在广场、街道、工地随处可见的"中国梦"系列广告宣传图像为例（如图3-1所示）。这一类图像出现在公共空间，并不是针对性的内容传播，而是在公共空间的一种大众传播模式。图像生产者和传播者（即政府机构）以图像作为言语行为媒介，希望能够让进入这一空间的大众领会和熟悉"中国梦"的内涵（"中国梦"的标语）和文化品质（"中国梦"的视觉审美传达）。因此，图像生产者的意图是明确的，通过言语行为，在大众传播的过程中完成了自身目的（策略）的实现，受众感知到"中国梦"的部分内涵，这一图像行为的目的也就达成了。

图3-1 "中国梦"系列宣传图像（引自网络）

值得一提的是，在言语行为模式中，图像显示出区别于狭义言语行为的特质。一方面，图像的内容所携带的信息形成了公共空间内对大众的内容传播；另一方面，图像的物感品质所形成的视觉直观和氛围效力，则展示出图像生产传播者的另一种宣传的可能性：以图像的审美和氛围品质激起大众对生产者的认同。依旧以图3-1"中国梦"系列广告宣传图像为例。对于"中国梦"的内涵，仅仅借助文字或者图像的内容，受众在街头、广场、工地的匆匆一瞥未必形成高度的理解和认知。但是图像在物感上的呈现则在审美原初层面给予受众一种基于视觉直观的情绪效力：剪纸和年画式的配色和视觉形象给予浸染了中国传统文化尤其是北方乡村文化的受众一种"归家感"，熟悉的乡土形象和色彩，激起了受众关于民族和故土的记忆，从而能够直观感受到乡土记忆情怀，在物感层面召回文化意义的感知体验。有别于文字的逻辑思维，公共空间之中图像的策略行为虽然不及言语文字表意清晰，但能够带给大众更加直观的印象和情绪。

而这一情绪也不仅限于意识形态或是文化的目的（策略）行为，在今天的商业生活中，公共空间内图像宣传的策略行为又经常以商业宣传（即营销）的方式出现在大众面前，通过精心设计的目的（策略）行为撩拨大众的情绪。这一类图像是行为主体（广告图像的投资者、生产者和传播者）具有明确目的指向的策略行为，生产者通过街道、购物广场等公共空间的图像展示，以明确的策略行为勾勒出理想的商品形象及连带的许诺生活，激发大众对图像中展示商品的好奇心，甚至是购买欲望，从而达到营销（策略行为）的目的。这类图像的生产和传播，既显示出强烈的目的行为特征，又展现出通过社会系统这一渠道，对社会之中其他主体的动机、行为模式、喜好等方面的反应和揣测，为数量众多而又不确定的图像受众制定相应策略。这一言语行为的典型案例是美国苹果公司的一系列营销广告图像。苹果公司并不直接通过图像宣传产品，而是向大众许诺一种理想的生活场景（如 Apple Watch 关联健康挑战的生活，Home Pod 音箱关联享受的家庭生活等）。而经典的 iPod 音乐播放器广告图像则仅仅通过充满活力的人物剪影，渲染一种充满活力的前卫抽象物感效力，让大众在惊叹图像的现代感之余，也将这一情绪投射到产品上，从而被图像的策略行为彻底俘获（如图 3-2 所示）。

图 3-2　苹果 iPod 音乐播放器广告图像（引自网络）

　　最后需要强调的是，在这一图像行为中，图像生产传播者和图像接受者不仅是一个以"宣传"为名单向传播的过程，同时也呈现出二者之间借助图像的行为交往。著名传播学家拉斯韦尔在《传播在社会中的结构与功能》一文中以"拉斯韦尔方程"的模式解释了大众传播的流程。其中既包括宣传和传播的流程，也包括受众的反馈（With What Effect）。而在传播过程中，受众正是通过图像效果反馈，和传播者进行有效的双向意义交往。尤其是在公共领域，政治和文化的目的（策略）行为，大众通常会以实时或事后的舆论批评对这一行为是否有效进行反馈，完成图像交往行为的闭环。而商业层面的图像策略行为的反馈更加直接：除了舆论反馈，更重要的是受众会以实际的经济行为（即是否购买）来进行图像策略行为的回馈。因此，图像的策略行为在最终往往以销量、财报等数据体现大众的反馈，以更为直观明确的形式完成图像交往行为的闭环。无论是苹果等公司撩拨人心的图像策略行为，还是杜嘉班纳等公司出于各种原因引起部分国人反感的图像策略行为，最终都体现在消费者的行动交往中。在这一意义上，商业的图像策略行为在今天值得我们投入更多关注。

（二）规范行为的图像交往

　　图像作为行为者和接受者的行为交互媒介，在"行为者"和"接受者"之间，建立了双向的目的（策略）行为和反馈机制。但在实际的社会共同生活中，这一图像行为和交往常常会引入更多行为者和接受者介入，形成更为复杂的图像交往模式。其中一种典型的范式就是规范行为的图像行为和交往。

在哈贝马斯的《交往行为理论》中，"规范行为"被认为是在社会世界之中，主体之间具有规范性、约束性的行为及互动关系。哈贝马斯认为，"规范调节的行为概念前提是行为者与整整两个世界的关系。除了客观存在的事态世界之外，还有社会世界，作为角色主体的行为者与其他相互可以建立规范互动关系的行为者一样，也属于社会世界的成员"①。与目的（策略）行为不同的是，规范行为的核心并不在于行为者意图的完成，而是行为者提出规范的有效性要求，并且在社会世界内得到其他行为者（有效性要求接受者）的承认，在主体的相互承认关系中建构起规范调节的行为系统。区别于目的（策略）行为，规范行为的核心在于围绕着一个有效性要求建立起的规范性主体认同，因此主体之间在生活世界的关系，也体现为"提出者－认同者"的互动关系。因而，在规范行为中，行为者和接受者形成双重关系：一是图像行为者和接受者之间，根据规范行为达成的某种承认性行为；二是图像的接受者之间，因为规范行为在社会世界之中的有效性要求，而对彼此行为进行一种规约性承认。这一规范性本身，则来自生活世界中对于主体间共同价值的认同："价值可以用来体现规范；就需要调节的内容而言，它们可以具有普遍的约束力。在文化价值范畴下，一个个体的需要同样也适用于和他处于同一传统之下的其他个体。"② 上述图像交往行为通常表现为对图像生产者及其通过图像行为所传达的价值的认同，或者几方共同遵循认同的宏观价值体系。

协调规范行为的图像在社会世界之中，调节人们的行为和交往活动有两种主要范式。首先是以公共权力为主导提出有效性要求，从而制定规范调节的图像行为。公共权力系统作为社会之中统治、管理和服务的机构和主体，其权力来源于行为者的集体授权，因此成为社会公共意志的代理者。所以公共权力系统的职能就包括通过社会授权获得的权力，来制定公共规范准则和进行公共服务，以保障社会之中主体间的互动交往符合社会公共意志的规范性要求。作为规范的制定者和执法者，公共权力系统需要媒介来明确社会的规范性要求的内容，从而对接受者的行为进行约束。这些媒介既包括文字（政策、法律条文、

---

① 尤尔根·哈贝马斯：《交往行为理论：行为合理性与社会合理化》，曹卫东译，上海人民出版社，2004 年版，第 87 页。

② 尤尔根·哈贝马斯：《交往行为理论：行为合理性与社会合理化》，曹卫东译，上海人民出版社，2004 年版，第 88 页。

宣传口号等），也包括图像的生产和传播。最为经典、在生活世界中最为常见的调节规范行为的图像，莫过于公共交通标志（如图 3-3 所示）。交通标志由公共权力系统的交通安全部门制定和生产，在生活世界的道路、桥梁、空地等公共交通空间进行投放，从而对使用交通空间的行为者的行为进行规范要求和调节。相较于文字而言，交通标志作为视觉直观呈现的图像，表意更为明确，能够以简单明晰的视觉形象，直接关联到意义复杂的规范要求的内涵（如"本路段上午八点至晚上九点间禁止社会车辆通行"）。因此，交通标志图像的使用，能够保证交通空间中的行动者快速、准确、直观地由图像的"触目"——图像的形象能指，过渡到对图像背后符号意义所指的理解和接受，从而即时将规范性要求的意义传达给接受者。交通标志图像除去直观形象的接受优势外，另一大优势是，它作为视觉直观的图像、作为符号能指，是"超语言"的，这种符号在不同语言、文化环境下都具有同样的所指意义，也就免去了文化差异、语言不通带来的障碍。因此，交通标志在当代世界之内，超越了国家、地域、文化的隔阂，正普遍地呈现在客观世界全域的交通空间中，承担着规范交通空间内行为者行为的职责。

图 3-3 规范行为的图像示例——公共交通标志（引自网络）

在主体的规范调节行为中，交通标志以这样一种形式发挥作用。第一层面的规范调节是图像生产者（公共权力系统）和图像接受者形成的认同关系，图像接受者通过对图像生产者及其提出的有效性要求的认同，对规范指令（交通标志）进行服从和遵守。于是，图像生产者和接受者之间，以交通标志图像为媒介，建立起一种认同关系和互动，交通标志图像也就成为这两个主体间互动和交往的媒介。第二层面的规范调节是图像接受者之间的认同行为和规范性建构。同样作为图像接受者，主体之间对彼此的身份进行了认同：认同对方同样对公共权力机构进行了授权，从而对公共权力机构生产的规范性图像的意义加以承认并遵守。基于这种认同，主体间就能够在规范性图像的规约之下，进行规范性行为的协调。譬如机动车驾驶者看到人行横道标志图像能够减速，而行人看到该标志图像可以放心从驾驶者驾驶的汽车前面步行通过，这一再寻常不过的交通空间内的行为，背后则是主体间对交通标志图像表现的规范意义的认同和遵守。这种规范性图像，就成为主体间行动的规范协调媒介，在主体之间的规范行为中，进行规范意义的协调互动。

其次是商业秩序下商业行业联合的系统在公共权力系统的协助下提出的有效性要求，制定规范调节的图像行为。这类图像多出现于作为商品的"消费物"的包装和说明中。跨国公司和大型企业通过制定行业规范，以及公共权力机构监督企业制定行业规范，最终生产出印制在商品包装和说明中的大量符号图像。这些符号图像的标志（包括指示性标志、警告性标志和说明性标志）的背后，都有较为复杂的表意。

与交通标志图像一样，商品标志图像也在两个层面进行主体间的规范行为调节。首先是图像生产者与公共权力的监管协调者之间，以及图像生产者之间的规范性协调。对于标志图像的复杂意义所指，在世界范围内进行"赋义"，以保证这种"超语言"能够在不同地域、民族、国家生效，这需要跨国公司的国际规范协调组织提出有效性要求，不同国家、不同行业的图像生产者（商品生产企业）能够在跨国公司企业组成的规范机构的协调下，对图像的形象、意义内涵、使用范围等要素进行广泛的认同，并且在自身的图像生产中进行实践。这一跨国的国际性认同，既需要商品生产的国际巨头公司企业进行协调、沟通，最后就规范图像的形象、意义和使用范畴达成认同，同时也往往需要公共权力机构作为监督者和协调者，参与到"规则制定"和"规则实施"的进程中去。其次是图像生产者与图像接受者之间的规范认同关系。规范性图像在商品包装说明中的出场，实际上是预设了作为商品消费者的图像接受者，已经习得、阅读并且能够认同规范性图像背后提出的有效性要求的意义，换言之，是对消费者之为"现代生活世界的消费者"的认同。相对的，消费者购买商品的同时，也就和图像生产者之间建立起一种认同性关系：图像接受者认同符号图像的各种意义（使用说明、质量规范、警告、注意事项等），并承认和遵守这种规范。在这一层面上，商品标志图像在主体之间的规范性意义生成，使得图像生产者（企业）与图像接受者（消费者）建立起一种真诚、共识、有效的规范性主体间认同关系，并且根据这一主体间性关系，商品标志图像作为规范性语言，就承担了"以言行事"① 的功能。这一点在交通标志图像为媒介的规范行为中同样清晰可见。

最后要阐明的是，同样作为规范性的"语言"，规范性图像与另一种规范性的符号表达——文字，差异究竟在何处，图像又是如何在规范行为层面胜过语言的。前文已经提及，相较于文字语言，图像因其形象的直观性、能指与所指的确定性，能够以简明清晰的形象阐明复杂的意义。因此，在大多数生活场景中，譬如行车时对交通规范提示几乎只能是一瞥而过，又或者是在超市购物时漫不经心挑选商品的匆匆一瞥，简明清晰形象的图像更能适应那些不适合进行长时间阅读的行为者的阅读要求。并且，在全球化进程逐步加速的当代，世界各地不同语言文字的行为者的交往越来越频繁，图像作为一种"超语言"，更能在行为者之间建立规范性认同和要求。由于图像视觉的直观性及意涵的丰富性，无论是规范行为的约束还是规范权威性来源的彰显，图像作为表意载体都被频繁使用。

（三）其他范式的图像行为和交往

除目的（策略）行为和规范行为之外，戏剧行为和交往行为也是哈贝马斯在《交往行为理论》中重点论述的内容。这两种行为模式在言语行为和图像行为中，作为经典范式，同样影响着生活世界中人与人的交往行为模式。

1. 戏剧行为

所谓"戏剧行为"，是由戈夫曼引入社会科学领域，着重于主体和自身的

---

① 尤尔根·哈贝马斯：《交往行为理论：行为合理性与社会合理化》，曹卫东译，上海人民出版社，2004 年版，第 276 页。

主观世界建立联系的行为。主观世界是指主体内心源始的审美、意义、情感、价值感知，是主体自身最为原初和直观的对自我、他人和世界的反映。主观世界的主体原初经验，"具有表达能力的主体'拥有'或'占有'愿望或情感，与客观观察到的客体具有广延、重量、色彩以及其他类似特征不是一回事"①，并不精确对应物理世界可被验证的"客观真实"，而是借由主体对自身主观世界中审美、情感、价值、存在等诸多混沌源始的直观，自身的主体性在世界之中的存在本身，进行自我确证。因此，戏剧行为是作为主体的人在世界之中对自我源始持存的确认和探索，唯有通过这一目的行为，作为主体的人才可能从马克思主义描述的异化和工具理性的社会机器中摆脱出来，成为生活世界之中实在的、鲜活的、复杂而灵动的个体，而非工具理性的社会系统中功能性的组件或符号。因此我们需要在社会之中进行各种戏剧行为，譬如艺术欣赏和参与、戏剧扮演、游戏，包括休假、看电影电视等，让自身得以在高强度目的理性的工作中得以休憩，回归到拥有感性、欲望、情感的主体性的完整存在。

因此，在图像的戏剧行为中，最核心的并不是行为者与他人的沟通，而是借由图像行为的审美戏剧探索，主体与自己的行为交往。如《论前卫艺术的哲学感》一文中提道"在现代语境中，艺术归根到底是人的感性合法性的自我证明（审美现代性）"②，在戏剧行为尤其是在美术馆中欣赏架上艺术图像时，图像行为的核心在于行为者通过审美欣赏的戏剧行为，对于自身原初直观的时空感知、情感认知，以及自身趣味、品位、欲望等价值的自我确认。因此戏剧行为作为一种图像行为，其核心是个体性、私人性的，不具有公共主体间交往的关系。

2. "交往行为"

在哈贝马斯看来，无论是目的（策略）行为的图像、规范行为的图像，还是戏剧行为的图像，以上几种以图像为语言媒介的交往行为，都是在局限的世界观中，主体交往行为片面的、临界的状态：

---

① 尤尔根·哈贝马斯：《交往行为理论：行为合理性与社会合理化》，曹卫东译，上海人民出版社，2004 年版，第 92 页。

② 吴兴明：《论前卫艺术的哲学感——以"物"为核心》，载《文艺研究》，2014 年第 1 期，第 12 页。

第一种是间接沟通，参与者眼里看到的只是自己的目的；第二种是共识行为，参与者只是把已有的规范共识付诸实现罢了；第三种是与观众相关的自我表现。它们都只是分别揭示了语言的一种功能，即或发挥以言表意效果，或建立人际关系，或表达经验。①

作为对以上三种世界观及世界观下主体的言语行为特征的反思，哈贝马斯提出"生活世界"和"交往行为"的理念："言语者把三个世界概念整合成一个系统，并把这个系统一同设定为一个可以用于达成沟通的解释框架。"② 在这一对"三个世界"的反思结构中，言语者与世界之间的关联，变成了世界框架下言语者之间的关联：之于"世界"而言，"言语者通过他的'表达'至少与一个'世界'发生关联，并利用如下事实来要求对方拿出合理的立场：即行为者与世界之间的关系基本上是可以得到客观评价的"③。而言语者之间的关联，则是直接平等的言语沟通。交往者通过言语沟通与世界发生关联，并且主体之间在沟通过程中，建立一种平等的主体间性关系：一方面是对对方平等主体性的承认，另一方面是对彼此通过言语提出的有效性要求的承认。

哈贝马斯认为，在"交往行为"中，一个追求与其他主体进行沟通、达成共识、相互承认的主体，必须通过自己的言语提出三种有效性要求，即命题的真实性、规范语境的正确性、主题表达经验的真诚性。这样一种有效性要求，就使得主体通过言语行为与三个世界共同关联。针对交往行为作为主体的沟通和行为模式，在不同的具体语境之中，"交往行为者可以用它们把各种需要整合的语境与他们自身所处的明确的生活世界协调起来"④。

对应"交往行为"的言语行为模式，图像的"交往行为"指的是图像行为者之间以图像作为表意媒介，部分或完全代替语言，进行真诚、规范和有效的

---

① 尤尔根·哈贝马斯：《交往行为理论：行为合理性与社会合理化》，曹卫东译，上海人民出版社，2004 年版，第 95 页。

② 尤尔根·哈贝马斯：《交往行为理论：行为合理性与社会合理化》，曹卫东译，上海人民出版社，2004 年版，第 99 页。

③ 尤尔根·哈贝马斯：《交往行为理论：行为合理性与社会合理化》，曹卫东译，上海人民出版社，2004 年版，第 99~100 页。

④ 尤尔根·哈贝马斯：《交往行为理论：行为合理性与社会合理化》，曹卫东译，上海人民出版社，2004 年版，第 69 页。

言语行为沟通。在过去，从生活世界的实际经验来讲，这类图像交往行为是相对较少的：毕竟对比表意更为清晰的语言，图像的意涵难以在主体间进行规范，在实际以言行事的语用中难免被劫持、曲解、误读，有滑移到"以言取效"（即以言表意，进而行事，且取得策略性效果）的目的行为的危机。不过21世纪以来，随着多媒体的革新，图像在很多表意领域作为语言的伴生内容，开始承担"以言行事"的交往功能。这类图像在今天突出表现为依托于社交媒体和网络（Facebook、推特、微博、微信、Line）进行生成和传播的"表情包"图像、模因图（Meme）等，具有极强的表意性和符号性，但是其视觉形象和意义之间的关系又根据语境的变化，不时地处于延异和游离状态。这类图像兼具形象层面的触目以及感性情绪张力，又有明晰的表意指向。在与社交媒体文字的语图关系旋涡中，呈现出补充、张力、反讽等一系列意义指向，参与到行为者之间的语用交互中，形成一种类似于以言行事的交往关系。相较于纯粹的言语行为，这种图像交往在意义补充之余，更多地在虚拟空间之中承担一种情绪平等交往的功能，为以文字为主体的言语行为交往赋予语境和情感。

不过，相较于目的（策略）行为和规范行为的图像交往，交往行为的图像交往更多是人数有限的行为者之间直接的图像行为交往，在公共空间之中影响相对较小一些。

3. "无目的"的图像行为

生活世界中仍有大量图像无法被归入具体的图像行为之中，但它们又确实大量存在于我们周遭。建筑、地面等表面无意识形成的形象，摄像头机械记录的影像等等，这类图像的生产和摄制是无主体的。就像一台照相机或摄影机，打开监控器的电源，机器就在为我们自动生产图像。对于纯粹的记录来讲，无论记录的客体是人物、自然，还是生活场景，交给生产主体的任务似乎如柯达相机1888年的推销广告所言，只剩如此内容："你按快门，其余我们来做。"[①]当记录图像背后的主体隐晦不明时，其存在本身"似乎"没有直接的目的，就很难去阐述记录图像与主体行动和交往的关系。因此，如果简单来讲，记录图像可以被看作在哈贝马斯"三个世界"和生活世界之外的、"没有目的"的图

---

① 苏珊·桑塔格：《论摄影》（插图珍藏本），黄灿然译，上海译文出版社，2010年版，第89页。

像。无论是在博物馆、美术馆，还是在大银幕、电视、电脑、手机上，记录图像都是客观地呈现在我们的生活世界中，在场且仅仅"在场"。图像媒介背后很难看清言语者，接受者也观看而"仅仅观看"，缺乏意义的反馈交流。除了部分记录图像记录的客体是人之外，似乎在宏观层面难以阐明记录图像在交往层面的直接作用。记录图像和未进入主体视野的其他图像一样，在生活世界之内的现身为主体交往所营造的更多是一种氛围，以无意义的"赤裸"呈现，包围着我们的日常生活。

相较而言，以上三种图像交往范式在公共空间之中产生的意义影响较小，不过在特定的语境中，也会间接隐晦地参与到图像行为和交往的机制中来。而这就涉及另一组问题：图像究竟是以什么样的姿态介入行为者的行动和交往的？此外，虽然上文的研究很大程度上借鉴了《交往行为理论：行为合理性与社会合理化》，但这一论著主要研究的是言语行为理论。图像作为一种视觉直观的媒介，其交往行为是否会具有不同语言与行为的特质？除了具体的表意，图像还有没有其他影响行为者交往的维度？这就需要从图像介入行为交往的方式，来考察图像交往溢出言语交往的特质。

二、图像行为交往的介入方式

自机械复制时代以来，图像早已不是日常生活中的稀缺品，而开始借助复制、印刷、摄制等手段大量出现在生活周遭，介入人们的生活。在日常生活的交往行为之中，图像越来越多地以不同的方式介入，并产生不同的影响。图像介入主体间行为交往也随着图像类型、数量和承载媒介的发展，呈现出更多元的特质。

（一）以图像作为表意媒介进行交往

前文提及的以图像部分或完全替代言语，进行言语行为交往的模式，其中图像充当的是类似言语的表意媒介的功能。无论是前文主要提及的目的（策略）行为、规范行为，还是略述的交往行为，图像实际都是传播者和接受者之间表达、传递和反馈意义的媒介。在目的（策略）行为中，图像传达传播者的意图，进行"以言取效"的意义沟通和交往。在规范行为中，人与人之间通过图像的意义表达，自发进行自身行为和交往的规范和约束，而在交往行为中，图像比言语更加丰富直观，进行主体间直接的意义交往，近似于言语行为理论中"以言行事"的模式。

在此稍微解释一下言语行为理论中"以言表意""以言取效""以言行事"的行为模式区别。哈贝马斯在言语行为理论的研究中采纳了奥斯汀的语用学研究，将言语行为区分为三类：以言表意行为、以言行事行为和以言取效行为。所谓"以言表意"，是指"言语者表达了事态；也就是说，言语者有所表达"①。所谓"以言行事"，则是指"言语者在言说过程中完成了一个行为。以言行事作用决定了命题的形式，比如：断言、命令、承诺、坦白等"②。在以言行事的言语行为过程中，言语者通过言语表意来表达言语意义的行动意图和目的。而所谓"以言取效"，则是言语者试图通过言语行为，"在听众身上发挥效果"③。在以言取效的言语行为过程中，言语者通过言语本身，对他人、社会和世界发挥影响。按照奥斯汀的区分，以言表意、以言行事、以言取效三种行为，可以简单概括如下："有所表达；通过表达，有所行动；通过表达，有所行动，进而有所生效。"④

以言行事和以言取效，都是建立在以言表意模式之上的言语行为，是完整和自足的言语行为和交往行为：在这一行为之中，言语者通过言语行为与听众建立联系，表达自己的目的，而不仅止于以言表意中言语者的单向行动。然而在奥斯汀眼中，以言行事和以言取效的行为也存在着根本的分别。在以言取效的行为模式中，以言表意和以言行事只是间接地表现出来，或者根本不表现出来，言语行为成为言语者实现目的的工具，言语表达的意义和言语者的目的（意图）的直接关联被斩断了，取而代之的则是言语者的主观意图、目的、策略在言语行为的整体语境中对他人的影响。因此，奥斯汀的结论是，"以言取

① 尤尔根·哈贝马斯：《交往行为理论：行为合理性与社会合理化》，曹卫东译，上海人民出版社，2004年版，第276页。
② 尤尔根·哈贝马斯：《交往行为理论：行为合理性与社会合理化》，曹卫东译，上海人民出版社，2004年版，第276页。
③ 尤尔根·哈贝马斯：《交往行为理论：行为合理性与社会合理化》，曹卫东译，上海人民出版社，2004年版，第276页。
④ 尤尔根·哈贝马斯：《交往行为理论：行为合理性与社会合理化》，曹卫东译，上海人民出版社，2004年版，第276页。

效是策略互动的一种特殊类型"①。

不过，无论是以言行事还是以言取效，都是主体之间有效进行意义交往的言语行为。在今天的图像行为和交往中，无论是直接的交往活动，还是间接的意图传达和影响，都是基于图像"肉身"的在场，以其具体可感的形象所传达的内容，最终形成的意义交往。然而，除此之外，图像还可能以一种不在场的方式，通过其意义对行为者的交往产生影响。

（二）以图像作为"社交货币"进行交往

所谓"社交货币"，是一个近年来开始被创造和讨论的媒介传播经济学概念，意指在人与人的社交活动中，话题和谈资被当作货币进行交换，从而维系主体间的社会关系。如《微信朋友圈的自我呈现："社交货币"理论的视角》一文所言，"就像人们使用货币能买到商品或服务一样，使用社交货币能够获得家人、朋友和同事的更多好评和更积极的印象"②。人与人之间的言语交往活动，往往需要"社交货币"进行维系，人与人之间寻找谈资、寻找共同话题，从而形成言语行为的交往、讨论，最终形成共识，完成积极有效的社会交往活动。在这一前提之下，共同的话题就成为最有效的社交货币。尤其是在今天城市社会生活的"陌生人社交"语境中，如何挖掘社交货币，成为公共交往活动最核心的建构要素。时事政治、社会新闻、大众文化、时尚潮流等等，都成为社交货币发掘所瞄准的核心领域。

而在这些核心领域中，因为传媒和文化在当代的图像化变迁，图像"恰好"成为这些领域的显性载体。对于时事政治、社会新闻来讲，图像新闻（图片、视频、短视频）代替传统文字新闻成为主流，新闻事件、场景和人物都以图像直观的方式作为内容呈现。对于新闻探讨的社交货币，也不再依托于抽象的文字，而是具体直观的感受。而对于文化、时尚、潮流领域，图像更是重要的载体和内容。大众共同观看的影视剧作，生活世界中的广告、广场艺术，以及其他携带意义和感知的大众图像作品，都成为人们热切讨论的话题。尤其是

---

① 尤尔根·哈贝马斯：《交往行为理论：行为合理性与社会合理化》，曹卫东译，上海人民出版社，2004年版，第280页。

② 崔珍：《微信朋友圈的自我呈现："社交货币"理论的视角》，南昌大学硕士学位论文，2016年，第6页。

2010 至 2020 年间国内商业电影开始逐步占据大家的娱乐生活，电影图像内容（无论是《让子弹飞》等优秀商业电影，还是《富春山居图》《逐梦演艺圈》等富有争议之作）成为人们在茶余饭后聊天时高频使用和交换的社交货币。对于图像内容的讨论、交流以及最终达成共识，从而实现对社交关系的维系，是图像作为社交货币介入图像行为和交往的重要模式。

不过需要注意的是，区别于表意媒介的图像，作为社交货币的图像虽然深刻影响了今天的社会文化生活，但对于言语行为和交往本身来讲，这种影响是间接的：与作为表意媒介的图像不同，作为社交货币的图像在交往行为中并不在场。人们无需借助图像本身进行沟通和交流，而是在单纯的言语行为之中提及图像的内容和意义。因此，在这一交往行为之中，图像是不在场的，仅作为被言语抽空和替代的符号在言语行为中呈现自己部分的意义，从而完成言语沟通行为和交往的成立，维系社会交往关系。与其说图像的肉身是交往活动的充分条件，毋宁说正是"世界图像的时代"造就了图像作为"社交货币"的通行。这是我们所身处的时代特有和突出的社会现象。

（三）以图像作为氛围营构进行交往

与作为社交货币的图像交往相反，作为氛围营构的图像参与交往的方式多是在场，但不表意。在具体的生活场景中，主体间的诸多交往行为都不以图像作为表意媒介或社交货币，但图像出现在交往场景之中，以其在场本身建构起一种时空氛围，隐秘地参与到交往行为中，并对交往行为产生影响。

格诺特·伯梅在《图像与气氛：论图像经验的现实性》中认为图像理论长期关注的都是符号学、解释学和艺术史，但没有关注图像营构的氛围的威力，并且认为图像在意义和物感之外，将观众卷入身体性在场所营造的氛围，也是图像语用学重要的研究内容。因此，当我们关注图像行为交往时，不仅要关注直接作为社交货币或表意言语的图像，也要在意那些在生活场景边缘不直接参加交往意义生成，但影响行为者身体感的氛围性图像。

前文曾经提及，戏剧行为的图像交往在本质上并不是主体间的行为交往，而是行为者通过审美行为和自我的对话和确认。但是另一方面，当行为者与他人共处同一时空时，图像的氛围营构可能会影响主体间的身体和时空感知，从而让行为者们在审美异托邦的共同时空领会中达到时空氛围感知的共契。如伯梅所言，"如今的许多艺术作品所致力的已非意味，而是气氛"①，今天的公共艺术空间致力制造一个有别于日常生活场景的时空，而艺术图像被置于时空剧场中心，以其具有哲学感的前卫物感呈现，使观者被迫从日常生活经验的工具理性中抽离出来，进入审美和认知的"异域"，从而身体亲临体验异域时空氛围。而这一时空氛围的时间感、空间感、剧场感和异域感的体验，是同处同一时空的行为者共同的领会。行为者彼此之间虽未有言语交往，但对于图像的时空氛围却有感知的共契。不光是现代艺术馆的异域感，在影剧院中，这一时空氛围体验也切实存在。封闭剧场和熄灭的灯光将人们从日常生活时空结构中拽离，共同领会数小时的黑暗。时间感知则随着图像内容而改变，时而被商业电影飞速拖过，时而被作者电影拖延得无比漫长……而这些时间和空间的感知，是同处一间影厅或剧场的人们不言自明、相视一笑即可理解的，是无言的意义交往。

除了时空氛围的营构，图像还经常参与到情感氛围的营构中。例如商业街区五光十色的霓虹灯组成的图像景观，给人一种强烈的都市现代气息；节庆时的商场里，以红色、橙色为主色调的图像随处可见，给人一种喜庆、愉悦的感觉。通过色彩、线条、肌理、形状等视觉直观呈现而出场的图像，并不属于行为者交往活动的媒介，但是自身视觉直观所呈现的情感暗示，则作为氛围参与到交往活动的过程中，并对交往行为产生语境性的影响。这也成为今天诸多城市想要通过图像景观打造"网红城市"，让市民感受城市活力和温度（即使这些图像并非市民行为交往的媒介和目的）的一大动机。

总而言之，以图像作为表意媒介和社交货币进行交往的图像行为，与言语行为交往具有更强的相似性；而图像作为在场的氛围营构加入到交往行为之中，则是视觉媒介尤其是公共空间的视觉媒介所独有的介入方式。在这一介入方式之下，主体之间的交往行为被赋予了更为多元复杂的语境，从而也使得图像交往在审美、功能和意义指向上展现出更多更复杂的意涵。而这一隐晦的意涵在特定的公共空间之中，又可能成为一种语境的情感和意义暗示。于是一个问题出现了：城市公共空间之中的图像交往虽然在具体行为中各行其是，但是

---

① 格诺特·伯梅：《图像与气氛——论图像经验的现实性》，高砚平译，载《外国美学》，2018年第2期，第2～3页。

否也在"城市"这一语境下有某种宏观的暗示性情感或意义指向？

三、城市公共空间中图像交往行为的指向

前文提及，主体之间的图像交往行为在生活世界的广义交互中，因为主体身位的差异，可以大体区分为以下两种主要模式：一是群体、机构、组织的共同意志与个体之间的图像交往，二是在生活世界之中个体之间的图像交往。而如果将图像交往的行为限定在本章核心题域的城市公共空间中，图像交往的两种主要模式就能够被进一步精确化：一是城市管理者（即政府和相关部门）与城市公共空间中的受众产生的各种形式、各种渠道的意义交互，二是城市公共空间之中的图像受众之间展开的直接或间接的以图像为媒介的交往活动。

在城市公共空间之中的图像交往，势必存在大量公共领域之中主体之间自发进行的意义和感知交互（包括个体行为和商业行为）。城市公共空间之中大多数的图像交往事件、行为、交互关系，都或多或少体现出城市公共空间管理者的意志。那么，从城市管理者（即政府及相关管理部门的主体意志）的角度来讲，对于城市公共空间图像的生产、投放、传播、营销，乃至实现公共空间之中的图像交往行为，又是想要达到什么样的目的呢？上文已经梳理了图像交往在城市公共空间几种主要的呈现方式，而城市管理者作为图像交往行为的主动表意方，其图像行为就呈现出更强的目的性和策略性。

首先是基于目的行为的"以言表意"。作为图像交往行为的主动表意方，城市管理者希望借助图像行为来表达自身的图像言语行为，求得受众的了解、接受和反馈。这类图像言语行为多是城市管理者直接表达的内容，借助图像这一媒介进行意义传递，从而使得城市公共空间之中的受众作为交往行为的另一方能够对言语行为进行理解、接受，乃至在各类语境之下进行反馈。这一图像言语行为的典型代表就是城市公共空间之中的宣传图像。城市管理者对于城市政治、治安、社会管理等方面的内容，以平面广告图像、标语或是 LED 大屏宣传片作为表意媒介，将信息传达给受众，从而使受众理解城市管理者以言表意的言语行为（诸如近年的"反诈""抗疫"主题的宣传图像）。继而受众在以言表意的图像行为中有所行动、有所表达，就完成了城市公共空间之中最简单的图像交往行为。

在这一行为之中，城市公共空间图像交往的主要目标在于一种直观、简单的城市公共意义的宣传和反馈，图像交往的目标在于城市管理者意义内容的传达。不过这一简单的"宣传-反馈"机制，并不是当代城市图像交往的重点：对于图像媒介来讲，以言表意的图像虽然直观，但平铺直叙无法激活图像这一视觉媒介最强大的威力。

其次，但也是更重要的，则是基于策略行为的"以言取效"。作为图像交往行为的主动表意方，城市管理者希望借助图像行为来产生某种效果，并且在受众之间取得一定的效力或图像表意之上的目的。在城市公共空间的交往行为中，这一效果突出表现为"对于城市的认同"，即城市管理者以图像作为媒介，在城市公共空间之中进行传播，从而使受众对城市空间、政治、文化、社会乃至城市管理者本身产生认同，加强城市这一公共空间共同体的凝聚力。在这一交往行为中，这既包括城市这一共同体内的彼此认同（管理者与受众之间的认同、受众之间的认同），也包括受众对城市共同体本身的认同。无论是城市公共空间景观氛围营构展现出城市的文化景观、在空间氛围感知的潜移默化中使受众领受城市空间文化氛围，还是城市公共图像传达出的文化符号信息使得受众对城市精神有更强领悟和认知，其本质都是在图像交往行为中对城市本身的空间和文化认同感进行增强，从而对城市这一地理空间产生精神性的信任、喜爱和依赖。对城市管理者来讲，这一公共空间交往目标的实现，就使得更多的交互活动有了展开和扩大的基础：基于对城市的信任，包括招商引资等经济交互活动得以发展；基于对城市的喜爱，城市人才的吸引和提升得以实现；基于对城市的依赖，越来越多的经济、文化、社会活动会在城市空间之中进行交互呈现，城市的经济、文化、活力也就在这些交往行为中进一步扩展，从而使得城市的发展建设更加繁荣，更加具有经济、文化和社会影响力。

不过需要注意的是，城市并不是一个封闭的地理空间，而是由不同的受众组成的身份极为复杂多元的文化空间概念。这其中，图像交往行为的主体既包括城市管理者，也包括日常生活中对城市公共空间及图像有所经验的主体。而这些主体，根据对城市公共空间的经验深度、频次来区分，又可以被简单划分为对城市日常生活空间有着更为细腻经验的本地居民，和对城市公共空间有着更强异域感的外地游客。前者长期生活在城市之中，对于城市公共空间的细节、生活场景有着更为日常化、经验化、碎片式的感知，公共空间之中的图像交往活动参与频次也更高，但在日常生活的连贯性中相对钝感。后者则是这一公共生活的"他者"，对于这一与自己日常生活经验相异的城市公共空间会有更强烈的异域感和新奇感，对于公共空间之中的图像交往活动呈现一种更强烈、更具新奇感的审美剧场效应。在实现城市公共空间图像交往"对于城市认同"这一目标方面，城市管理者必然需要针对两类对城市公共空间经验感知迥然相异的人群，制定不同的图像传播、接受交往策略，从而实现其城市公共交往目标。

（一）针对本地居民的图像交往策略

对城市认同的建构加固。本地居民对城市这一共同体空间的认同和期待，核心在于建构在公共空间舒适宜居基础上的文化向心力。所谓城市形象、精神、文化，主要是建构在城市公共空间日常生活场景的"亲密化"基础上的。这一"亲密化"又分为两个维度，一是功能的亲密，主要是指城市功能的人性化，也包括日常生活、消费、交往的便利性；二是文化的亲密，包括城市文化的传承、日常、社区、生活化的建构。因此，针对本地居民的图像交往策略，核心在于对城市文化的日常体验建构，从而让本地居民在日常生活的领会中能够有更体现城市生活便利度和关怀度、更具文化亲密性和舒适感的图像交往体验，从而对城市形象产生认同感。

（二）针对外地游客的图像交往策略

对城市文化的营销传播。相较于本地居民，外地游客对于这一城市共同体空间的期待，则更具主题乐园特质。他们因商务、文旅、求学或是其他动机进入这一城市公共空间之中，更加期待城市公共空间及图像能够带来异域感的新鲜刺激，从而实现城市文旅的新奇体验。这一体验既包括图像本身的奇观呈现（如街景、灯光或其他城市景观呈现），也包括图像意义传递出的城市文化特质。因此，针对外地游客的图像交往策略，核心在于在城市公共空间之中建构景观化的视觉体验，将城市形象和城市文化建构为广告化体验的视觉名片进行营销，让游客能够在城市公共空间之中刷新感性认知，从而对城市产生更为强烈的好感。

当然，在实际的图像体验和交往过程中，两种体验和交往策略并非二元对立：本地居民也希望在城市公共空间之中有主题玩乐的视觉景观，外地游客在文化旅游之余也希望有舒适亲切的细节体验；舒适的日常生活体验建构和景观化的城市形象营销两种策略也不见得完全矛盾。不过总体而言，因为对城市公共空间的体验深度、广度不同，两类人群在对城市公共空间和图像的期待视野方面，的确存在一些差异。然而，在当下共享的城市公共空间之中（也包括线上互联网空间），如何对应不同的受众定制和营销城市图像，并展开图像交往行为，给城市管理者的营销思维和策略提出了不小的挑战。事实上，近年国内"网红城市"的图像交往实践中，营销错位的案例并不鲜见（如重庆市"赛博朋克"的城市图像营销引得外地游客纷纷前往，但对本地居民基本属于无效营销；上海对于"十里洋场"的城市图像营销更多满足的是本地居民的趣味和格调；等等），如何弥合两类不同的受众群体，或是精准投放和营销城市图像，仍然需要进一步研究探索。

四、基于城市公共空间的图像交往范式的策略

在今天的城市公共空间中，市民在日常生活中正频繁地展开着图像行为和交往活动。广场、街道、公园商业综合体以及其他城市公共空间内的图像交往，和私人性的行为交往以及其他空间内的交往又有一定差异，体现出不同于非社会性政治性交往的公共空间特质。在城市公共图像的行为中，图像行为和交往最核心的考量是基于两个因素：一是作为表意媒介的图像的言语交往，二是作为氛围营构的图像的气氛共振。

先说言语交往。城市公共空间的图像因其公共属性（主要体现为城市公共政治行为的公共性）及经济相关考量，在空间内的实际出场，往往是有自身的明确意图的。如广场空间的广告图像，多数具有城市公共政治的宣传属性；街边店面的广告图像，具有商业营销属性；街道的各类指示图像（如路牌、地图、场所标识等），则有明确的指意目的行为属性；等等。而这些图像行为都属于图像的目的（策略）行为范畴，行为的参与者是公共空间中的市民，主导者则是图像的生产、传播、管理者，虽然也有企业、艺术工作者等团体，但城市政府机构扮演着最为主要的角色。在城市公共空间中，政府作为最重要的图像生产者，通过图像进行以言表意和以言取效的图像行为，让公共空间中的市

民作为图像接受者，能够明晰政府图像行为的意图，从而领会其言语含义，继而行动。商业广告营销的图像同理，这其中既有企业的意志，也体现了城市管理者基于政治和治理的意图（如对图像出现的具体位置、内容进行规范），达成具有目的性的商业营销行为。市民在公共空间中对图像的接受，以及和生产者之间的图像交往，核心在于一种目的和策略性的意义交往，从而调整自身在公共空间中的意识和行动。在这其中，图像也可能促成市民在领会其含义后与他人进行行为交往约束的可能性，属于规范行为的范畴。尤其是在道路、公园、地铁、博物馆等需要维持公共秩序的城市公共空间中，图像行为不仅是承载管理者的目的（策略）行为的意义媒介，同时也是公共空间内市民之间进行约束性行为交往的意义媒介。通过图像进行表意，从而影响和调节作为接受者的市民的行为，成为今天城市公共空间中图像交往最重要的范式。

同时不能忽视图像在氛围营构方面在促进城市公共空间交往行为上的重要作用。在不同的城市公共空间中，图像作为背景和气氛营构的元素，形成一种整体性的美学景观，但是在生活世界的主体交往过程中，则会在时空和情绪氛围层面形成一种隐性的感知，进而影响交往的品质和意义。例如，对比伦敦和巴黎两座城市，城市公共空间图像的氛围营构带来不同的美学气质，进而影响市民交往的感知共振。英国伦敦城市治理相对严格，城市街头图像以古典时期雕塑和当代前卫公共艺术为主，使得城市在氛围上整体显示出一种严谨和严肃感，使得人们在交往过程中，也能对城市氛围的意义共振有所领会，隐秘地通过语境的渗透塑造交往的模式、内容和氛围。而法国巴黎则相对自由，在城市郊区、地铁、空地的建筑空间墙体，多见年轻人的街头涂鸦，极具嘻哈气质的自由图像的集体出场也带给巴黎一种浪漫、自由和危险的气息，给予人们的言语行为交往一种更加奔放和街头的语境。国内亦如是。近年来西安、重庆、成都等所谓"网红城市"，都在城市灯光图像呈现的氛围感营构方面进行形象打造。尤其是西安的灯光工程，在鼓楼、大唐不夜城等著名景点，都设计了大量彩色灯光对建筑、街道等空间进行装点，使得景点建筑的外立面在夜晚呈现出"不夜城"的图像景观。这一灯光图像景观的装点，使得城市在夜间彰显出一种活力感，从而以语境的方式刺激人们在夜间出门、消费、娱乐、旅游。此外，对于图像氛围和物感的感知，主体之间也有共鸣，无论是图像造成的城市整体美学气质、街道景观的风格呈现，还是一些空间的物感凸显，基于图像物感的共振共契，也使得人们在行为交往过程中能够隐秘地平添几分对城市公共空间本身、对城市中共生的市民彼此的认同。总体来讲，如果说言语交往的图像以语义的方式直接影响城市空间中的主体行为交往，那么氛围营构的图像则以语境和物感共振的方式形塑人们的感知和交往。

从图像在这两个维度对市民在公共空间内交往行为的影响效力来看，在图像爆炸的今天，城市的管理者也需要在这两个层面对城市公共空间中的图像进行筹划，从而提升城市形象、贯彻城市文化意志的宣传，同时也提高市民在公共空间的交往体验和审美感受。在以下几类典型的城市公共空间类型中，尤其能够看到城市管理者在图像筹划方面的努力。

（一）城市公共广场空间：基于宣传的策略行为

城市公共广场空间，尤其是作为城市地标的门户广场，图像往往成为民众注视的焦点。图像的表意和物感在空间中的呈现，都被认为是城市文化彰显的重要媒介。因此近年来城市管理者也重点对城市公共广场空间中的图像进行筹划和管理，突出城市门户意义宣传与交往的作用。

这一筹划和管理集中表现为管理者以宣传为目的的策略行为。城市广场空间作为城市重要的地标和门户，被管理者和市民共同认知为城市宣传的重要媒介。因此，城市广场空间的图像选择和展示，相较于图像的物感，会更加着重于言语意义的传达。首先是城市文化的策略性宣传，大量城市会在自己标志性的城市广场空间设置最能代表城市文化的图像，如雕塑、装置、地景等，向空间中的图像行为者进行城市文化的宣传。如四川成都市的天府广场的总体图像景观，就是整个广场地景、水景、地面形成一个巨大的太极八卦图像。鸟瞰天府广场，就能从其太极八卦的图像设计中感受到成都古蜀文化、道家文化。其次是意识形态和公共政治宣传。城市广场空间作为市民生活交往最重要的公共空间，也是管理者进行意识形态、公共政策、社会治理等宣传的重要线下渠道。近年来国内大量城市广场空间都在广场周围竖起了 LED 宣传大屏，以平面广告、标语、招贴画、短片等形式进行各式各样的政治宣传，上到社会主义核心价值观，下到金融反诈题材等等，在广场中停留的人群就成为这些图像的接受者，他们未必会对图像内容进行认真阅读和阐释，但会在这一图像策略行为的影响下，在自身原本的行为和交往活动之余形成图像直观印象，从而在城市生活中形成图像管理者策略行为设计的感知，完成图像交往策略的宣传闭环。

除了城市管理者以言取效的策略行为，城市公共广场空间的图像在氛围营构方面的设计和策划也同样在这些年逐步被关注乃至重视。不过这一图像筹划的策略与城市街道公共空间相仿，下文将进行阐述。

（二）城市公共商业空间：基于营销的策略行为

在城市公共商业空间中，图像也经常被当作图像策略行为的媒介。不过，与政治和公共文化的宣传策略不同的是，城市公共商业空间中的策略行为更加凸显出商业营销的以言取效属性。无论是商场、商业街，还是城市综合体，图像行为交往都和商业营销行为紧密相关。最为直接的是店铺招牌和广告图像，林立在街头、建筑和橱窗，向来往的游客行人展示商品和品牌的形象。这其中有不少商品的直接形象展示，更多的则是以一种商品使用场景的图像，向图像接受者许诺购买商品之后所享受的生活，唤起大家对拥有商品和品牌的审美幻想，从而达到商业营销的目的。无论是服装品牌、电子品牌，还是餐饮等，都越来越多地展示拥有商品后靓丽的模特形象、美好活力的生活场景、富有趣味的生活片段等图像，一方面进行各式各样的营销，另一方面让图像在空间内全体出场，使得城市公共商业空间更富有商业文化娱乐氛围。

此外，在今天一些大型城市公共商业空间中，除商品和品牌营销的图像之外，管理者还会将大量艺术图像布置在各处。表面上看是增加了商业空间的艺术气息，实则也是一种营销的策略行为，只是这种营销的对象并非品牌或商品，而是空间本身。如北京侨福芳草地购物中心、成都远洋太古里等，都在空间中放置了大量的雕塑、绘画等艺术形象，通过图像自身的表意及其独特审美氛围，打造富有艺术性、有格调、有审美氛围的商场空间品牌。无论是营销商品、营销品牌还是营销空间本身，管理者都以图像的表意和氛围营构作为媒介，向接受者传递自身意图和策略。而接受者则使用"消费"这一经济行为对营销策略行为进行直接的反馈，完成图像交往策略的营销闭环。而无论是消费行为本身还是对城市公共商业空间的综合审美感受，在被认为已经进入"消费社会"的市场经济时代城市生活中，最终汇入对城市及其文化本身的认同和感知之中。

（三）城市街道公共空间：以审美为核心的认同

图像通过氛围营构，在城市公共空间之中促进交往行为的重要作用，使得近年来管理者在制定公共空间的图像策略时，更加注重作为视觉感知媒介的图像在表意之外的物感和审美方面的风格品质。对于生活在城市空间的市民来讲，身处的街道、公园、空地、广场、建筑等可感物的审美品质，会在极大程度上影响他们对城市本身的认知乃至认同。同样，对于外地游客来讲，包括景观、景区、建筑、图像等在内的一切审美元素，都是评价一座城市文化旅游娱乐价值的重要指标。因此近年在街道、公园、空地等城市街道公共空间中，都可以看到路牌、地图等原本只是被用来当作表意工具的图像，在审美上有了很大提升。如成都市从 2016 年开始，为城市中心城区街道统一更换了路名牌，新的路名牌约 3 米高，整体色彩被命名为"成都灰"，造型呈 T 字形，路名牌的图像蓝底白字，侧面还有祥云图案（如图 3-4 所示）。其整体图像简洁清爽，柱体和牌侧用了中性的灰色，具有现代主义格调。而祥云的纹样则在美观之余，彰显出中国传统美学的物感，让人们在图像交往中能够在具有中国品质的美学物感中增添对城市文化的领会和理解。

图 3-4 　"成都灰"T 字形路名牌（引自网络）

基于上述目的，在具体的设计策略中，越来越多的城市街道公共空间的图像都会作两个方面的考量。首先是图像本身的单质性极简主义物感风格。一方

面是因为物感审美不会喧宾夺主,影响这些作为工具的图像的表意;另一方面
也是为了与现代化城市"现代主义"的风格相呼应。其次则是图像在文化方面
的审美表达。城市街道公共空间之中诸多图像都会以国家和城市文化为考量因
素,设计具有文化风格的图像,以求在图像行为和交往之中,传达更多文化概
念,并激活民众对城市记忆、城市文化的认同。然而在具体的实践层面,这两
种图像设计策略往往会出现顾此失彼的现象,过于偏重前者使得城市街道公共
空间的图像"千城一面",过于偏重后者则给图像背负了过于沉重的包袱,使
得图像在现代感上大打折扣。关注物感和氛围的现代感,还是关注文化记忆,
在城市实践中仍需要不断进行妥协、调整和创新。

人们在城市公共空间之中不仅是图像的接受者,还积极以图像为媒介,进
行图像行为和各类交往活动。这其中既有人们在具体公共空间之中实际的行为
交往,也有隔着图像进行目的、策略、规范行为设计与实践的交往行为。人们
在今天越来越依赖以图像为表意媒介、公共话题或氛围营构而进行交往活动,
而另一方面,各地政府作为城市管理者,也在利用图像的公共交往属性,从文
化宣传、各类营销、提升城市形象方面着手,通过打造和提升图像品质内容,
精准投放图像等手段,使得民众能够更好地领会和遵行其政治、经济、文化、
社会的意志,并对城市的综合文化有越来越高的认同。

图像在城市公共空间的爆炸性出现毕竟时日尚短,如何利用图像增进市民
的交往和认同,仍旧是一个值得进一步研究的课题。这其中还混杂着诸如"图
像的符号价值应该追寻国际化还是坚守传统"等一系列命题等待进一步研究解
决。随着生产和技术的进步,图像也在自身的进化速度上日渐加快,不仅是传
统的静态图像,城市装置、视频、虚拟现实等也都在给城市空间中的行为、交
往和治理不断提出新的命题。这需要我们在这一命题之下,继续针对不断新发
的具体问题进行探索性的整理和研究。

第四章　当代城市视觉文化新景观：
街景、灯光、徽标图像

　　身处全球化进程之中的当代城市生活世界，无论如何挣扎，似乎已经无法摆脱城市景观"千城一面"的窘境。20 世纪初从德国包豪斯学院兴起、后经由美国蔓延至世界各地的现代主义风潮，已经成为世界范围内超大型城市的共同景观。21 世纪以来，国内舆论反复提及在城市规划和建设的过程中应该避免"千城一面"的景观，但最终收效甚微。究其原因，除现代主义风格在城市规划、建筑设计方面强大而难以阻挡的风潮之外，福特主义式的成本考量、城市建设材料的功能和成本的筹划，以及国际性大都市不可避免的国际主义风格等，都是使得城市形象难以区分的重要原因。毕竟对于城市之中的居民来讲，城市文化和景观虽然是重要的审美对象，但更重要的是集经济、功能、居住、使用等工具性考量的生活空间，而"美学的干预绝对不能替代城市的基础"[1]。更加实用、经济、功能性强的现代主义摩天大楼，以及一系列后现代建筑组成的城市必然是现阶段城市无可回避的整体景观。

　　因此，在摩天大楼、现代和后现代风格建筑、整齐划一的街道社区等视觉景观已经无法避免之时，当代城市的个性、文化、美学，就要在更为微观的、更加融入生活世界的景观中进行创造表达。近年来，随着国内城市建设的推进、城市经济的繁荣，一些城市视觉文化的新景观也逐渐在新媒体网络时代表达着城市个性。其中，街景、灯光和徽标图像正在成为城市生活世界中出现频次最高、表达力最为突出的图像景观。

---

① 爱德华・格莱泽：《城市的胜利》，刘润泉译，上海社会科学院出版社，2012 年版，第 240 页。

一、街景："千城一面"整体景观下的微观个性表达

在不可阻挡的"千城一面"的现代都市景观下，包括装置、天桥、墙绘、店铺招牌等小型景观在内的街头景观视觉，成为今天不少城市具有区别性、能够展现自身独特文化和活力的微观表达。如查振华《论城市形象的构成》一文所言，"历史文化与当下文化的交流即体现于现有的街道中。因此街道是属于历史深处的文化记忆和积累，同时也属于时代发展的前沿"①。街道的形态和景观对于城市文化的表达有着重要的意义。街头景观散布在城市实际的生活场景之中，以地标或者艺术小品的方式"起到强调城市的多样性（并且增加这种强调的意义）的作用"②。在今天，身处当代城市尤其是城市新区或中央商务区，在摩天大楼、玻璃幕墙、国际主义或后现代建筑群落中，我们往往无法清晰辨识城市的文化和气质。但在微观景观层面，具有个性和活力的街景则成为今天城市活力、个性、文化和多样化表达的重要着力点。

走在城市的街头四处张望，最吸引眼球的就是街道两侧墙体、围栏等平面上的视觉图像。这其中有为了彰显活力和个性的"涂鸦"绘画，有各式各样的平面广告，也有以城市治理为主体的宣传画。而不同的街头图像的产生和生存，则各具不同的城市景观和治理逻辑。"涂鸦"最早是 20 世纪后期在纽约、巴黎等欧美大城市掀起的亚文化青年运动的视觉标识。这种街头视觉艺术和行为"往往是公共的、非法的、自由的、出乎意料的，而且通常是难以理解的"③，与嘻哈乐、亚文化、少数族裔一起，曾被认为是城市秩序下反抗行为和抵抗的象征。在长期的青年文化思潮的推动下，这一曾被视为非法的街头景观逐步成为城市中随处可见并无法回避的视觉景观，向城市居民和旅游者展示城市的青年亚文化等城市文化表达。而在我国当代语境下，在不违反主流秩序的前提下，涂鸦图像的出场被赋予了严格限制的合法性，不再是废弃工厂、地铁、隧道等边缘空间的"非法"视觉呈现，而被城市治理的语境宽容和接纳，

---

① 查振华：《论城市形象的构成》，载《城市发展研究》2009 年第 5 期，第 92 页。
② 简·雅各布斯：《美国大城市的死与生》，金衡山译，译林出版社，2006 年版，第 352 页。
③ M. 贾斯汀·麦克格雷尔：《涂鸦与城市：关于街头艺术、城市青年与艺术疗愈的新思考》，吴晶莹译，载《世界美术》2020 年第 3 期，第 16 页。

被允许在商场、艺术街区、校园等主流城市空间中特定区域内进行表达，成为城市青年文化活力的重要图像（如图 4-1 所示）。国内的城市街道中各式各样的宣传图像，其视觉表达和存在逻辑则与涂鸦绘画逻辑相反。自 2013 年以来，在中国各大城市的街道，"中国梦"和"社会主义核心价值观"主题宣传图像从未缺席。这一遵循城市治理逻辑自上而下成为街头景观重要组成内容的图像，成为今天中国城市区别于国外城市的重要视觉呈现。无论是地铁公益广告、工地围挡，还是建筑空白墙面，总能看到印有泥人彩塑、民间剪纸等民俗视觉文化的主题宣传海报，以符号和感官的双重威力展示着"文化自信"的宣传，在现代城市空间之中凝聚，成为区分于其他国家城市形象、展示国家"文化自信"的重要城市视觉景观。

图 4-1　北京 798 艺术区内的涂鸦墙①

　　今天城市之中兴起的各类所谓"网红"景观，也成为城市多样化、个性化的重要视觉呈现。这类景观并非如涂鸦或宣传图像那样具有城市治理或反治理的功能逻辑，而是纯粹视觉审美的符号标出性的展现。市民们倾向于前往"网红"景观进行旅游和"打卡"（即使用网络社交媒体进行图像记录和分享），对"网红"景观进行直接的审美体验和消费。如成都市高新区南部园区的五岔子

---

　　①　图片引自 M. 贾斯汀·麦克格雷尔：《涂鸦与城市：关于街头艺术、城市青年与艺术疗愈的新思考》，吴晶莹译，载《世界美术》2020 年第 3 期，第 18 页。

大桥，以其"莫比乌斯环"般的前卫造型，以及夜间灯光照明的美学氛围，自2020 年建成以来，迅速成为成都"新晋"旅游地标，引得无数市民和游客前往"打卡"，成为建构城市形象重要的差异化街景（如图 4-2 所示）。而微信朋友圈的流行、"抖音""快手"等短视频平台的出现，一直到社交媒体"小红书"爆火，更是有大量街头景观因为其纯粹的视觉美感而被网络记录和分享。无论是"网红"店铺的招牌门面，还是街巷墙壁的色彩质感，从"线下"的审美体验到"线上"的分享宣传，城市街头巷尾之中，每一个细节的个性化、审美化、文化记忆和文化表达的街景，都成为重要的视觉标识。尤其是 2020 年前后，对于隐匿在城市中各类所谓"网红店铺"的追捧，反映出的更是市民对城市细节审美视觉形象的追求、消费和分享。近年诸多"网红"城市对店铺招牌、广告、门面的视觉设计也不再追求统一的风格，而是更多鼓励店面的个性化视觉形象创新。深圳市的文和友、成都市的望平街等，都是借助这一城市治理思路的转变而崛起的"网红街景"，不仅增添了城市个性化的景观，也带动了城市文化旅游的发展。

图 4-2　成都市五岔子大桥（引自网络）

总之，城市街景的视觉呈现和表达，实质在于城市形象在微观层面的视觉标识。既然在飞速发展的城市化进程中，现代主义和功能主义主导的"千城一面"无法在宏观层面回避，那么街景作为城市微观、个体的表达，就是在具体的生活场景中对城市个性、文化记忆和文化发展的补充。不过，在今天的城市街景发展中，上文提到的街景，也存在着自身的一些发展困境。

城市街区的涂鸦绘画和城市治理的主题宣传图像，是这一困境的两个极端。涂鸦绘画作为一种被今天的城市治理有限接纳的视觉表达，虽然有城市青年个性化的活力表达，"也有利于社会的稳定"①，但终究是偏向个体的视觉表达，除了展现青年群体的创造力，和城市整体"文态"几乎没有关联。城市治理的主题宣传图像则相反，作为城市治理思路下的意识形态和文化宣传图像，这些视觉表达虽然经由设计，具有强烈的文化感，但与城市本身的历史文化、市民实际的生活世界依然没有直接的关联。两种类型图像表面上的个性化、文化感，使得这一城市能够和国外城市、国内街景设计较落后的城市拉开差距，但在同样治理思路的城市内部（如国内新一线城市和一线城市），过于个性化或宏观化但和城市自身文态没有深度勾连的视觉景观，会使得这批城市内部再次出现"千城一面"的尴尬。今天，在城市化进程较高的国内一线乃至新一线城市，涂鸦与艺术街区俯拾皆是，民俗文化和"国粹"的视觉宣传缺乏差异且与城市本身地域无关，使得基于个性、文化和多样性出发的街景最终变成了"伪个性"。

面临同样窘境的还有"网红"街景。无论是装置、建筑、桥梁还是店铺、街道，"网红"作为一种线上分享机制，起初是发现和分享城市中具有个性和审美价值、适合拍照的景观，但是在互联网络日渐单一、缺乏多元的审美风潮的引领之下，线上所谓"流量"对于城市街景创造的反向引导，使得店铺、雕塑、装置等街景的创造出现趋同的危机。不同城市大量出现的风格雷同的咖啡馆、买手店、酒吧等街景，也在提醒城市创造力和多元性的缺失，以及"流量"对创造的绑架。这也需要我们在城市治理的过程中，不能只注重所谓"好看""精致""网红"本身，更要注意挽救创造多元性的枯竭，培养和鼓励个性化、多元化，与城市气质文态相勾连的视觉文化表达。

二、灯光：城市夜间生活世界的激活与创造

涂鸦、宣传图像、装置、招牌、雕塑、店面等街景，代表的无疑是城市近

---

① 孙艺萌：《纽约地铁涂鸦艺术中的文化政治》，中国美术学院硕士学位论文，2014年，第21页。

年来视觉文化景观在日间的突出呈现。而在夜间的城市景观之中,灯光作为视觉呈现本身,也成为无法忽略的视觉文化表达。

伴随着低耗能、高照明的 LED 照明技术的成熟,国内各大城市逐步开始推进被称为"光彩工程"的城市亮化工程,利用点光源、线条灯、洗墙灯、壁灯、泛光灯、投光灯等 LED 照明设备,明晰城市结构,凸显建筑、街道、空间轮廓,并且突出和强调城市中大大小小的景观。尤其是自 2019 年开始,以成都市为首的大型城市相继开始提升夜间经济,"在对接消费需求上出实招出新招,让人气聚起来,让夜间经济火起来,让城市夜晚亮起来"①,夜间消费的需求使得灯光作为城市的视觉景观更加凸显。今天的城市普遍以灯光为视觉元素对广场、公园、河道、街道、商业街区等场景进行提升和凸显,甚至灯光本身就是视觉景观主体,成为不少城市重要的视觉名片。

重庆市著名的城市景观洪崖洞,就是典型的以灯光进行建筑和街区整体视觉提升的案例(如图 4-3 所示)。洪崖洞位于重庆市渝中区,地处嘉陵江与长江的交汇处,依山而建,以吊脚楼式建筑为主体错落叠置,配合多元业态,成为重庆著名的文化旅游建筑群落。作为重庆的重点景观工程,洪崖洞对建筑群落灯光进行了整体打造设计,从而赋予公共艺术作品更有趣、更丰富的视觉体验。其整体设计策略在于,首先,利用建筑底部的洗墙灯、投光灯,突出建筑结构和轮廓,使洪崖洞作为街景在夜晚可见化;其次,利用房檐和屋顶的线条灯、泛光灯提亮建筑檐下景观,烘托气氛;最后,利用招牌灯箱、线条灯、投光灯、建筑内透光等进行点缀,增加灯光效果视觉细节。正是灯光对建筑群落整体的勾勒和突出,以及细节处在夜间环境下的视觉再创造,才使得洪崖洞在夜晚的嘉陵江畔独有一番风情,成为著名的文化旅游地标和"网红打卡地"。除洪崖洞外,重庆其他著名旅游地标如十八梯、磁器口等,也都纷纷借助灯光景观,点亮城市夜间的色彩。

---

① 《让夜间经济点亮城市夜空》,《人民日报》2019 年 7 月 15 日,转引自 baijiahao. baidu. com/s?id=1639067845413671294&wfr=spider&for=pc。

图 4-3　重庆市洪崖洞（引自网络）

　　灯光除了进行城市原有形象的视觉提升，有时也在夜间作为城市视觉文化的主题而存在。2019 年元宵节期间，故宫博物院以"上元之夜"为名，举办了盛大的灯光秀主题活动，就是典型的案例（如图 4-4 所示）。"上元之夜"灯光秀分为两个部分，首先是在故宫建筑表面投影成像，将民俗、文化、节庆等主题的影像投射在故宫的宫殿、墙壁等表面上，形成"图像增强现实"（AR）的全息投影，给夜间的故宫博物院增加了梦幻般游走的视觉感受。其次则是在城楼、城墙等位置放置了大量光束灯和射灯，伴随着主题音乐进行光束强弱和照射位置的变化，以更加具有冲击性和戏剧性的灯光照射，将观者带入灯光的视觉刺激之中。值得一提的是，这一灯光视觉效果在过去多出现在酒吧、音乐节等需要强光刺激烘托气氛的空间，近年来则成为城市主题灯光秀的主要形式。2021 年上海黄浦区"永远跟党走"主题灯光秀、深圳建党主题灯光秀的"灯柱"激光秀等，都不同程度借助了激光灯、光束灯、射灯等光线集中度高、刺激性强、线条感强的灯光形式，进行亮眼、刺激、硬朗的视觉效果营造，"在空间中弥漫消散，给视觉上带来'扩充感'与'穿透力'，这种'扩充感'与'穿透力'是其它艺术形式所不具有的"[①]。对比如重庆洪崖洞等以柔性灯光为主的视觉效果，视觉文化主题式的灯光秀在形式上更加丰富，更具有主体性，同时也更富视觉刺激性甚至侵略性，将观者带入自身视觉场景营构

---

　　① 张浩光：《"光合作用"——作为公共艺术媒材的灯光装置艺术》，中国美术学院硕士学位论文，2012 年，第 11 页。

的气氛之中。

图 4-4 故宫博物院"上元之夜"灯光秀（引自网络）

除了投影成像和光束灯，近年来城市主题型灯光秀也和技术、城市、建筑进行更为丰富的融合。深圳庆祝建党一百周年主题灯光秀在呈现"光柱"的激光未来感之余，还利用了 2021 架发光无人机进行排列组合，在夜空中组成党旗、鹏鸟、飞船等各种图像，给市民更强烈、更具科技感和未来感的视觉震撼。香港、重庆和成都等城市也利用地标建筑和灯光进行融合，以建筑外立面LED 外墙的灯光影响呈现，结合其他灯光效果，打造综合式的地标式灯光秀。最为出名的是香港特别行政区维多利亚港"幻彩咏香江"的灯光秀（如图 4-5 所示），维多利亚港两岸四十余栋建筑的灯光呈现、LED 外墙影像，结合多元的射灯、激光灯及光束灯等灯光效果，共同组成了香港旅游多元繁复的夜间视觉景观。重庆南岸区借助喜来登酒店、皇冠国际等楼宇外立墙面 LED 屏幕的灯光效果，成都市金融城借助双子塔外立面 LED 屏幕的灯光秀等，也是较为著名的主题性灯光效果。这些精心设计的灯光效果在城市夜空的主题性呈现，使其成为夜间新的文化旅游热点，成为城市文化旅游的亮眼名片。

图4—5 香港特别行政区"幻彩咏香江"灯光秀（引自网络）

上述灯光效果在视觉文化表达方面有一个共同的优势，即它们不同程度地依托城市原有的建筑、空间、水体、古迹等，在城市空间和景观的基础上利用灯光进行辅助性或主题性表达，既有自身光影的主题，又与城市原生形态进行意义的互文与意义再创造。这样一种叠加的视觉文化，在表达方面有强大的公共艺术"在地性"支撑：和其他公共艺术一样，城市视觉文化并非孤立作品，而是处于实际的城市生活场景之中，强调"艺术品与艺术创作、展示、传播与接受的场所之间要建立一种血脉相连的物质实践关系"①。与城市的文化、场景、空间、生活结合越是紧密的灯光视觉文化，越具有丰富的文化意涵，在与城市牢固的在地性连接中，成为城市视觉文化不可替代的标识。反之，如果只是停留于技术层面，视觉呈现停留于"酷炫""亮眼"而与在地性的场景连接脱序，则更易招致市民的批评。故宫博物院"上元之夜"灯光秀在光束灯和射灯的视觉呈现部分招致了不少批评，原因之一莫过于这种置于酒吧、音乐节、舞池皆准的灯光秀，偷懒的视觉设计和故宫博物院没有太多在地性关联。而西安市的大唐不夜城、丽江古城大研镇过分追求刺激性的光亮，未能与城市文态气质进行更多沟通的灯光秀，也被批评为一种新的"千城一面"：城市景观大面积高亮度打光，强劲的灯光盖过了城市景观底色，在光污染的眩晕下，不同城市的视觉文化也变得没有区分性可言。

---

① 安德里亚·巴尔蒂尼：《论公共艺术的在地性》，载《文艺理论研究》2016年第2期，第78页。

成都市近年着力打造的以"锦江绿道"项目为核心的灯光设计，或许是未来灯光景观文化的另一种思路。自 2017 年起，成都开始改善锦江水系及沿岸的城市景观，筹划提升锦江绿道，建设"锦江公园"。项目借鉴伦敦泰晤士河、巴黎塞纳河、美国圣安东尼奥河、上海黄浦江、苏州河、南京秦淮河等营造经验，致力于水系、街道、公园、空间、建筑的景观提升，并着重注意夜间灯光景观的打造。除了"夜游锦江"、成华区光影走廊等主题式灯光秀，更注重结合城市具体场景特色打造一系列灯光视觉小品。如成华区跳蹬河河道两侧用 LED 灯柱沿岸排布阵列，点亮河道景观，并为夜跑、散步的行人提供照明；东郊记忆路和圣灯路的"东郊记忆"产业园附近，用工业风格的灯柱镶嵌 LED 线条灯，在路灯照明之外再提供一层视觉审美；街道花坛内穿插点位灯，进行细节点缀；等等，使得灯光不仅仅停留于主题性的景观呈现，更结合城市具体的空间、场景和文化，在景观在地性的基础上做到了"一步一景"，灯光景观与城市具体的生活场景深入融合。

而成都市这一设计作为典型案例，也点明了城市灯光景观的实质。灯光景观之于城市的意义，远不止是为城市提供夜间文旅消费的场所，也不仅限于"夜间经济"的带动与盘活。灯光作为视觉文化的意义，首先是让夜间城市的功能、美学、场景可见化，使得原本被隐匿在夜晚的各项机能被重新照亮，让城市中的空间、物与人在光的照亮中与我们"切近照面"。如海德格尔所言，"世内照面的东西就其存在向着操劳寻视开放出来，向着有所计较开放出来"[①]，灯光对于夜间城市的照亮是人将城市的空间、场景、功能等"周围世界"纳入寻视视野，与城市照面，并展开包括功能、审美等多重维度因缘联络的现象学前提。而灯光在照亮城市轮廓的基础上给城市场景增添的美学效果，则进一步激发了城市的活力，使得夜幕下的城市在文化、审美、商业、功能各个环节都被激发了白天所不具备的新活力，让人们信任城市的安全，愿意投入到夜间城市的生活世界之中。换言之，灯光的照亮和激活，使得夜幕下的城市空间能够被带进生活世界的日常交往语境，并在灯光美学营构的场景更新中焕发新的活力。

---

① 海德格尔：《存在与时间》，陈嘉映、王庆节译，生活·读书·新知三联书店，2006 年版，第 97 页。

三、徽标图像：城市文化的"刺点"聚焦

借用罗兰·巴特在《明室》中的一组符号学概念：街景和灯光在城市视觉文化的表达中更多是一种"展面"（studium），是有待解读发掘的视觉文化整体形象；而徽标图像则是城市文化的"刺点"（punctum），以高度凝练浓缩的姿态成为具有代表性和符号性的意义聚焦，在图像爆炸的时代吸引人们的眼球，是城市的视觉名片。

所谓徽标图像（logotype），是指对相对复杂生动的视觉形象进行设计重绘，或是直接提炼和加入文化元素，进行美学形象设计，进行质态抽象的图像设计创作。经过质态抽象和综合设计的徽标图像具有极为突出的符号化属性，以其视觉形象的相像性、意指性、规约性等，"可以清晰地锚定其物感表象和对应的意义呈现……作为一种视觉形象含义丰富的符号进行打量"①。而城市文化的徽标图像，其视觉形象背后的意义所指，则突出表现为城市的文化记忆、文化气质和文化表达。

在表达城市文化层面较为知名的莫过于城市吉祥物的图像徽标。吉祥物作为代表城市文化的图像，其形象设计提取和转化了城市诸多文化表达，而最终的视觉形象，具有造型简洁现代、形象萌态可爱的审美感受，非常容易拉近与市民和旅游者的审美情感距离。其中"熊本熊"（Kumamon）作为日本熊本县的城市吉祥物，突出反映了这一特征。"熊本熊"的徽标图像设计灵感来自熊本城的黑色主色调、熊本县"火之国"的称号，以及当地丰富的红色食物，最终转化为通体黑色、红色脸颊的呆萌小熊形象（如图4—6所示）。这一徽标设计一经推出，立即受到了世界人民的喜爱，熊本县迅速制作文创产品、开展事件营销、发起文化产业旅游联动等，使得这一形象在文化、产业、传媒、旅游等一系列领域都成为热点，将日本熊本县的城市文化广泛营销到世界各地，人们也通过这样一只萌态可掬的黑熊形象，对熊本县的城市文化有了更多了解。"熊本熊"在城市形象建构和文化推广方面的成功，核心在于设计者知名作家小山薰堂和设计师水野学对于形象设计三个维度的精准把控。

---

① 张一骢：《当代生活世界的图像交往研究》，四川大学出版社，2020年版，第144～145页。

图 4-6　日本熊本县城市吉祥物图像徽标"熊本熊"（引自网络）

　　首先是功能设计。"熊本熊"作为城市吉祥物，需要在形象设计上突出城市、文化与人的亲和力，尤其是在旅游场景之中，需要针对外地游客尤其是亲子家庭通过审美建立亲密的情感联结，因此"熊本熊"被设计为呆萌可爱的形象，以求建立柔性、温情、可爱的城市形象功能。其次是物感设计，虽然萌态可掬，但吉祥物本身的视觉物感基于现代主义设计的图形基础，造型极为简洁，以两种单质色彩构建出一只形象简洁、色彩明快的图像，具有简明前卫的物性凸显视觉感知。最后是意义，作为熊本县的吉祥物，"熊本熊"在设计上抓取了城市文化形象中最适合对外营销的元素进行视觉转化，将意义以色彩这一直观形式进行表达，使得意义的转化是简明抽象和可感的，避免了意义凌驾于物感的"符号霸凌"。而这一转化在设计中流畅自然，没有进行无限制的意义叠加，也不会因为赋义损害形象本身：即使对这些符号所指不了解，也依旧不影响吉祥物自身视觉物感和功能的表达。"实际上，我们已经触及设计物基本价值结构的坐标问题。自古以来，人类都是从价值的三维坐标来设计建造的：功能、物感、意义。"[①] 这一设计思路的成功，在吴兴明《设计哲学论》一书中被总结为设计的三维坐标，对当代文化设计的事业建构有着重要意义。

　　因此，"熊本熊"在城市形象和文化宣传的成功，不仅要归于熊本县的营销，其自身视觉文化设计策略也有着非常重要的意义。在城市营销的风潮下，国内一些城市也设计了一系列城市吉祥物图像徽标，试图通过文化设计进行城市形象构建和文化旅游推广，但相较于"熊本熊"等在国际上深入人心的徽标

---

　　① 吴兴明：《设计哲学论》，上海人民出版社，2021年版，第145页。

图像，设计品质还是有着不小的差距。有些是吉祥物设计的风格品质与其使用场景功能严重不符，有些着重于意义表达，堆砌城市文化符号使其变成符号堆叠的"缝合怪"，更多的则是视觉设计品质粗糙，完全忽视现代性审美。简而言之，"熊本熊"文化设计体现出的设计的三维坐标，在国内的一些文化设计中往往因为对某一方甚至两方维度的舍弃，使得视觉形象最终因为设计坐标的垮塌而崩坏。

　　不过在国内，一部分城市相较于吉祥物徽标图像，会更加注重城市品牌徽标图像的设计与包装。不同于吉祥物在使用功能和场景层面对设计有着更加精准的要求（往往需要亲和、可爱、具备情感抚慰性等），城市品牌徽标图像不拘泥于具体的功能指向，而是寻找一种在城市诸场景中泛用的视觉符号。城市徽标图像的设计思路较为多元，较为常见的是将城市名称取一字字形，以"像似符"为原则进行花体字设计，在文字变形为图像的基础上，加入城市地标建筑、风景、文化等图样与字形融合，形成"亦字亦图，有形有景"的视觉风格（如图4-7所示）。如杭州的徽标图像在"杭"字篆书字形演变的基础上，将航船、城郭、建筑、园林、拱桥等诸多要素融入其中，以美学设计进行质态抽象，使诸多文化意义融入字形中，但整体视觉效果仍旧呈现扁平化极简特征，具有视觉审美的简洁感和现代感。安徽黄山市则是在相似设计思路下，将黄山及云海融入徽标图像设计中，通过徽标图像，我们能够明晰感知城市文化的品牌式集中表达。

图4-7　中国部分城市徽标图像（引自网络）

另一种设计思路则是将城市原有的知名图像进行质态抽象，精简造型，平面化处理视觉效果，设计成城市品牌徽标图像。其中的典型是四川成都市，代表城市的品牌徽标图像是金沙遗址出土的"太阳神鸟"金箔图像的二次设计（如图4—8所示）。"太阳神鸟"的金饰图案是在圆形金箔上阴刻出太阳和围绕一周的四只神鸟造型，原本视觉效果就简约扁平，颇具现代设计风格。成都市直接以这一造型为基础，进行简单加工修饰，形成了这一广泛运用在城市桥梁、广场甚至航空公司，影响力颇高的城市品牌徽标图像。近年来成都市似乎逐渐习惯于这一徽标图像的设计制作思路，并逐渐将更多成都知名的历史文化、建筑地标、风景动物等设计为新的城市品牌徽标图像，其中包括大量设计风格各异、品质良莠不齐的大熊猫图像，还有成都博物馆进行框架线条抽象的图像，成都博物馆镇馆之宝石犀牛图像，广泛运用于成都地铁中的四川博物院著名的历史文物"说书俑"图像（如图4—9所示）等。

图4—8　成都市"太阳神鸟"城市徽标图像（引自网络）

图4—9　成都市"说书俑"城市徽标图像（笔者摄）

　　不同于街景和灯光对城市文化片段化、场景化、在地化的表达，徽标图像以高度的城市文化凝练的符号特征，是"让沉默开口说话"① 的直接传递情感效果和信息的言说。这一符号意义高度凝练的视觉景观，经由城市执政者和学者、专家、设计师精心打造，在城市意志的协力中被共同认可为最能代表城市文化形象，并高度凝练总结了城市文态，在城市一系列营销中奠定了其城市文化形象代表的地位。不同于街景和灯光，徽标图像作为扁平化的平面符号图像，在当代媒介技术下能够被迅速复制，克服在地性和地理记忆的限制，广泛铺散在各个线上线下的生活场景中，形塑市民对城市文化的感知、记忆和自豪感。不同于街景和灯光在增强城市的美学氛围之外往往会产生与城市实际的文化脱节的问题，徽标图像自身由于设计品质高度的意义凝练，以及泛用的场景，和城市文态的连接更为紧密，联结更加深厚。

　　但这并不意味着徽标图像相较于街景和灯光的视觉文化更为优越。首先，各个城市设计行业发展水平不一，设计品质优良的城市徽标图像在国内外皆为少数，多数城市徽标图像仍旧存在造型简陋、意义冗杂、品类匮乏等一系列问题。其次，徽标图像在生活场景的实际感知中实在是一个过于微小的感知对象。不同于街景和灯光的视觉文化在具体时间、空间、场景中作为剧场整体时空现身的"即时即地性"，即"它在问世地点的独一无二性"②，徽标图像与场景的脱节使其容易复制传播，但在具体的传播场景中却变成一种"地形失忆症"，即"人们通常看到的是一种对精神形象越来越细致的编码，伴随着衰退的保留时间，而且没有后续的回收利用，这已经成为一种记忆整合的快速崩塌"③。换言之，徽标图像终究只是城市场景细节处的视觉小品，在视觉感知和审美体验的临在感和震撼感方面，终究弱于高度凝聚具体城市空间场景、进行"在地性"表达的视觉文化景观。

　　无论是街景图像、灯光，还是城市徽标图像等，当代城市生活场景之中新生的视觉文化呈现，归根结底都是在现代功能型的城市生活中，在"千城一面"的大轮廓下追求更加多元化、个性化、在地化的视觉文化表达。其中，街

---

① 雅克·朗西埃：《图像的命运》，张新木、陆洵译，南京大学出版社，2014 年版，第 15 页。
② 本雅明：《机械复制时代的艺术作品》，王才勇译，中国城市出版社，2002 年版，第 7~8 页。
③ 保罗·维利里奥：《视觉机器》，张新木、魏舒译，南京大学出版社，2014 年版，第 15 页。

景图像专注于日间城市生活场景中的审美化和多元化表达，而灯光则集中于夜间城市生活场景及文化的创造激活，二者共同形成城市场景审美化和个性化的城市文化展面。徽标图像游走在城市的生活场景之中，从线下生活场景到互联网络线上传播营销，致力以最凝练简洁的符号能指作为刺点，打破城市文化核心与受众的感知阻隔。三种不同的城市视觉文化表达，在生活场景差异化、夜间场景活力化、文化表达个性化三个层面，给城市增加了审美化、活力化、个性化的色彩，使得城市日常生活和交往的时空记忆更加具有文化表达的个性和多元性感受。这也成为今天城市文化旅游、经济消费、硬件建设等领域新的增长发力点，是城市文化发展的新方向。

不过，城市视觉文化在今天仍旧存在发展不均衡的问题，大部分的城市视觉文化还停留在较为粗糙的阶段。其中最为突出的问题，首先是文化设计未能面对现代性的城市生活，建构"功能、物感、意义"三维坐标的均衡设计体系。其次则是文化设计内容的匮乏，使得在"网红经济"时代的舆论引导下，视觉文化设计表达的内容和审美风格呈现出匮乏和同质化的倾向。在这一"伪个性化"的设计思维匮乏现象下，最后一个问题也暴露出来：大量视觉文化设计缺乏对城市文化的深刻理解，使得最终的视觉呈现或者沦为符号意义粗暴生硬堆砌的"缝合怪"，或者变成和城市文化没有关联的漂浮图像。这就需要今天的视觉文化设计领域不仅是在创作实践方面、更重要的是在面向"现代性"理论和哲学的思考方面，能够进一步提升。而对于设计来讲，未来这一行业的创造力和个性能否被全面激活和培育，也是未来城市发展、设计行业发展的非常重要的挑战。

下篇

成都公共空间图像接受与交往

　　成都是中国历史最为悠久的城市之一。作为中国古蜀文明的发祥地，这座被称为"天府之国"的城市拥有近 3000 年的历史，从古蜀金沙遗址的建立，到秦汉时期逐步建都繁荣，再到唐代"扬一益二"的兴旺和宋朝的都会繁盛，在中国的历史长卷中，成都的城市文化是无法忽略的锦绣篇章。而在今天，成都更是中国城市文化版图中重要的组成部分。作为国家中心城市，成都是中国西部政治、经济、文化重镇，汇聚了本土和外地各路人才，在产业、技术等领域将城市影响力辐射到全国各地。而在文化艺术方面，成都则以自身特有的文化旅游资源和城市生活美学，铸就了一座"来了就不想走"的安逸之都。时至今日，成都的城市文化品牌已经为国内外所熟知，火锅、盖碗茶、大熊猫、变脸、幸福感、好耍等城市文化符号已经深入人心。2016 年开始，国家宏观规划确认建设成渝地区双城经济圈，在国家战略层面巩固和提升了成都的综合城市地位。

　　在城市的地位和发展方面，成都无疑是一座具有典型性的城市。从城市地位来讲，成都无论是从战略位置，还是从产业发展、文化产业方面，都已经居于中国城市发展前列，在各类城市财经媒体的报道中，已然跻身为中国"新一线城市"之列。因此，对成都的文化、艺术、城市发展等领域进行研究，在一定程度上能够以管窥豹，看到中国当代城市相关领域发展的现状和方向，同时明晰在文化、艺术和产业方面，中国大型城市具有代表性的现象。但也需要看到，作为一座西部城市，成都在城市发展尤其是产业发展的进程中，受到地理因素、地缘结构、自身发展模式所限，较之东部尤其是京津、长三角、珠三角城市群，还存在着产业发展不均衡、不完善的现状。尤其是城市治理和文化产业的发展，在一定程度上能更典型地反映中国城市发展过程中各个阶段的经验和教训。这两种典型性叠加起来，造就了成都城市文化和发展的复杂性和多样性。对于成都城市文化的解读和研究，既能反映出中国城市文化发展和治理的前沿趋势，又能看到中国城市文化发展的问题和不足。从这一角度来看，对成都这座城市进行文化研究，对于管窥中国宏观层面的文化治理和文化发展，有着标志性的意义。这也是本书选择以成都为例研究城市公共空间中图像接受和交往行为的缘由。

　　选择以成都为例研究城市公共空间中图像接受和图像交往行为，还有诸多其他考量：

首先在于，成都作为历史文化名城，拥有大量非常重要的视觉文化资源。从上古时期的金沙遗址、三星堆遗址，到秦汉时期大量陶俑、衣饰，再到三国时期蜀国文化的诸多留存、唐宋诗词文化和商业文化的交织……无论是已经被我们熟知的太阳神鸟、古蜀面具、三国形象、川剧脸谱，还是依然沉睡在典籍和博物馆中的海量文献，无数文化资源在今天以视觉形象的方式存留下来，或作为文学艺术资源等待视觉转化。成都市潜在的图像转化资源是非常丰富的。

其次在于，成都具备将丰富的文化艺术资源进行图像转化的契机。典籍和器物中的历史文献与当代人关于城市的感知和文化认同，在理论上并没有必然的关联。只有将抽象的概念和史料以可感的形式进行转化，并在公共空间引发认同和共鸣，才能将城市文化、城市生活、城市空间进行三位一体的贯通。而成都的特殊之处在于，它不仅是一座历史文化名城，在当代的社会生活中也是极富活力的城市。无论是政治、经济、文化，还是社会层面，这座城市都具有生长性，并在社会民间生活中自发认同和建构城市文化：既有充满烟火气息、下里巴人的"安逸休闲"，又有阳春白雪、崇尚历史文化的高雅和先锋。这就使得在城市文化的基础上，市民愿意主动接受、拥护和建构城市的历史、民俗、文化艺术，并将之作为城市认同的可感性媒介。这就使得成都相较于一些历史文化与当代生活相对割裂的历史名城，在城市公共空间的图像接受和交往行为更具研究价值。

第三点考量在于成都的城市活力。这其中尤其值得提出的有两方面。一是城市主办或承办赛事展会方面的活力。作为西部展会赛事最多、国内展会赛事承办重镇的城市，成都市每年都会有大量赛事展会宣传的图像出场，一方面进行形象宣传，一方面凝练赛事展会文化核心。这类源源不绝的图像生产的活力，为成都市公共空间图像研究提供了大量案例。二是"网红经济"的活力。尤其是近年来，成都作为一座所谓"网红城市"，更是打通了线上和线下的视觉表达和交互渠道。越来越多的人想要在线上展示以城市场景、元素和时空为对象或背景的生活，实际上是打开了城市、文化、场景、图像在线上线下空间的表达串联，是图像生产、接受和交往的重要模式。对这一模式进行把握和研究，也是城市文化输出、城市文化认同未来如何发展的重要内容。

还有一点不能忽视。成都作为一座文化旅游城市，有着其他城市无可替代的特质，即已在社会范围内广受认同的成熟图像 IP。无论是川剧脸谱、三国图像，还是竹林、鸳鸯火锅等视觉元素，都已经走出城市，变成大众传媒层面国内外受众共同认知和认可的文化图像，让图像接受者直接与成都这座城市的文态联系起来。更不用说"大熊猫"这一图像IP在国内外受众心中的地位。从亚运会、奥运会的吉祥物图像，到熊猫基地、成都IFS熊猫雕塑等一众深入人心的视觉呈现，都让受众在与大熊猫图像照面的瞬间，不自觉地和中国文化、成都文化的表征勾连起来。大熊猫作为最具"中国风"和地域性的"家国同构"的图像，具有非常丰富的研究价值和方向。尤其是在IP开发和运营方面，大有文章可做。总之，在城市IP图像的运营和宣传方面，成都具有无可替代的优势，不过在实际的工业化和产业化运作中，则又有一系列更加复杂的问题，一定程度上能够代表当代城市图像IP的发展现状。

基于上述缘由，以成都为案例进行公共空间的图像接受和交往相关问题研究，是一次极具典型并且可以辐射全国的管中窥豹式探索。这是本项研究选择成都为案例进行城市公共空间的图像问题普泛性研究的学理性基础，并希望能够借助接下来的论述，为成都乃至全国城市在公共空间、图像、产业、治理、规划等方面提供借鉴。因为关于成都文化旅游公共空间的相关研究已经较多，所以本书主要集中于城市日常生活场景中积累的公共空间图像景观相关问题。在接下来的章节中，会涉及以下几个重点内容：

一、以成都公共广场空间为例，进行公共广场图像接受和交往的研究；

二、以成都具备典型性的公共商业空间和文旅空间为例，研究公共商业空间中图像接受和交往的效力；

三、进行成都城市街道公共空间中视觉文化的专项研究；

四、梳理成都近二十年较为知名的公共展会/赛事空间内的图像，进行接受和交往行为研究；

五、以成都公共文化展陈空间为例，分析成都文博空间和图像的传播、接受和交往模式。

第五章　成都公共广场空间的图像接受与交往

一、作为成都公共广场空间典型案例的天府广场

作为四川省省会、国家级中心城市，成都市拥有较为完善的市政设施和城市规划。尤其是城市公共广场，在市内各个区域空间之中星罗棋布，以不同的形制、空间结构、面积和主题，承载着不同区域人们的公共交往活动。但是能称得上城市地标的公共广场空间，成都市目前只有天府广场。

天府广场位于成都市锦江区人民南路一段和东御街、西御街之间，是成都主城区的交通和区位核心聚焦点，同时也是成都市自古以来政治、经济、交通、文化的核心。明清时期天府广场与蜀王府、贡院地域交织，近代之后则和盐市口、春熙路等区域展开经济商贸联动。新中国成立后，基于具体时期城市公共政治活动的考量，"由于特定历史时期的游行运动、政治集会等大型群体活动需要大面积、开阔的公共空间，人民南路广场（天府广场前身）应运而生"①，原有的历史、文化和经济功能被弱化。改革开放后，成都市开始对天府广场进行改造转型，一方面保留其城市门户和地标的政治功能，一方面则重新强调其经济、文化、交通功能。随着 2007 年天府广场空间改造和 2010 年成都地铁 1 号线通车，天府广场形成并固化了当下的功能和景观呈现，成为成都市中心城区地标式公共空间，也成为集活动广场、交通广场、商业广场、文化

---

① 陈香琪：《成都天府广场职能及其空间格局的流变研究》，载《山西建筑》，2022 年第 2 期，第 42 页。

广场为一体的综合性城市地标门户广场。

就功能区位来看，天府广场也是承载城市核心职能的轴心。广场北面是成都市公安局出入境管理局和四川科技馆，分别承担城市的出入境管理和科普职能，再往北则是成都体育中心，承载成都的大型体育赛事和音乐展演。天府广场西面是新建的成都博物馆，承担城市文博、展览功能。广场南边是城市之心CBD和百扬大厦、星汇广场，具有商业功能。东边则是锦城艺术宫，承载城市戏剧歌舞演艺功能（目前正在整修，功能迁移至向北100米的四川大剧院）。而在广场道路四周作500米左右延伸，则能看到更多城市公共职能机构，包括四川省图书馆、四川省美术馆、四川省教育厅等公共机构，以及一些城市宗教场所等，足以窥见在城市公共服务、文化体育服务方面天府广场在成都的重要地位。天府广场同时是成都地铁1号线和2号线的换乘站，广场下方是地铁站，同时勾连下沉广场，建构为集零售、餐饮、娱乐、文创于一体的商业广场。在交通和商业方面，天府广场同样承载着非常重要的城市功能。

天府广场的城市功能、历史脉络和城市地位在国内大中型城市具有很强的代表性。其中最值得一提的是，新中国成立之后，在特定历史时期政治活动的城市功能需求下，各大城市都布局了城市级别的大型广场，用于举行庆典、游行、集会等政治活动。而在改革开放后，城市公共广场普遍面临功能转型的问题，开始逐步附加经济、文化、交通等城市公共空间职能。然而，因为广场区域、历史文化惯性等原因，城市公共广场原有的政治属性依旧存在，成为城市公共生活中难以被忽略的政治公共交往空间。这一属性就使得城市公共广场空间出现了如下特征：其一，它依然是城市公共政治的地标和象征；其二，基于城市政治地标而成为城市公共政治、文化符号，在21世纪后成为城市旅游的重要目的地；其三，强大的政治地标属性使得广场成为文化旅游目的地，但也一定程度排斥经济、文化等城市元素的融入，使得某些方面成为文化旅游进一步深化发展的阻碍。在今天，政治、经济、文化、交通、旅游五大元素在公共广场空间之中形成一种并置和相互掣肘的局面，公共广场空间的更多功能迟迟得不到开拓和发展。天府广场属于典型案例，而处于同样境遇的也包括北京天安门广场，上海、石家庄、唐山等地的人民广场，兰州东方红广场等。

二、天府广场的图像和视觉文化

从卫星地图鸟瞰，能够看到天府广场宏观的整体视觉图像（如图5－1所示）。广场整体为一个矩形空间，以花岗岩等硬质材料作为广场基底。广场中心部分通过路面材质色彩的区分，被设计为一个巨大的"太极八卦"图像。其中最中心的部分是一个巨大的"太阳神鸟"标志，"阴"和"阳"的太极区域以花岗岩地面色彩进行区隔。位于西侧"阳"的眼在广场图像中是一个巨大的圆形喷泉景观，而东侧"阴"的眼则是以面积稍小的圆形喷泉景观为纵深轴心的下沉广场，并与地下商业综合体"天府广场时尚购物中心"、成都地铁换乘站进行立体式联通。在太极广场四周，四块绿地在广场角落依次排布，为广场提供生态景观。北边靠近人民北路一侧的空地为升旗广场，国旗与四川科技馆前的毛泽东塑像遥相呼应。而在广场边缘，则分别伫立十二根文化图腾柱，以视觉形式承载成都城市文化内涵。

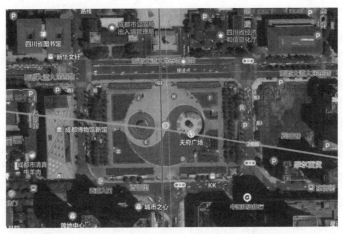

图5－1　成都市天府广场卫星鸟瞰图（引自网络）

如其他城市的人民广场、城市广场一般，天府广场整体的空间规格和视觉设计，基本趋于规整。广场以对称的矩形形态，呼应中国城市政治层面的"城市门户"考量。在空间内部，天府广场构思和实践了很多视觉设计，用以传达城市的历史和文化。

（一）广场整体空间的"太极八卦"图像景观

这无疑是天府广场最具亮点和特色的图像呈现。太极八卦图像既是中国传统文化中道家关于宇宙理念"一生二，二生三，三生万物"的图像化呈现，是对国学的致敬，同时意指成都是道家和道教文化的重镇（青羊宫、青城山，都是成都道教文化名胜）。而在成都市井文化中，天府广场也被戏称为"火锅广场"，原因是太极八卦的图像形制，与四川火锅的"鸳鸯锅"形似。因此，这一最具标志性的图像呈现，集成都国学文化、道教文化、市井文化为一体，在设计时被认为是最具成都特色的图像名片。

（二）太极广场东侧和西侧两个喷泉景观和图像

西侧水景喷泉和东侧下沉喷泉，轴心设计为金色腾龙盘旋上升状，象征黄河和长江两条水系滋养的"巨龙"。而黄龙盘旋围绕的平面和立柱，则是以绿色作为基底，呈现出古树青铜的色彩，以金色芙蓉花纹样进行点缀，展示古蜀金器的质态和蜀王相关历史文化的意涵。雕塑结合喷泉形成"黄龙水瀑"的视觉景观，呈现出巴蜀山水文化的气势。总体来讲，两侧广场景观无论是图像的呈现还是元素符号指涉的意义，都是较为复杂的。

（三）太阳神鸟图像

天府广场正中心以地景艺术的手法，横置了巨大的太阳神鸟图像。这一图像来源于成都金沙遗址出土的金箔，是成都金沙遗址的符号象征，同时也被成都作为城市的代表性徽标图像，象征城市历史文化，在多处地标、企业、展会中被广泛运用。天府广场的太阳神鸟图像正是成都对天府广场作为城市门户空间的重视，将最能代表成都的徽标图像放大后横置于中心，成为天府广场一众图像乃至成都城市的核心聚焦，向广场内的民众展示高度凝练的成都文化名片视觉景观。

（四）十二体系文化柱

广场边缘十二体系文化柱同样采取了铜绿色为基底、金色为视觉刺点的视觉设计。柱体约 15 米高，分别在柱体顶端起第二节和第三节以烫金字记录了成都十二文化体系的名称和中英文内容。如果说"太阳神鸟"和"黄龙水瀑"还是以视觉和图像的形式进行成都城市文化展示，那么十二体系文化柱就是以语图并置的方式进行文化宣传。其直观呈现的色彩象征古蜀青铜和黄金文化，并引用了金沙、三星堆出土文物的元素符号作为纹样装饰，烫金文字则写明了城市文化源流的明细。

（五）东侧下沉广场壁画

除了广场平面的主体图像呈现，天府广场还有一些细节的图像，以小品的方式呈现，如东侧下沉广场的地铁出入口处，有一系列浮雕式壁画，"反映的内容是极具地方文化特色的成都市井生活：茶馆、川剧变脸、成都小吃等。这一系列具有成都特色的元素用浮雕的形式表达在岩石上古朴且生动"[①]。类似的图像小品在下沉广场的形态和业态变动中还有更多形式和展现，借成都文化为名进行商业营销，在商品销售之外宣传成都文化，在此不一一列举。

（六）中华人民共和国国旗

不能忽略的是，在政治属性优先的城市公共广场空间，国旗作为代表国家形象、精神与政治意涵的图像，其现身说法对于图像接受和交互来讲，同样有着重要的意义。天府广场北侧最重要的图像就是中华人民共和国国旗，与广场外的毛泽东塑像在同一视域之中，其政治凝聚力尤为凸显。每次重大活动或节庆时的升旗仪式，都凝聚了人们对于家国和城市政治性的认同和情怀。因此，这一图像在天府广场的现身，对于政治节庆时城市情感的凝聚有着重要意义。

在广场图像呈现之外，周边还有几处图像景观，往往在空间之内作为视觉景观，被一道视作天府广场的图像呈现。

（七）四川科技馆外毛泽东雕塑

毛泽东塑像位于天府广场北侧，蜀都大道人民东路北侧，由汉白玉制成。四川科技馆、毛泽东塑像、国旗和"太阳神鸟"标识由北至南沿着一条轴线纵

---

① 吴勇：《城市符号在城市广场景观中的运用——以成都天府广场为例》，四川农业大学硕士学位论文，2011年，第33页。

向排列，将成都文化、中国国家政治象征和历史象征以焦点透视置于一景。毛泽东塑像的视觉呈现，强化了天府广场作为城市政治性空间的属性和图像接受语境。

（八）百扬大厦和城市之心建筑外立面 LED 大屏

在广场中心向南眺望，很容易就看到与广场之外一街之隔的百扬大厦和城市之心两座商业综合体外立面的 LED 大屏。由于地理空间和位置所限，两座平面式的 LED 屏幕正对天府广场，广场上的游人就成为仅有的受众（广场四周都是主干道和快车道，乘坐车辆的行人无法成为目标受众）。作为商业综合体的图像宣传媒介，两个巨型 LED 屏幕播放图像内容多是商业广告。但另一方面，作为以天府广场游客和市民为唯一受众的两座 LED 屏幕，也经常播放城市公益广告、政治宣传广告和城市文化宣传片。因此，LED 大屏就成为集政治宣传、城市治理、文旅宣传、商业营销为一体的图像生产播放媒介，在天府广场范围内发挥着重要的作用。

（九）锦城艺术宫外巨型演出海报

广场东侧的锦城艺术宫在靠近天府广场的一面，有面向人民南路一段的大型广告牌，张贴锦城艺术宫内即将上演的戏剧、话剧、歌舞等演艺海报图像。这一广告牌成为成都城市演艺文化向天府广场内受众的宣传，在内容宣传之余，也向受众尤其是外地游客展示成都演艺文化艺术的繁荣。不过在 2021 年，锦城艺术宫相关职能由四川大剧院替代，受新冠疫情影响，相关图像宣传与展示也暂时搁置。2021 年 6 月，四川大剧院在其建筑外立面制作了全息投影的主题灯光秀，可能会是未来夜间天府广场的新图像探索路径。

（十）缺席的成都博物馆图像

值得一提的是，广场西侧的成都博物馆相关图像物料宣传的面积相对较小，仅在入口处进行小范围广告展示，天府广场的游人是难以窥见的。因此，广场西侧的图像宣传影响力相对较小。不过这也符合成都博物馆的当下境况：成都博物馆馆藏文物相对较弱，其主要影响力在于内部展陈设计，以及位于一楼和负一楼的诸多临时特展。成都博物馆近年来因为出色的运营能力，常承办具备巨大影响力的国内外文化、艺术、自然、文献、历史类特展，成为成都文化艺术历史等展陈重要地标。但作为活动承办方，长远来看成都博物馆难以控制其承办展览的品质、时段和其他元素，因此不作大型图像宣传是相对经济务实的选择。

　　总体而言，成都天府广场整体空间功能丰富，但在地表层的视觉呈现中，宏观上展现出城市门户广场的宏观气度，简洁大方。在具体细节的图像呈现中，则显示出较为复杂的设计构思，整体视觉色彩统一，符号和元素驳杂丰富，图像细节含义多元，语图关系均指向成都城市文化记忆和文化历史的诸多细节。广场周边的各类视觉景观和图像呈现，又分别以政治、商业、公共文化、城市治理、文化旅游等意涵，补充了天府广场的图像呈现。然而以上所述，都只是天府广场及周边图像品质的客观描述。在实际的图像接受和交往中，这些纷繁复杂、品质各异的图像又是如何在市民的接受中产生意义和效果的呢？这就需要介入人与空间的空间媒介关系，进行实际的接受效果分析。

三、空间媒介关系与图像接受

　　图像并非仅仅作为意义的载体与接受者进行意义交互。图像所现身的具体时间、空间与图像本身形成的媒介关系，能够影响图像接受和意义交往。麦克卢汉在《理解媒介：论人的延伸》中提出了著名的"媒介即讯息"的概念，认为"任何媒介（即人的任何延伸）对个人和社会的任何影响，都是由于新的尺度产生的；我们的任何一种延伸（或曰任何一种新的技术），都要在我们的事务中引进一种新的尺度"[1]，就是在提醒媒介的尺度变迁对于意义接受和理解的影响。而空间作为媒介对视觉景观和图像意义的影响，在天府广场这一案例中尤为突出。对于天府广场周边的空间景观，下文逐一进行整理。

（一）天府广场周边空间和景观

　　天府广场的整体视觉景观和图像接受的场域，必然不仅是局限在天府广场

---

① 马歇尔·麦克卢汉：《理解媒介：论人的延伸》（增订评注本），何道宽译，译林出版社，2011年版，第18页。

这一场域本身。周边建筑、业态、环境的视觉景观和图像，也囊括在这一审美接受行为之中。除上文提及的四处天府广场周边图像呈现外，周边的其他整体视觉景观也在图像接受的空间关系之中：

四川科技馆。四川科技馆建筑群落的整体视觉感知，属于新中国成立初期至改革开放阶段的典型建筑，风格有明显的借鉴苏联同期建筑设计的痕迹，具有历史感和红色文化视觉感知。与毛泽东塑像结合，能够感受到城市文化的"红色年代"脉络。

四川省美术馆、四川省图书馆、四川大剧院。这三栋建筑陆续于2010～2018年投入使用，建筑整体设计风格为新中式，在保留了与四川科技馆相近的厚重感视觉呈现的基础上，进行了现代主义的质态抽象处理，同时又融入了一定的"中国风"特色（如四川大剧院和四川省图书馆的"中国风屋檐"设计），整体视觉景观稳重大气，兼具现代感和新中式美学风格。

城市之心、领地中心、百扬大厦。天府广场南边，东御街、西御街和人民南路的岔路是较为现代的城市商业综合体建筑群落。整体为现代主义包豪斯风格建筑，以简练的块面线条配合玻璃幕墙的框架式建筑，传达的是现代性的商业气息，形成一种CBD商务快生活的视觉感知。

成都市博物馆。同样极具现代风格的成都市博物馆，其建筑整体空间在现代主义"六面体"的基础上做了质态扭曲变形，更具后现代风格，加之金属色的外墙装饰，使其更偏向于当代建筑风格。整体建筑有更为强烈的时尚感和前卫感，但金属色泽的沉稳和几何构造的基底又使得整体视觉呈现较为沉稳。在城市之心和四川省图书馆之间，成都市博物馆的视觉呈现是"由轻到重"的一种巧妙过渡。

其他建筑。除上述提到的重点建筑景观之外，天府广场周边更多建筑都修建于2010年前，包括西御饭店、原摩尔百货以及大量民居等，属于年代较为久远的普通建筑，不具备城市门户的视觉风格。尤其是在时间的洗刷中，不少建筑外立面污损已经较为严重，加上周边民居，这些"老破小"建筑视觉元素夹杂在天府广场周边建筑群落之中，带来一种视觉上的凌乱感。

总而言之，天府广场周遭城市景观在功能多元、视觉复杂的建筑景观生态中，凸显出两大特点。一是沉稳厚重：在城市中心门户地标广场周遭，作为城市形象的周遭景观，整体视觉观感相对较为厚重、沉稳，并不同程度印刻着城市发展脉络。二是相对杂乱：门户建筑之外既有年代久远的商场，又有新修的办公大楼，既有具有年代感的宗教建筑和饭店，又有一众低矮民居，使得无论是功能上还是视觉上，都呈现出一种杂乱感，整体视觉呈现与城市门户地标的形象定位产生一定差距。

（二）交通动线

在天府广场表面，围绕着广场的主要都是城市主干道路，包括人民南路、人民东路、东御街、西御街等。城市主干道路使得车辆来往天府广场区域较为便捷，使得主城区居民驱车去往天府广场交通时间成本大幅度降低。然而，被主干道环绕的天府广场在交通层面产生了一个不利因素：主干道的道路尺度对于行人并不友好。这并不是一个功能性的事实（天府广场四周修建了大量地下通道，方便游人和行人经过），却是一个基于视觉尺度打量的直观感知。美国著名城市研究者和社会活动家简·雅各布斯在《美国大城市的死与生》中着重提到街道尺度的问题，大力鼓吹小街区，她认为主干道和长街区会造成空间的疏离感，"即使是人们由于同样的原因来到这里，也会被互相隔离得远远的，没法聚在一起形成一种互相关联的城市里的交叉使用资源"①。对于天府广场而言，这一理论所对应的一个重要问题是，对成都市民来说，天府广场是被几根宽阔的主干道隔离出日常的生活世界的。交通感知的疏离和实际交通动线的复杂（进入天府广场需要穿过地下通道，而南侧的地下通道由于距离较远、标识不清，所绕路途更远），使得本地市民越来越少踏足广场内部。而天府广场西侧设置的导览图，其视觉呈现更像是"天府广场记"铭文的附属图像（如图5-2所示）。其形制、材质和整体配色与天府广场整体的美学风格保持了高度一致，但作为指示性功能图像来讲，无论是尺度还是色彩，其触目性还是过于孱弱了：绝大多数游客难以在广场空间内窥见这一小面积、不醒目的图像；即使站在图像面前，并不凸显的配色和复杂的符号系统也使得"读图"有一定难度。

---

① 简·雅各布斯：《美国大城市的死与生》，金衡山译，译林出版社，2006年版，第164页。

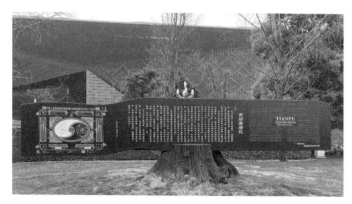

图5-2　天府广场"天府广场记"铭文与导览指示图（笔者摄）

另外，天府广场是地铁换乘站，每天会有大量本地市民经过。但是本地市民经过或到达天府广场，与之产生空间关系的是天府广场的下沉广场和地下商业综合体。人们匆匆换乘，或是在地下广场消费，或是出站后经过地下通道直接离开广场，并不会和广场表面的空间产生关系。这时，就产生了一个问题：天府广场地表的图像接受，其实已经出现了明显的人群划分。在天府广场内部进行游玩、进行图像接受和交互的，往往是以天府广场为目的地的外地游客。而本地市民基于交通动线等问题，和广场更多的是遥向对望的空间关系。因此，另一个问题也就呼之欲出：天府广场内部的图像呈现和表达，受众究竟是本地市民还是外地游客？

（三）图像表达的空间问题

对于天府广场之中的图像接受来讲，"图像的受众究竟是谁"是一个核心问题。由于道路交通的割裂，天府广场的受众已经被划为"周遭（市民）""内部（游客）""地下（通勤）"三个部分。那么天府广场的上述图像景观呈现，分别对应哪些受众呢？

前文提到的十二体系文化柱、东侧广场浮雕壁画（如图5-3所示）、国旗等图像，因其空间相对较小，需要与受众保持较近的审美距离，因而更多是以广场空间内的受众作为传播和接受的对象。尤其是十二体系文化柱。伫立在广场边缘的十二根体系文化柱的位置、体量和尺度，更加适应于广场内游人的视野。不过稍显不和谐的是，柱体上有不少文字详细介绍成都十二文化体系的内涵，但文字被铭刻在柱体高处，需要仰头才能进行细读（如图5-4所示）。这在图文接受行为中并不照顾受众的感受体验，因此传播效果也受到限制。

图 5—3　天府广场浮雕壁画（笔者摄）

图 5—4　游人视角的"十二体系文化柱"和游客身高比例差异巨大，

文字阅读难度高（笔者摄）

文化柱所展现出的尺度不和谐进一步体现在东西广场的喷泉和"黄龙水瀑"的视觉成像之上。从景观细节来讲，整个景观诸多细节、纹理和装饰性图像，实际受众都是在广场内游玩的游客。但是因为"黄龙水瀑"巨大的体量，近距离仰视难以窥见全貌，头顶的铜绿色圆盘甚至会遮挡视线，需要距离稍远才能看到全部景观（如图5-5所示）。因此，在规划设计阶段，这两组图像景观的受众定位相对含混。这两组景观优势在于距离远近变幻中，受众可以对同一景观进行不同审美距离的玩味。但缺陷是单一视角难以窥其全貌，景观想要表达的丰富文化意义也就大打折扣。

图5-5 天府广场"黄龙水瀑"景观（笔者摄）

前文提及的广场宏观设计下的"太极八卦"图像和"太阳神鸟"地景装置的图像，其预设受众更加不清晰。巨大的"太极八卦"图像，在实际的广场空间之中是无法被游人视线捕捉的。以平视的角度难以窥见整体图像，众多游人在天府广场之中无法接受这一图像信息。只有在无人机俯拍和周边高层建筑上俯视时，这一图像才展现在我们眼前。这一接受视野除了部分具体的人（周边写字楼工作人员、酒店旅客等），实际上的接受者是一个具有鸟瞰视角的"大主体"，以城市宣传片的鸟瞰视角对其注视，体现了城市宏观设计者和治理者的视角和思考。然而，这一接受视野和城市生活中具体的人无关。这就导致很多去过天府广场的人（无论本地还是外地）都并不清楚"太极八卦"图像的实际存在，对其意义的传达更是无法接受和理解。"太阳神鸟"图像也类似（如图5-6所示），巨大的图像平置在广场地表之上，虽然做了一点角度处理，但仍不像垂直图像般具有触目性，导致这一图像很容易被忽略，其符号意义也就在传播性和接受度上大打折扣。

图5-6　游人视角的"太阳神鸟"地景，难以窥见全貌（笔者摄）

　　总之，天府广场在图像的规划设计中，在空间尺度方面存在一些误区。宏观图像忽略人的视角，微观细节小品没有顾及受众对图像的接受习惯，使得广场内图像的尺度、空间形成的接受效果并不尽如人意。而广场内图像尺度的失当和接受效果有限，也或多或少反映出广场空间本身类似的问题。

（四）色彩表达和接受

　　天府广场及周边整体景观的色彩表达，在灰色花岗岩的地面基底之外，主要运用了绿色和金色两种颜色。其中绿色突出反映在广场的绿地，以及东西广场喷泉景观、文化柱的底色上。前者属于生态呈现，后者则主要以接近青铜绿的色彩，象征古蜀历史文明。呼应绿色主色调，广场的公共座椅、下沉广场的地铁换乘站、广场栏杆等，也都用了相同或相近的色系。同样象征古蜀成都文明的金色则作为青铜绿色的色彩提升，以跳跃明亮的色彩点亮暗沉的青铜绿，提升色彩感知的活性。在喷泉景观的纹样装饰、体系文化柱的线条符号装饰，以及广场中心太阳神鸟地景装置中，都可以看到金色的呈现。而在广场周边，四川省美术馆、四川省图书馆和四川大剧院也都在建筑外立面使用了砂黄色或砂灰色的色调，四川科技馆使用了明黄色作为外立面视觉基调，成都博物馆则是暗金属色，都与天府广场"灰、绿、黄"的基础色彩保持一种协调的一致性。

就色彩整体来讲，天府广场的色彩表达较为均衡和稳重。大块面的灰色（浅灰、深灰、砂灰、暗灰等）作为中性色，在天府广场整体空间景观中的运用，呈现出一种静止的沉稳基调，"是消极和热情的精神混合体"①。而绿色作为基底之上的主题式呈现，同样展示出一种色彩精神气质的平静，尤其是青铜绿，凸显出沉稳和成熟，"宁静随绿色变深而加强"②。少量运用的金色则因其明亮的触目性打破空间的沉闷，在小品景观的装饰性使用中赋予空间活力和亲近感。因此，整个广场空间的色彩表达，是沉稳、厚重、平静的。在沉稳之余以细节增加活力，达到广场空间动静结合的视觉效果。对于政治属性较强的城市门户地标性广场来说，这一色彩设计方案是合理的。受众在进入广场时就已经被其色彩影响，领会了广场本身政治性和文化性的沉稳、厚重，从而调整自己的期待和行为，在空间之中情绪相对收敛内化，与广场的图像内涵保持一致。

不过从反面来讲，这一色彩构成和表达也就解答了为何天府广场作为一个融合政治、文化、历史、艺术和商业的城市门户空间，商业在其中是相对较弱的。近年来，摩尔百货倒闭、远东百货停业和城市之心经营不景气、地下商铺利用率不高等现象，展现了天府广场在商业方面的困局。困局缘由众多，其中（或许是微不足道的）一条就是天府广场的空间色彩表达，沉稳有余，活力不足。整体色彩表达过于强调文化感和厚重感，而忽视了活力感和现代感，这就使得广场周边难以建构消费和娱乐的轻松氛围。尤其是对比成都远洋太古里、IFS 等成功的公共商业空间大量使用透明外立面材质打造通透、活力、时尚的氛围，青铜绿和金色的搭配就显得太过笨重了。

在此稍作总结。在空间关系氛围的视野打量下，天府广场守住了自己作为城市门户地标空间的基本政治格局和功能属性。但是由于交通动线存在的问题、空间本身景观和色彩活力欠缺、周遭建筑景观老旧混乱、审美氛围呆板、

---

① 瓦西里·康定斯基：《艺术中的精神》，余敏玲译，重庆大学出版社，2017 年版，第 96 页。

② 瓦西里·康定斯基：《艺术中的精神》，余敏玲译，重庆大学出版社，2017 年版，第 95 页。

图像空间尺度没有考虑人本身等问题，天府广场在本地市民那里正在逐渐失去生活、审美、娱乐的魅力。笔者在写作时搜索文献材料，在相关短视频平台搜索了天府广场相关短视频，排在前列的主题几乎都是"天府广场没落了""天府广场不好耍了"，足以见得本地市民对这一空间的情绪和态度的变迁。

当然，对于成都来讲，天府广场仍旧是重要和不可替代的。主要体现在以下三个层面：

对于城市主体来讲，天府广场依然是城市政治性的地标空间。尤其是在举办政治性活动之时（如庆典等），天府广场依旧是最凝聚人心的公共空间。

对于外地游人来讲，天府广场依旧是城市门户级旅游目的地。尤其是位于城中心，紧邻宽窄巷子、春熙路、成都博物馆等旅游目的地，天府广场作为外地游客"打卡地"的位置暂时无法取代。

对于成都本地市民来说，天府广场是重要的交通枢纽。无论是地上交通还是地下交通，成都市民总要和天府广场发生密切的关系。这也就意味着，天府广场的图像依然有和成都本地市民产生交互的可能。

因此，基于以上三点，天府广场的图像接受和交互问题，可以有一些改进和解决的策略方向。

四、解决策略与建议

需要特别指出的是，本书研究的核心话题为图像和景观的传播、接受、交互和影响相关问题，从学缘来讲属于艺术学和文化研究的交叉学科。本书并不涉及城市规划，对相关专业话题既没有学理性理由，也没有足够的相关专业能力进行过度干预。因此，下文不会纠缠于城市空间规划和改造等相关议题，仅在现有空间、硬件、基础设施的基础上，对相关的图像、文化、景观层面的改进提升进行建议。

策略建议必然建立在天府广场的现实性基础之上。两大现实无可回避。一是天府广场作为特定时期政治和历史的产物，其城市公共功能之中的政治性是首位的。即使在当代城市发展之中这一政治性或多或少会和商业、文化等功能属性产生矛盾，也不能因此否定天府广场政治性功能的必要性。更何况，大型城市之中保留门户级别的政治性空间进行主题式爱国主义教育和家国城市共识性精神凝聚也是必要的。因此，不能彻底推翻现有政治性优先的空间形制，可以不做大改造，必要的政治凝聚性空间可以保留。二是因为交通动线、成都多元中心的文化商业发展等原因，天府广场的受众以外地游客居多已经成为事实，而本地居民则以通勤和远观居多。因此，相关改进建议可以立足于这一现实，针对外地游客和本地居民，分别进行策略规划。

（一）针对本地市民：以成都市民视点为尺度进行图像营构

如前文所述，本地市民与天府广场的时空距离已经相对较远。除地下空间通勤之外，主要是在人民南路、人民东路、东御街和西御街远距离注视。但目前天府广场的主题图像与市民在城市日常生活中的视野无法产生交集，无法产生图像意义接受与交往互动。因此，可以考虑以较低物料成本和空间成本，设计能够被远距离成都市民视野所接受的图像进行营构。

成都人民南路在形制和空间上，和法国巴黎的香榭丽舍大道有相似之处。同样为城市中轴线，香榭丽舍大道也是以一条主干街道将街区分成两半，形成对望性景观。而香榭丽舍大街最著名的景观，就是节点广场上的凯旋门和新凯旋门（即"拉德芳斯"大拱门）。这两个景观成为除埃菲尔铁塔和巴黎圣母院之外巴黎最知名的视觉图像景观，成为巴黎赛事、展会、游行和节庆最具标志性的图像。而图像景观的呈现方式，正是在主干街道乃至更远的香榭丽舍大道中轴线上远眺。这一城市门户性图像的空间媒介关系和展陈方式，值得具有相近地理空间的成都市借鉴。

当然，并不是说一定需要在天府广场修建一个耗资不菲、造型巨大的图像景观或雕塑装置。在灯光装置技术日趋成熟的时代，完全可以考虑以灯光秀或是全息投影的形式，在天府广场上空进行图像景观生成，让周围市民的视野接收到图像。在成都已有案例中，高新区金融城双子塔的主题灯光秀，展现出包括主旋律、节庆、城市文化等多个主题，成为周边市民的"打卡点"，凝聚了城市市民的政治性认同。而广东深圳以光束灯和射灯组成的主题灯光秀，也形成了城市标志性的图像景观（如图5-7所示）。对于天府广场来说，周边居民区逐步搬迁减少、广场上空视野开阔、周边建筑街道视野通透，可以充分考虑以全息投影、灯光等形式，在广场上空进行"太阳神鸟"等视觉景观展示。通过利用空中空间，天府广场能够实现对市民的图像交互和影响，使自身作为成都中心地标的现实在视觉图像层面得到巩固。

图5-7　深圳"光柱"灯光秀（微博视频号"深圳卫视深视新闻"截图）

（二）针对外地游客：增加广场空间的可游性、可玩性

对于外地游客来讲，天府广场目前的问题在于，广场表面的面积巨大，但是空旷平地之上只有两座"黄龙喷瀑"的景观和绿地，在空间细节层面，可看、可拍、可玩的小品式装置和景观较少。因此大部分游客来到天府广场，在浏览和拍照之后，就陷入了无处可看、无处可拍、无处可玩的尴尬。

基于上述考虑，可以在不影响广场整体稳重气派的基调下，在广场四周包括绿地等空间，增添设置一些景观式小品，如雕塑、装置等，以观赏性和交互性为主，不做过多符号意义拼贴，增加广场细节空间的可玩性。尤其是可以考虑在不违背广场基调的前提下，进行一些"网红"式主题装置、雕塑、图像的户外临时展览或快闪活动，增加线上曝光的机会，打通广场线上线下图像交互的渠道。

（三）交通问题：强化动线指示标识符号系统制作，增加指示图像

针对前文所提及的交通问题。在不做耗资巨大的道路交通改造的前提下，天府广场仍可以用图像交互的方式，优化交通动线。天府广场目前的交通动线除硬件基础外，还存在一些软件问题。首先，天府广场地下通道众多，但地面缺少清晰醒目的动线引导标识，使得很多市民和游客无法第一时间找到地下通

道。尤其是广场南侧，行人从东御街和西御街都不能直接步行至天府广场，需要拐向人民南路地下通道，但步行标识不够清晰，使得行人不愿绕远下穿。针对这一问题，可借鉴成都其他景区、商业区如东郊记忆片区的图像指示系统，多点位以平面地图、指示牌等图像形式进行动线引导，帮助行人和游人快速到达地下通道点位，同时拉近行人与通行道路的心理距离。而在具体的视觉设计上，在保证信息展示清晰之余，亦可加入成都文化历史的图案、纹样和色彩，进行点位细节的图像表意性装饰，使行人在工具性打量地图和路牌之余，也能潜移默化地接受成都文化的图像化象征与表达。

（四）色彩问题：设计路牌等标识和小景观，融入现代性年轻化元素

在增加广场上及周边的小品性景观图像以及增加视觉导览动线标识的路牌、地图之时，除风格、形制、意义等诸多考量之外，色彩问题其实也是需要纳入考量的因素之一。如前文所述，天府广场的主色调是大块面灰色、主题性青铜绿和点缀性金色。三种颜色按比例形成的整体视觉系统，相对沉稳、大气、厚重，但活力感较弱。因此，可以考虑在小品景观和路牌标识上进行更多色彩设计，使广场空间的色彩气氛更加活跃。

在色相方面，景观和小品的点缀可以多用红色、蓝色和橙色，丰富广场整体的色彩感受，但尽量少使用粉色系（与广场主题对冲）和紫色系（阴沉色调会加重广场的重量感）。在色彩明度方面，则可以在基础色相上调低明度，让色彩稍显暗沉，以适应广场的主题，避免过分轻佻。通过色彩的搭配和整体调和，尽可能在保有天府广场原本主题性的前提下，通过具有活力又稍显沉稳的色彩多元表达，丰富天府广场原有的色彩氛围。

（五）其他：善用广场 LED 屏幕

百扬大厦和城市之心的两块 LED 屏幕是针对广场游人进行图像内容投放的有效媒介。无论是位置还是角度，都可以向隔着街区的天府广场游客进行符合其视野习惯的图像传播。LED 屏幕在内容选择和使用上的灵活性，也远高于雕塑、壁画、地景装置等图像媒介。因此，在进一步改造提升的过程中，可以考虑更加高效合理地利用 LED 屏幕传播城市形象、城市文化等内容。手段

包括优化播放内容，将商业、公益和政治性内容进行合理优化配比，增加 LED 屏幕尺寸和硬件等。两块 LED 屏幕就物权归属来讲属于地产商业机构，这也需要政府和商业机构之间进行更加有效的协调和合作。

五、天府广场图像接受研究的借鉴意义

就国内新建城市广场空间来讲，很难说天府广场的图像景观设计具备明确的借鉴意义。天府广场的空间形制和功能是特定历史时期的产物，其政治性集会、庆典等功能，在当代城市中已经被逐渐分化和瓦解，转向更加多元和微观的空间。而由政治型广场向商业型、文化型广场的转型，也因其政治地位和"城市门户"的身位而事倍功半。在当代城市规划设计中，超大型政治集会式的广场设计思维基本已经被摒弃，取而代之的是集商业、文化、娱乐、政治于一体的中型广场和小广场，作为城市公共服务的空间节点散布于多个中心。在成都近二十年城市发展的过程实践中，也不再有第二个"天府广场"式的泛政治性公共空间出现。因此，作为当代城市规划设计的产物，新修广场应该尽可能优先考虑自身和相关城市社区的配套功能，包括公共服务功能、文化功能和商业功能等。基于城市政治性考量的门户性城市记忆，历史、文化的主题性图像景观设计和意义叠加，已经不再适用于新的广场空间设计。

而与天府广场相仿的城市门户性政治主题广场，如果需要进行改造提升，则可以在一定程度上吸取天府广场正反两方面的经验。正面经验是天府广场将包括文化、政治、历史等在内的全部意义，贯穿在整体的图像景观形制、体量、色彩、空间的设计理念中，避免各个视觉元素各行其是、分崩离析的窘境。广场基本性质和色彩与周边建筑景观协调一致，也是对广场空间进行统一改造的有效经验。而反面经验有两点：一是交通动线的问题，可以在线路改造时尽量方便行人穿行、方便车辆停泊，或是丰富广场周边交通动线导览图像；二是天府广场几个主题性图像都无法被普通人肉眼捕捉接受，因此在图像和景观设计的过程中，应更多考虑普通行人和游人对图像的接受习惯和接受行为，让图像、景观与行人、游人更加亲近。

附：成都其他具备城市公共广场空间图像交往功能的公共领域

1. 成都市成华区 339 电视塔

"成都 339 电视塔"（以下简称 339）由四川省川塔恒远实业有限公司开发，是依托于四川广播电视塔而建的一个复合性商业综合体，因为电视塔高 339 米，位居中国西部第一，因此得名"成都 339"。339 位于府河边的优势区位，所处的猛追湾片区是"猛追湾 RBD 商务休闲中心＋建设路商圈"的"成华现代服务业新商圈"，号称"成都会客厅""成都第三核"，拥有四大各具特色的功能片区，将旅游、文化、娱乐、商务等丰富形态涵盖在内。周围紧邻活水公园、成华公园、猛追湾游泳池，商业辐射 1200 万人流。同时，双林路的扩建将畅通无阻地贯穿东西，猛追湾路沟通南北，从区位和交通来说，这里无疑享有独特的优势。

就城市门户级别的图像和视觉交往来讲，339 在成都市有着得天独厚的优势。依托 339 电视塔，成都市成华区有过数次焰火秀和灯光秀的表演，让成都市民纷纷聚拢在 339 电视塔附近，观赏春节、元宵节等节日的主题烟火表演，在灯光和绚丽烟火的审美共契中，对城市形象和城市文化有了更深刻的领会和认同。2022 年春节期间，339 还将 AR 技术运用到主题灯光展演中。提到成都城市门户地标的灯光、图像等视觉景观，很多人的第一反应就是成都 339，339 也因此成为成都市重要的城市文旅地标。

不利因素：

（1）339 下方没有足够的广场空间聚拢人流，导致重大节庆需要采取封路等临时管控措施，会产生包括交通、管理等一系列额外成本，在人数容纳方面存在缺陷。

（2）339 业态在几轮变更之后，最后以餐饮酒吧娱乐为主，业态单一且与城市门户形象存在一定差距。

（3）339 物业方能力有限。尤其是在视觉形象筹划设计方面，诸多细节与城市门户形象不匹配。如 2021 年底仿制成都 IFS 熊猫攀爬装置，在 339 建筑上悬挂了一只即将爬下的熊猫雕塑。模仿无法给城市民众带来审美的愉悦，甚至有"熊猫坠楼"的奇怪感受，图像接受的最终效果不尽如人意。

2. 成都市高新区金融城双塔

天府国际金融中心是成都金融总部商务区的一个项目。按照成都市建设世界现代田园城市的发展战略，成都金融总部商务区即"金融城"作为全市 13 个市级战略功能区之一，是未来四川省乃至我国西部地区金融业发展和金融机构聚集的核心承载区。其中金融城双塔以 218 米的高度矗立于天府大道，正对 1200 亩金融城核心景观，是集健身中心、恒温泳池等高端配套服务为一体，执掌城市优质精华资源和金融脉络，勾勒世界级金融办公环境的高端金融地标建筑。天府国际金融中心园区由法国著名的保罗·安德鲁巴黎建筑事务所设计，而双塔为了与园区相对应，外立面的全金属镂空外网采用了独特的"冰花"造型，塑造永不褪色的商务质感。采用全 LOW－E 中空玻璃幕墙，具有高透、隔热、隔音、节能的特性，创造出生态、健康、节能的优越办公环境。

双塔从 2021 年开始，利用建筑外立面的屏幕，以传统节庆、政治宣传、城市宣传等一系列主题，在夜间展现出一场场精美的灯光秀，给我们带来了一场又一场美妙绝伦、流光溢彩的视觉盛宴。提到城市灯光秀，除 339 外，金融城双塔已经成为成都市民最津津乐道的地标性建筑。

不利因素：

（1）金融城距离成都主城区相对较远，难以吸引主城区市民以此为公共空间进行图像接受和交往。

（2）作为新城区的高新区整体规划面积过大：主干道、大园区、大街区、大公园，和天府广场会有相近的问题，即空间之中的人对于空间和图像的感知是不协调的，不太容易产生对空间的亲近感。

（3）金融城双塔下方人数容纳空间相对有限，在大型节庆展会活动时可能存在交通、治安、管理、人群疏导等成本方面的复杂问题。

3. 成都市高新区锦城广场（环球中心）

锦城广场位于成都市高新南区锦悦西一路，是亚洲最大单体建筑环球中心的配套广场。21 世纪初，成都市制定了"南拓"计划，将成都市向南拓展修建天府新区，新的城市中心广场——锦城广场，就已经摒弃了超大型政治型广场的思维，转而修建以商业为优先，兼具娱乐、文化、政治功能的综合式广场

（此处"政治"取广义，意为广泛意义上的群体治理和协同）。

不利因素：

（1）同样是尺度问题。巨大的空间尺度除让市民无法亲近之外，也影响了形态和业态的配套。亚洲第一大单体建筑"环球中心"，集销售、娱乐、商务等功能为一体，巨大单体建筑的门户性形制之下，相关业态却难以和巨大建筑空间相匹配，导致环球中心在成都经营多年，虽然有瞩目的建筑形态，但并不算成都最有影响力的商业综合体。

（2）锦城广场有和金融城一样的交通问题。位于高新区的锦城广场与主城区距离较远，更多时候是高新区和天府新区的区域性公共空间，难以接续成都主城区的文化记忆。因而基于这一空间的公共交往难以产生对成都文化记忆和文化活力的认同。

第六章　成都公共商业空间的图像接受与交往

一、成都公共商业空间概述

成都的公共商业空间具有中国城市发展的双重特征。一是相较于北京、上海、广州等超大型城市，成都的公共商业空间体现出普通城市的特点，即主要以市中心的城市门户级别的公共商业空间为产业、服务和人群聚集的焦点，而在此之外，则是数量庞大但体量较小的社区级别的公共商业综合体，总体形成"一个核心、多个支点"的分布状况。不过在 2010 年后，随着城市的规模发展，在"东进""南拓"两个城市规划战略的影响下，具有城市级别的公共商业空间开始逐渐在成都市东门、南门出现，形成"一超多强"的新格局。2021年 5 月，第一财经·新一线城市研究所发布《2021 城市商业魅力排行榜》，成都在商业资源聚集度、城市枢纽性、城市人活跃度和生活方式多样化综合排名全国第五，仅次于"上北深广"，超越杭州位于新一线城市第一名。而在赢商tech 和中城研究院联合发布的 2021 年城市商业力排行榜上，成都的城市商业化水平已经排名全国第三。这些数据都充分说明成都在商业空间上发展的速度和成就。就公共商业空间产业的发展成就来讲，成都已经跻身国家级中心城市，成为最发达的商业城市之一。如果管窥成都市公共商业空间的分布和发展，则可以看到一座西部城市的发展历史脉络。

（一）"一个核心"：春熙路盐市口商圈

春熙路与盐市口均位于成都市中心天府广场附近，两条街区相邻，自古以来就是成都市的商业中心。据史料记载，盐市口的起源可以追溯到汉代，曾是以盐贸易为核心的商业空间。而在城市发展的过程中，盐市口逐渐成为商品批发交易的集散中心。直到2010年后城市功能调整，盐市口的图书等商品批发交易功能逐渐撤销，原有的批发市场被一部分商业综合体取代，转而成为春熙路商品零售的商业功能延伸空间。

清朝末年，成都于总府街和华兴街一带兴建劝业场，是四川最早的近现代商业街区，同时也是春熙路商圈的前身。春熙路由民国年间四川省督办杨森提议兴建，与劝业场、盐市口相接，成为民国以来成都商业最繁华的公共空间。街头店铺林立，街心花园处还有1928年落成的纪念碑和孙中山铜像，都记录着这一区域的历史发展脉络。2001年春熙路应对当代城市消费、娱乐、旅游的新需求进行了步行街改造扩建，2014年前后成都IFS、远洋太古里两个商业空间在春熙路街区东南方向分别落成，点燃了成都人民对这一体量巨大的公共商业空间的热情。

春熙路和盐市口拥有得天独厚的地理区位。无论是邻近天府广场的市中心区位，还是坐拥红星路、地铁二号线和三号线的交通区位，都使得这一片区成为成都主城区市民购物休闲的主要选择之一。加上悠久的历史和完善成熟的业态，直到今天，春熙路盐市口商圈都是成都以及国内外游客休闲、娱乐、消费、旅游的首选公共商业空间。IFS、远洋太古里、总府路王府井、群光广场、壹购潮流广场、香槟广场、银石广场、第一城等数量众多的城市商业综合体集群，不同档次不同价格不同消费人群的商业店铺，人流汹涌的商业步行街以及多个开敞的公共广场空间等，都使得这里作为成都市的门户公共商业空间有着较高人气。

（二）两条发展脉络："南拓""东进"

2017年4月25日，成都市提出"东进、南拓、西控、北改、中优"的城市空间发展战略。随着成都城市的发展以及"南拓""东进"的推进，在春熙路盐市口商圈之外，也开始出现一些有一定影响力的商业公共空间。2010年，四川省政府提出天府新区规划，在这前后，成都南部就开始出现比较有影响力的商场和商圈。2006年，瑞典著名家居品牌宜家（IKEA）落户成都高新区南三环。以这一在国内外都能聚集无数居民休闲消费的品牌卖场为核心，盛和一路附近迅速聚集了包括凯德广场、欧尚、富森美家居、苏宁广场等一系列商业综合体，形成成都南部有一定影响力的城市公共商业空间。而随着高新区和天府新区的建设，包括环球中心、仁和新城、银泰城、九方购物中心、远大购物中心等一系列城市商业综合体，沿着天府大道、地铁1号线和5号线一路向南延伸，为成都南部和高新区、天府新区的居民提供了新的购物消费选择。而对成都主城区的居民来讲，近年来银泰in99、环球中心等公共商业空间也开始在形态和业态上展现出一定吸引力，尤其是"网红经济"时代，网红店铺的宣传实现了更广泛的影响力，南拓的公共商业空间开始被逐渐激活。

相较南拓而言，成都"东进"战略推进较晚，不过借助主城区城市发展和第31届世界大学生运动会的相关建设，主城区东部也开始出现有一定城市影响力的公共商业空间。2012年，成都市成华区万年场街道的华润万象城正式开业，并在2020年底建成二期扩展规模，借助成华区的区位优势和华润二十四城住宅区的大规模人流，一举成为成都市东部最具影响力的商业综合体。在2021年全国购物中心销售额排行榜中，成都万象城以55亿元的年销售额，排名全国第30，成为成都排名第三的商业综合体，影响力不断扩大。而作为"东进"起点的杉板桥社区则依托东郊记忆文化旅游景区打造了龙湖和万科的城市商业综合体集群，目前已初现规模，和东郊记忆一起成为重要的公共活动空间。尤其是影视剧《前任3》《爱很美味》等在此处多次取景，使得公共商业空间被图像化，在影院和网络中获得更高影响力。随着成都东部新区"东进"势头的加强，未来十年在东部可能会出现更多具有影响力的公共商业空间，值得期待。

二、公共商业空间的图像呈现与接受

在图像、视觉和景观的呈现和接受方面，成都的公共商业空间在一线和新一线城市中具有典型性。其图像的展示和呈现范式对于国内后发城市类似公共商业空间的发展具有较高参照性。下文根据具体图像的功能进行简单梳理。

（一）公共商业空间宣传图像

公共商业空间的宣传图像主要是为了进行商业宣传而在公共空间中进行展

示。根据宣传用途分类，较为常见的有用于宣传企业、门面和店铺的招牌图像，用于宣传品牌形象的徽标图像（Logotype），用于宣传商品的商品广告图像，以及用于宣传商业综合地产的图像等。林林总总的店铺招牌，悬挂于墙上或玻璃橱窗口的品牌徽标图像，无处不在的商品宣传广告海报，以及商场LED宣传大屏等，一同构成了今天的商场、商业街、购物中心等公共商业空间基本的图像景观。

各式各样的宣传图像，作为公共商业空间的基本功能性图像，向市民展示和宣传自身品牌、商品、门店的形象，是典型的功能性图像。而在明确的功能指向之外，这些图像在公共空间之中的集体出场，则为市民提供了一种综合性的商业氛围，并使之接受和产生交往互动行为。市民进入空间之中，因为图像集体的氛围营构，而明确空间的整体功能指向，并在图像氛围的暗示之中产生消费冲动。用鲍德里亚在《消费社会》《符号政治经济学批判》中的批判理论来讲，就是让图像代替商品、用商品许诺生活，建构一套消费的象征秩序，从而建构一种许诺性的氛围，"所有的活动被概括、被系统地组合并集中在'氛围'的基本概念周围"①。这种氛围可以是直接的营销，也可以是空间之内形成的隐性的审美氛围和意识形态，在空间内主体间的交往活动中进行消费主义的感性再分配，隐秘地对人们的意识和认知造成影响。而在今天的公共商业空间之中，这类图像已经成为最常见的视觉景观。其品质和数量同时意味着这一空间商业功能的基础能力和品质。

此外，公共商业空间的宣传图像在特定的媒介、设计和时空情境下，也可能成为审美交往的媒介性对象。在近几十年的商业实践中，一些国内外商业品牌展示在户外的巨幅海报、店面橱窗装置等，在功能图像之外，都呈现出优秀的审美效果，促进了审美交往。而传统的 LED 屏幕，也可以在一些公共商业空间之中玩出具有新奇性和现代感的审美品质。2020 年，位于春熙路地铁口、紧邻成都 IFS 和远洋太古里的盈嘉大厦在建筑底商外立面架构了一块 888 平方米的裸眼 3D 屏幕，其在曲面屏幕上呈现三维立体效果的视觉奇观立即吸引了大量游人的眼球（如图 6-1 所示）。大量裸眼 3D 宣传图像的投放，使得功能性的图像呈现出奇观化的审美效果，公众在接受商业功能信息之外，也在共同

---

① 让·鲍德里亚：《消费社会》，刘成富、全志钢译，南京大学出版社，2008 年版，第 5 页。

审美，从而对这一空间的商业气息和审美氛围有了更深的认同。在这一风潮的引领下，奇观化审美的裸眼 3D 屏幕等媒介或图像内容，已经开始更多地出现在成都公共商业空间之中。

图 6-1　春熙路盈嘉大厦裸眼 3D 屏幕（引自网络）

（二）公共商业空间视觉景观和效果

除了具体现身的宣传图像，我们身处公共商业空间之中，最为触目的就是空间内部综合性的视觉景观。这些景观未必是图像化的，类目也非常庞杂，但都会以视觉呈现的方式出现在我们面前。"对于商业选择来讲，从杂货店到高档时装店，两个必要的条件是：商业活力和美学感觉。人人皆知的口头禅'难看的东西不易买'在此已经过时，可能要被'环境美是生活幸福的首要条件'所代替。"① 环境化的建筑、空间、灯光、园林、材料、地面、色调等视觉景观，都决定着公共商业空间是否能够营造出一种更舒适、更富有审美价值的环境氛围，提升自身的空间功能性、审美性和氛围性品质，从而让身处其中的人们在消费活动和交往活动中更加舒适，更能感受到空间的品质。大到空间整体色彩、色调、材质的视觉运用，小到一盏射灯的色温、园林植被的花期，都会影响公共商业空间在基础功能上的品质，"所有这些都勾勒出了一种文化阶层的轮廓"②，成为公共商业空间文化差异的重要判断依据。

---

① 让·鲍德里亚：《消费社会》，刘成富、全志钢译，南京大学出版社，2008 年版，第 6 页。
② 让·鲍德里亚：《符号政治经济学批判》，夏莹译，南京大学出版社，2009 年版，第 34 页。

在成都已有的公共商业空间之中，这一视觉景观形成的品质差异体现得较为明显。在销售同样商品、开设相近品牌店铺的前提下，开敞的街区式空间景观、大块面玻璃幕墙的视觉呈现，往往被看作商业空间高端、现代、有品质感的重要视觉表现（如远洋太古里、万科天荟等），相较而言采光较差、地面墙面材质普通的商业空间则仅仅被当作社区配套商场（如 SM 广场、阳光新业等）。同样的城市商业综合体建筑内部，地面高端单色石材的使用搭配中性亮色灯光，会被认为具有品质感（如成都 IFS）；而如果使用过于花哨的大理石地砖和金色的金属墙面，则被认为是暴发户气质、档次一般（如环球中心）。在商品消费的功能性图像之外，凭借着综合视觉景观的氛围和效果，成都公共商业空间在成都市民心中，自然而然被划为三六九等。

（三）公共商业空间艺术图像与装置

近年来，在自我定位较高的城市公共商业空间中，开发商与物业已经认识到了艺术图像对于空间品质提升的重要性，开始在公共空间购置包括装置、雕塑、绘画等类型在内的艺术图像。在综合视觉景观和效果相仿的商业空间之中，艺术对于空间的激活与提升，就成为当代消费社会生活的刺点。艺术图像的展陈意味着公共商业空间更强的审美品质，同时也意味着在公共空间之中，受众与图像可以产生主题性而非仅仅是氛围性的审美交互，从而使得公共商业空间在消费休闲之外，附加了更多的审美娱乐属性。尤其是雕塑、装置等空间艺术，以其在地的公共性将时间、空间、物质、行为、话语勾连起来，成为一个具象空间的视野和事件的剧场性核心，具有很强的互动性。成都春熙路街区在 2002 年改造扩建重新开街后，就在街区北口的小广场设置了一组雕塑（如图 6-2 所示），希望游人和消费者能够在空间之中与雕塑进行视野和行为的互动，从而在商业互动之外，能够在游戏审美互动之中找寻到更多休闲娱乐的意味。2014 年成都 IFS（国际金融中心）开业时，建筑上攀爬的巨大熊猫雕塑，进一步激活了商业空间的审美文化和娱乐的活力，使得这里一跃成为成都最著名的文化旅游目的地，吸引了国内外无数游客的目光。艺术图像对于城市公共商业空间的影响力可见一斑。

图 6-2　春熙路北口雕塑局部（引自网络）

如果说高质高量的宣传图像是城市公共商业空间成立和运行的基础，精心设计综合景观是品质提升的抓手，那么优秀的艺术图像和装置，就是城市公共商业空间打破自身界限，向综合文化和旅游空间进行拓展的刺点。前卫、优秀、有时代精神和审美意味的艺术图像，在图像接受的过程中会让受众以文化旅游"打卡"为语境对图像进行审美接受，并与之展开戏剧行为的审美交互。对于城市门户级别的公共商业空间来讲，这一功能领域的拓展，无疑是对空间自身功能和使命的极大拓展，能够促进文旅商深度融合，更能够增进游客和市民在空间内审美娱乐、休闲购物等更加丰富的交往。在当下，国内城市公共商业空间之中以艺术图像激活空间拓展功能的，北京的侨福芳草地在质量上无疑是翘楚，不过在名气方面，成都的 IFS、远洋太古里等，也逐渐成为集文化旅游、商业购物为一体的综合性空间，图像的接受和交互，在功能、氛围基础上，增加了主体性的审美娱乐，图像的交互行为变得更加立体和丰富。

（四）图像临展、特展和"快闪"

值得一提的是，今天不少城市公共商业空间，在开业、节庆乃至日常运营时都会承接一些临时展览和特别展览。这些展览有些是商业品牌和商业空间联动的品牌营销，有些是主题性的 IP "快闪"，有些则是特定空间之中的特展。这些快闪活动和临展、特展，从动机来讲，都是为商业空间的营销进行谋划，但在客观层面也推动了城市公共商业空间的审美激活效力。游人和市民以事件性的图像展陈为目的涌向公共商业空间，进行审美接受和交互，层出不穷的类似事件则使得受众在图像接受之余，也将城市公共商业空间作为公共文博空间进行接受，并在此基础上开展交往活动。如成都远洋太古里自开业以来，在广东会馆（临时展厅）和街区广场上承办了无数次临展、特展和品牌"快闪"活动（如图6-3所示）。展览内容既有品牌文化、品牌概念，也有前卫艺术和古物。今天对于成都市民来讲，远洋太古里不仅是一个购物步行街区，更是成都文化艺术和图像交互的重要公共文化空间。而诸如成都成华区印象城开业时举办"圣斗士星矢"主题图像特展等活动，更是以图像交往为事件激活空间的典型案例。

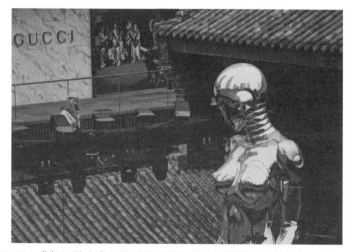

图6-3　成都远洋太古里的"空山基"前卫艺术装置"快闪"（引自网络）

简单加以总结，城市公共商业空间的图像接受与交互分为四个层次：功能性的宣传图像接受与交往是城市公共商业空间基础质量的可感性展示；氛围性的视觉景观和效果是城市公共商业空间综合品质的重要指标；审美性的艺术图像和装置是决定城市公共商业空间是否具有公共文化影响力、文旅融合向综合文化空间拓展的机遇；而图像的临展、特展和"快闪"则是以图像激活城市公共商业空间交互活力的重要事件。在这几个维度，图像的品质、接受与交互，对于城市公共商业空间来讲具有不同属性但同样重要的意义。

三、成都公共商业空间图像接受的典型案例

成都作为中国西部的"新一线城市"，其公共商业空间较之东部城市诸如

北京、上海、深圳、广州等发展较晚，且在"南拓""东进"的城市扩张下，大部分空间的建设运营都集中于 2010 年后，作为公共领域的聚集效应以及商业、文化效应都还不明显。因此，满足上述三到四个图像接受和交互层次的公共商业空间相对较少，主要集中在主城区，成为成都城市集消费、休闲、文化、娱乐于一体的地标性公共空间。以下对几个典型案例的图像品质、接受和交往行为进行分析。

（一）成都国际金融中心（IFS）

成都国际金融中心（Chengdu International Finance Square），简称"成都 IFS"，位于四川省成都市锦江区红星路和大慈寺路的交会处，是集购物、文化娱乐、写字楼、酒店式公寓、酒店于一体的城市综合空间。这一公共商业空间占地面积 5.5 万平方米，总建筑面积约 76 万平方米，由四座塔楼及裙楼组成，其中一号、二号塔楼高度为 248 米，每座塔楼各 50 层。而除去办公楼、酒店等空间，对于绝大多数游客和市民来讲，成都 IFS 与之交互频次最高的则是地上七层、地下两层的购物中心。IFS 汇集了国内外著名商业品牌的门店，其中不乏普拉达、迪奥、路易威登等国际著名奢侈品牌，在商业综合体内部和户外展示其图像化的品牌形象。在 2021 年全国购物中心销售额排行榜单中，成都 IFS 以近 100 亿元的销售额在全国商业综合体中排名第十，位居成都购物中心第一，足以说明作为公共商业空间，IFS 对于成都城市商业活动和交互的重要地位。

成都 IFS 同时也是成都非常重要的公共文化活动中心和文化旅游目的地。在 2014 年开业之后，成都国际金融中心举办"大熊猫艺术及慈善公益项目"，邀请到美国艺术家劳伦斯·阿金特创作巨型熊猫艺术装置"I am Here"（我在这里）。在包豪斯式的几何体建筑上攀爬的巨型熊猫装置一经展览，立刻引发市民争相观看，并不吝表达对这一装置艺术的喜爱。最终原本是用于临时展览的熊猫装置，被永久保留在 IFS 墙体的外立面上，成为市民和游客争相打卡的景点。在 2014 年第 817 期的《三联生活周刊》封面上，这只以三角形和菱形块面组合起来、在细节呈现上富有前卫艺术气质的塑像代替了以往的成都旅游地标，成为新的成都城市符号（如图 6-4 所示）。无数外地游客涌向春熙路，攀爬到 IFS 七楼的楼顶广场，只为观看熊猫塑像一眼。而这一半抽象的视觉景观与极富现代气质和国际主义风格的包豪斯建筑彼此辉映，也在整体景观上体现出一种迥异于老成都驳杂文化记忆的现代感和时尚感。

图 6—4　成都国际金融中心楼顶的熊猫装置（引自三联生活周刊官网）

不过 IFS 的艺术装置图像远不止劳伦斯·阿金特的熊猫。为了吸引受众以激活四层以上的高层业态，七楼的平台花园还放置了国内诸多艺术家的装置和雕塑作品。包括周春芽、赵能智、何多苓在内的国内外知名艺术家的 10 余件装置和雕塑作品，使得七楼的"雕塑庭院"成为一个露天的公共艺术展厅。人们在公共空间中的活动，被赋予更强的审美性质，从而使得原本是商业空间的楼顶被接受为一个审美和旅游的目的地。加上南侧广场以玻璃地面展示地下唐朝的水利系统和宋朝的马道遗迹等特色古迹，以及大量临展和特展，作为公共商业空间的成都 IFS 成为成都新崛起的旅游目的地。借助高品质艺术图像装置的设置和展陈，在 2021 年华西都市报和封面新闻主办的成渝文旅交流活动中，成都 IFS 也被评选为"成渝十大文旅新地标"。这意味着，作为城市地标门户来讲，成都 IFS 成为对外文化旅游交流的活态空间，而就城市配套而言，IFS也成为市民文化商业活性化交往的重要空间。

（二）远洋太古里

与成都 IFS 一街之隔的成都远洋太古里虽然在销售额方面略逊于成都 IFS

（2021 年统计销售额近 95 亿元），但以开敞的街区空间和更富时尚感的建筑景观，收获了更多的游客。成都远洋太古里（Sino-Ocean Taikoo Li Chengdu）是太古地产（Swire Properties）和远洋集团（Sino-Ocean Group）携手发展的开放式、低密度的街区形态购物中心。太古里于 2014 年开业，位于纱帽街沿线的店铺汇集了古驰、爱马仕、三宅一生等一系列国际奢侈品牌的旗舰店，街区内部则分别引入星巴克、ZARA、耐克、苹果等国内外知名品牌，二楼和地下则分别开设知名餐饮品牌，加上电影院、精品超市等业态，是汇集零售、餐饮、娱乐、文化为一体的购物街区。在成都市内公共商业空间的销售额排行中，太古里仅次于 IFS，同样是成都城市商业活动和交互非常重要的门户空间。

远洋太古里在今天被视为成都时尚潮流的汇集地。这不仅是因为其街区业态招商，也和其街区空间形态尤其是公共商业空间视觉景观和效果紧密相关。远洋太古里紧邻成都千年名刹大慈寺，在广东会馆、马家巷禅院等古建筑的基础上进行开发建造。街区建筑整体形制借鉴了川西民居的青瓦坡屋顶，但删减了繁复的细节，以现代主义建筑语言进行质态抽象。在此基础上，太古里将建筑尺度放大到两层半的体量，并用钢筋和金属格栅代替了木质框架，墙面大量使用玻璃幕墙，使得建筑整体视觉效果简洁、现代、通透，但同时也保存了民族风格的基底，视觉效果呈现出"设计的中国式现代性品质"①。这一既富有民族风格的特殊性，又兼具现代感和时尚性的空间整体视觉效果呈现的街区，立即受到青年潮流人士的追捧，成为时尚男女拍照"打卡"、走秀拍摄的重要公共空间。当身着时尚、夸张、怪异、前卫服装的男男女女走上视觉景观效果独特且现代的街头时，太古里通透开敞的玻璃幕墙建筑景观，就成为绝佳的背景。而人群的聚集效应则使得远洋太古里成为潮流时尚行为的重要交往空间，承载着人们时尚接受和交往的功能需求。

除去建筑和街区的形制尺度，远洋太古里的其他视觉景观和效果也都可圈可点。街区内两个小广场均设置了水景，无边沿的音乐喷泉和浅水池为空间增加了风格各异的水景视觉效果。街灯的使用也非常讲究，大慈寺院墙外使用亮度较低的刷墙灯，配合水景小品的地灯，柔和而不炫目，恰到好处地烘托出街

---

① 吴兴明：《设计哲学论》，上海人民出版社，2021 年版，第 188 页。

道植被、景观、大慈寺红墙的综合视觉效果。街区内保留的古建筑广东会馆和马家巷禅院，以"修旧如旧"的手段保留了古建筑的视觉风貌，和太古里现代的建筑群落形成审美的视觉张力。而重新整修的大慈寺则以佛教文化的视觉景观（建筑、门楣、院墙、影壁）赋予整个公共商业空间更多元的视觉色彩。对比成都IFS较为传统的购物中心建筑综合体，远洋太古里以更为精致、多元的视觉景观，配合自身中国品质现代性的建筑街区风格，在公共交往的审美氛围方面更胜一筹。虽然商业销售额稍低，但在视觉景观的接受和交互方面，远洋太古里成为人流量更大、更富文化审美氛围的旅游地标。

当前来成都旅游的外地游客谈及成都旅游新地标，往往会想到成都IFS。这是因为虽然从整体视觉景观和效果来讲远洋太古里凭借品质和特色更胜一筹，但这属于空间综合图像品质的"展面"[①]，仅仅是生活世界中接受和交往活动边缘的氛围性呈现，无法在接受交往活动中居于主题和中心的位置。而成都IFS楼顶攀爬的熊猫装置，以民族特色和现代时尚并存的视觉审美品质"出圈"，以艺术图像和装置的主题性审美对象的姿态，成为空间中的"刺点"，更具有符号标出性，从而在图像接受行为中更为优先地被接纳、记忆和标注，"引起我们的注意，令我们新奇或困惑"[②]。人们专程爬到IFS的天台看熊猫装置，与在太古里漫不经心地走过品质化的视觉氛围，其实际的审美接受强度不可同日而语。那么远洋太古里的艺术图像与装置品质又如何呢？远洋太古里在街区建设时，也拨出专项经费购买了不少青年艺术家的雕塑和装置作品，置于街区节点之中。其中有抽象前卫的两个不锈钢管旋转的装置作品，有源自竹文化的高脚座椅雕塑，有不规则抽象形体镂空借助内部灯光在地面映射出阴影景观的多媒体互动装置，等等。但是总体来讲，这些艺术图像和装置都是些体量不大的小品，不少作品因为出自资历较浅的年轻艺术家，其前卫感和艺术感甚至不及街区建筑和视觉景观本身。这使得无论是从艺术图像装置体量来讲，还是从自身的品质来讲，远洋太古里都无法将受众的审美视野聚焦在它们身上，从而在公共商业空间艺术图像与装置的审美交互功能中败下阵来。

对本地市民来讲，远洋太古里层出不穷的临展和特展图像，或许会比熊猫

---

① 关于符号学"刺点"与"展面"相关概念及论述，可参考本书第三章的相关内容。
② 赵毅衡：《符号学：原理与推演》，南京大学出版社，2016年版，第306页。

装置更加吸引他们参与图像接受和交往。远洋太古里的广场、空置的店铺，以及作为临展展厅的广东会馆，时常会策划包括品牌、艺术、时尚在内的临展、特展和"快闪"活动（如图6-5所示），展开质量和数量都不输成都IFS的事件性的图像交互行为。其中LINE Friends快闪活动，迪奥品牌联名空山基的快闪活动等，都是成都公共商业空间的重要事件，吸引了无数市民前往观看。不断更新的图像以事件为契机不断刷新着接受者的认知，这也使得远洋太古里的时尚引领者身份进一步稳固。而方所书店作为开设在远洋太古里负一层、体量巨大的综合文化空间，其中各种各样的艺术图像和文献的临时展览，更是承载了成都IFS所不能及的图像文化交互空间的功能（成都IFS业态布局了言几又书店，但在论坛、讲座和临展等事件策划方面，实际业务运营不及方所书店）。因此，作为图像事件激活空间交互功能来讲，成都本地市民对于远洋太古里的认同感相对更高。一个是外地游客眼中的文旅新地标，一个是本地市民公认的时尚商业文化综合空间，成都IFS和远洋太古里，成为成都公共商业空间不同图像品质下的两个标杆。

图6-5 远洋太古里2022年春节"虎尾"装置艺术快闪（笔者摄）

（三）九眼桥公共商业空间

位于成都武侯区和锦江区交界处的九眼桥公共商业空间，并不是一个整体性运营的商业空间，而是沿着九眼桥和锦江星罗棋布的一系列以酒吧为核心的商业业态共同组成的空间总和。运营和物业各行其是，风格管理和视觉品质不尽相同，但在游客和市民眼中，成百上千家店铺，往往被视为一个体量巨大的总体性空间。这一公共商业空间以酒吧业态为主，向人们提供夜间消费娱乐服务，著名的兰桂坊、水锦界、香格里拉大酒店、缪斯酒吧、江湖酒馆等都聚集在这一区域。对于本地市民来讲，是夜间放松的重要消费空间，对外地游客来讲，也是重要的旅游观光目的地。

大大小小数百家酒吧并没有统一管理（水锦界和兰桂坊分别有相对统一的物业管理），因此在这一商业公共空间中，无论是宣传图像还是视觉景观效果都呈现出驳杂多样的风格。水锦界以仿古建筑街区为视觉呈现基础，更多呈现成都的历史记忆物感；兰桂坊则沿袭了香港兰桂坊的都市霓虹风格，展现出夜生活的梦幻奢靡感。散布于其他位置的酒吧等娱乐场所则呈现出"一店一景"的视觉品质，并随着整体视觉潮流的变迁而不停改变。在黑夜与霓虹灯的笼罩下，繁杂多样的视觉景观在整体上呈现出一种繁华而多元的美学感知，效果反而好于千篇一律的统一风格。

这种纷乱复杂但繁盛多元的景观呈现，首先得益于成都酒吧业态的激烈竞争。智研咨询发布的《2021－2027 年中国酒馆行业市场全景调查及投资前景分析报告》数据显示：截至 2021 年 5 月，成都地区小酒馆数量为 2524 家[①]，位居全国第一。产业的繁荣程度背后就是在相对饱和的市场空间中竞争的激烈程度。尤其是产业聚集的九眼桥酒吧街区，视觉景观的落后意味着在竞争中迅速出局，因此大多数店铺会自主更新和提升店铺的宣传图像和视觉景观效果的品质。其次，大大小小的酒吧的集体视觉景观呈现，最终汇入由锦江、九眼桥、安顺廊桥、合江亭和锦江绿道合力打造的城市公共景观之中。成都近年来努力打造"公园城市"，尤其是锦江绿道的综合灯光、景观、生态和业态提升，配合安顺廊桥、合江亭、爱情斑马线等重要的城市公共街区景观，为整个公共商业空间奠定了宏观的美学基础和基调。值得一提的是，成都著名的酒吧"贰麻酒馆"的首家门店，就坐落于九眼桥锦江河畔的滨水空间，这一酒吧业态的成功运营，就是借助了城市公共景观治理的东风（在锦江绿道综合治理筹划

---

① 参见产业信息网，2021 年 6 月。

后，原店已搬离）。

借助九眼桥、安顺廊桥等被作为主题性文化旅游目的地的城市公共视觉景观，九眼桥公共商业空间在艺术图像和装置影响力不强，也缺乏图像临展和特展的前提下，依然成为成都市地标级别的公共商业空间。不过在成都兰桂坊街区内部，我们依然能看到一些艺术装置的呈现。兰桂坊的街区节点和部分店铺入口空间，放置了岳敏君等中国当代著名艺术家的雕塑作品，作品风格主要是呈现反讽特征的政治波普，与兰桂坊喧嚣的酒吧娱乐业态形成一种奇特的意义张力。不过，在酒吧竞争异常激烈的成都，这些意义价值负载较重的艺术图像，在数年的陈列之中早已失去了时尚感和先锋感，在不断推陈出新的业态面前显得有些老气横秋。街区艺术图像的自我更新和提升，是兰桂坊街区运营方面临的一大课题。

如果不依靠图像，能否以其他媒介促进公共商业空间的意义接受和交往行为？仅从理论层面来讲，这一问题的答案是肯定的。图像仅仅是诸多可感性媒介的一种，而公共商业空间内的意义接受和交互显然是更为多元的。多元化的可感性媒介、各种各样的活动、独树一帜的业态营销甚至商品促销等，都可以吸引人前往空间之中，形成功能引导、意义接受和交互。在成都公共商业空间运营的实践中，我们也经常能够看到类似案例：成都 IFS 楼下的春熙路街区常年搭起大棚进行新品发布和商品特卖，无数人气不佳的商业综合体依靠海底捞和盒马重新引来客流，等等。但是对于城市形象宣传和城市文化的建构认同来讲，这些意义交互的模式显然是过于廉价的。

而在文化建构和交互的媒介中，基于视觉的图像又是最为直观、最能够在大众层面传达和交互意义的媒介。以成都万象城为例，万象城公共空间负一层的业态有成都著名的音乐空间"小酒馆"（万象城店），被独立音乐人赵雷以一首《成都》唱火之后，已经是成都乃至国内独立音乐爱好者心中的"圣地"。然而作为一个仅能容纳数百人的空间和摇滚乐这一受众高度细分的"分众"艺术类型，万象城难以依靠小酒馆形成大规模的文化交互。舞蹈、文学等艺术媒介同样面临类似问题。就目前的可感性媒介来讲，只有包括电影、视觉景观、艺术图像、宣传图像等在内的视觉媒介的传达，才能够实现最大规模的感性共契和意义交互。这也是今天的商业综合体重视视觉效果、重视电影院业态招商的缘由所在。

四、相关问题与对策建议

仅就公共商业空间的图像展陈品质来讲，成都的公共商业空间已经位居全国前列，但整体来讲与上海、北京等标志性公共商业空间仍有一定距离。这并不是苛责所有公共商业空间如社区级商业综合体都要放置艺术图像和装置或是经常举办展览，而是针对原本定位为城市门户、想要广泛吸引外地游客和本地市民进行空间交互，但最终视觉景观和图像接受交互都不尽如人意的公共商业空间，提出一些建议。

（一）环球中心

作为亚洲最大的单体建筑，由著名设计师扎哈·哈迪德团队设计的成都环球中心的整体视觉景观风格是丑是美，多年来大家众说纷纭（既有大量网友称赞其视觉景观，也曾登上过一些网站自评的"十大最丑建筑"）。但对建筑内部视觉景观的差评则是趋于一致。花哨繁复的大理石贴面纹路，俗气的金色电梯金属外包，以及晃眼的光源，受众接受到的是一种逼仄的"土豪"感（如图6-6所示）。这一内部视觉景观和建筑外部流畅、后现代风格的建筑视觉呈现形成一种极大的反差，使得公共商业空间最终不可避免地在视觉上产生一种廉价俗气的意义感知。在业态招商方面，环球中心较为困难，亚洲第一大建筑的体量最终的商铺业态都只是区域级别商业综合体的水平，也充分说明商户在图像接受意义感知基础上的趋向。当年装修设计时，如果能够找到审美水平更好的团队，对标成都IFS等商业空间在视觉景观和效果设计方面进行改善，可能就不会出现这一窘状。

图6-6 成都环球中心内部装修景观（引自网络）

（二）成都339电视塔

　　成都339电视塔是近年来城市公共空间中图像交往行为策划较为成功的案例之一。作为成都主城区最高的建筑之一，339电视塔在政府的支持之下，常年在节庆时开展各种图像临展类活动。从建筑外立面的LED图像展示，到节庆时的烟花秀，再到2022年春节期间利用AR增强现实技术的虚拟成像，339电视塔都成为成都城市的重要图像地标。

　　但上述图像更多的是339电视塔作为城市公共广场空间的图像交往，而非339作为公共商业空间的图像交往——以城市公共广场领域为尺度的图像交互，无法有效吸引人们在遥望的建筑和街区的位置，走入塔底的商业综合体进行消费。对于公共商业空间的339电视塔底商来讲，其图像的接受和交往质量则是良莠不齐。2021年底，电视塔的商场顶部仿照成都IFS，悬挂了一只即将爬下建筑的熊猫装置。装置本身与成都IFS的熊猫相仿，都是以小块面三角形和菱形的几何抽象形块拼制而成，具有现代感，但姿态则显得奇怪，给人以"熊猫坠楼"的奇怪感受，最终图像接受效果不尽如人意。这也反映出公共商业空间运营方在图像设计和营销方面的薄弱。

图 6—7　成都 339 仿作成都 IFS 的熊猫装置（笔者摄）

上述两个案例都暴露出一个问题，即成都大量城市公共商业空间的设计和运营在视觉、图像、景观等内容的策划上，主要是以商业作为核心考量，而在审美和艺术表现方面相对薄弱。尤其是在视觉景观效果层面（空间提升）、艺术图像装置层面（空间功能拓展和升级），水平普遍不高。这是由于建筑设计公司和运营公司主要以商业为核心考量，既没有专门和专业的审美创意团队，也无法站在城市公共交互的角度思考空间和图像问题，使得在公共商业空间运营的基础层面，无法结合自身定位进行有效运营（如环球中心）；在公共商业空间运营的提升层面，缺乏进一步提升拓展公共空间的眼光（如远洋太古里——在方案策划之初如果没有节约开支，就能够购置更有分量感和时尚感的艺术装置图像，在文化旅游方面能够发挥更大的力量）。

这并不是作为商业机构的城市公共商业空间本身的问题。私营企业在设计项目和筹划开支时，商业考量才是第一要务，何况绝大多数公共商业空间并无提升空间功能品质的意愿。但是针对战略位置重要、体量大、具有成为城市级别公共交往空间和文化旅游空间的项目，作为城市管理者的政府，可以进行适当的管理和干预。

对于企业来讲，在视觉效果和艺术图像生产方面，最大的痛点有以下几个：

第一，企业预算有限，无法在视觉景观和艺术效果上充分投入。

第二，企业团队能力有限，对于视觉效果、艺术图像和装置缺乏专业的审美判断能力。

第三，企业渠道有限，无法和一流艺术家、专业艺术批评家进行有效沟通交互。

那么，针对以上三点，在尊重市场规律、尊重企业自主的前提下，政府可以考虑分别进行协调和扶持：

首先，筹备城市建设基金，对重要的公共商业空间的审美建设提升进行资助。

其次，对接行业专家，对重点城市公共商业空间的建筑设计、装修总体风格设计和景观设计进行底线式干预。

再者，建设专家和艺术家数据库，建设城市相关专家团队，积极协调建设学界、企业界和艺术设计界的沟通平台。

最后，对于能够在审美风格和交互方面做出优秀作品，产生杰出影响的公共商业空间，政府可以考虑给予专项奖励。

五、成都公共商业空间图像接受与交往研究的借鉴意义

随着中国的经济发展和城市化进程的加快，会有越来越多的城市大力发展城市公共商业空间，以商业综合体、购物广场、商业街区等多元的形式，为市民提供消费、娱乐、休闲、文化的公共交往空间。无论是以功能性图像、氛围性图像出场，还是以审美性图像、事件性图像出场，公共商业空间之中视觉文化都将成为公共商业空间本身交互性和品质性呈现的重要一环。因此，成都公共商业空间几个典型案例的得与失，对于后发城市的公共商业空间建设都有着重要的意义。

第一，过去城市发展文化旅游，都是以景区、经典的方式进行设计和打造，而将之和城市日常生活尤其是商业生活进行隔离。城市商业空间和文化旅游空间彼此隔离，没有有效的沟通（如国内不少城市的传统仿古街区），首先使得游客和市民被隔绝在两个空间之中，如北京前门大街的游客和王府井的市民彼此不照面，无法形成城市内外更加有效的沟通互动；其次使得文旅空间和商业空间各自的优秀案例之外各是各的尴尬。成都 IFS、远洋太古里等公共商

业空间以既有时尚性、前卫感，同时有独特性、文化性的图像景观呈现，建构了新的公共商业空间，既能承载外地游客的文化旅游活动，又是本地市民娱乐休闲的场域，促进了内外交往，同时激活了文旅空间的商业活力和商业空间的文化品质。成都公共商业空间的典范案例，提供给了后发城市文化旅游和商业发展新的设计思路。

第二，从成都公共商业空间的成功案例，能够看到广告、招牌、灯光、景观、图像、装置、活动等视觉性设计和建构对于公共商业空间的重要作用。基础的功能性图像的选择，氛围化的视觉景观效果品质提升，创造性的艺术图像装置以及图像事件、展览的创新，图像的品质、接受和交互，在一定程度上意味着城市公共商业空间的品质。这一研究也是鼓励国内不同级别的公共商业空间能够基于自身地位，进一步提升四个维度的图像品质。尤其是门户级别商业空间能够用图像、景观和公共艺术将商业空间打造为城市门户，从而实现城市内外的交流性交往和内部的认同性交往。而对于成都自身来讲，依照这一思路对重点城市公共商业空间如春熙路、太升路等进行图像品质提升，对于公共商业空间的重新激活也有着重要意义。

第三，成都几个相对不太成功的案例也反映出对重点公共商业空间进行相关扶持和干预的必要性。后发城市在筹划类似项目时，也需要更多考虑空间整体的氛围性视觉品质、公共艺术呈现的相关事宜。尤其是处于市场盲目性中心的企业，在以往运营思维中都缺失了公共空间美学表达的重要一环，各地政府可以考虑以相应的方式鼓励公共艺术创作，对公共视觉景观进行审核。尤其是在公共艺术作品的创作、购置和设计方面，政府应搭建平台和渠道，有专家进行指导，有专业艺术家进行联络，同时鼓励青年创作，鼓励国内外交流，让城市公共商业空间的图像品质呈现出更多的前卫感、朝气和文化碰撞的活力。

第七章　成都街道公共空间的图像接受与交往

一、成都街道公共空间概述

　　不少外地游客对成都街道公共空间的视觉图像记忆还停留于 2010 年前。在传统的对外形象宣传中，成都市的街区、公园、空地、广场等街道空间，往往被描述为具有老旧情调和市井烟火气的生活场域。典型的场景就是在梧桐树和银杏树覆盖的少城，低矮破旧的川西民居街道，市民们穿着随意，喝茶、打牌、摆龙门阵，或是涮烫火锅。在麻将的声响和火锅茶水的阵阵雾气中，市井生活安逸悠哉的城市交往气息充斥其中。成都市著名文旅公共空间宽窄巷子，就是这一图景影响下的城市改造典范。宽窄巷子原本是清代成都少城满族人驻扎聚居的街道，街道空间形制仿照了当时的北京胡同，宽巷子、窄巷子、井巷子平行并列，道路空间呈鱼脊骨状，之后成为成都最具市井生活气息的街道公共空间代表。2003 年开始，成都文旅集团对宽窄巷子进行了"修旧如旧"的改造工程，将其改建为具有成都市井特色的文化旅游景区。漫步在宽窄巷子中，青瓦、青墙、川西风格的庭院和建筑、中西混搭的外立面装饰，配合大量老成都记忆的装置艺术和墙绘作品，满足了外地游客对成都传统市井生活的想象。除宽窄巷子外，龙王庙正街、锦里、香香巷、玉林社区、人民公园等，也都是人们记忆中老成都街道公共空间的代表。

　　然而在今天，这并非今天成都市街道公共空间的全貌。随着 21 世纪成都城市建设的加速，城市一方面不断向外扩展，在老成都之外建设新的街道公共空间；另一方面则对老成都区域不断进行改造提升。在宽窄巷子、人民公园等具有历史文化意义的街道公共空间进行"修旧如旧"的保护外，更多老成都的街道公共空间则开始逐步进行更新和提升。2013 年，成都市承办了美国时代华纳集团《财富》杂志主办的"成都财富论坛"。以此次国际性活动为契机，成都对包括一环路、锦江、人民南路等在内的主要街道公共空间进行了景观提升，包括物料更换、建筑外立面翻新等，成为成都街道公共空间景观和图像提升的标志性事件。在随后的十年时间里，成都不断对老街区的景观和图像进行改造，包括科华路、建设路、望平街、小通巷等街道空间整体景观焕然一新，在图像接受维度给予市民一种更加崭新、舒适和现代的视觉感知，从而让本地市民在图像接受和交往中逐渐改变对"老成都"的印象，更加认同一个"新老交错、不断更新"的城市生活空间。另一方面，成都高新区和天府新区的"南拓"之路也在这十年间徐徐展开，南三环之外的新区在视觉景观和图像呈现方面表现出一种更加前卫、更加现代的国际化都市形象，这也让成都街道公共空间的单一形象变成了今天"一个成都、两个平行世界"的并列图景。

随着互联网新媒体在"线上＋线下"的沟通，以及微信朋友圈、抖音、小红书等新型社交网络的崛起，成都作为"网红城市"也越来越多地出现在社交网络的图片和短视频中。"网红城市"的伴生品就是"网红街区"，越来越多的街道、社区、店铺、景观和建筑群落开始针对网红经济和网红效应进行打造提升。成都从宽窄巷子、小通巷、奎星楼街到后来的望平街、东郊记忆等街区，在景观、店铺和图像呈现方面开始呈现出个性化、潮流化、时尚化的审美提升。与宽窄巷子等承载老成都记忆和外地游客交往的街区不同，这类网红街区是城市中学生、文艺青年、网络红人和文创工作者的热土，他们以创作、消费、娱乐等诸种交互姿态参与到街道公共空间文化氛围和内核的构建中，并对作为文创、时尚、潮流的城市公共空间更加表现出认同。

自 2017 年起，成都街道公共空间又呈现出新的发展趋向。成都市委市政府借鉴新加坡"花园城市"的城市设计理念，提出发展和打造成都以锦江水系为核心的"锦江绿道"，将穿过成都市区的锦江沿线河道、绿地、街道、商业、广场进行分节段打造提升，一方面完善城市街区基本功能，一方面进行景观、生态、商业、文化等综合打造，完成锦江流域生态环境改善、综合产业开发和城市居民生活体验的改进和提升。这一城市街道公共空间的设计和打造，凸显了以锦江水系为核心的城市街道公共空间的公共服务、生态景观和城市文化功能，是成都之前城市文旅设计"四态合一"（即形态、文态、业态、生态四位一体）理念的针对性提升，在 2012 年成都市启动北城片区的城市改造（简称"北改"），将"四态合一"理念提到城市建设理论高度，以"四态合一""产城融合"作为城市升级改造的核心理念之一的基础上，进一步突出城市文化和生态的重要性。经过数年打造和发展，"锦江绿道"城市街道公共空间已经初见雏形，对锦江水系沿岸的绿地、街道、景点都进行了功能和景观、图像方面的提升，并设计了"夜游锦江"等互动性活动。这一城市街道公共空间的建设为成都的城市形象带来了巨大提升，并获得了习近平总书记的肯定："我去四川调研时，看到天府新区生态环境很好，要取得这样的成效是需要总体谋划、久久为功的。"① 在此基础上，成都市在城市生态和文化建设方面不断提升和发力，2022 年 1 月已经获得国务院批复，同意成都建设践行新发展理念的公园城市示范区。在之后的城市建设中，相信成都市街道公共空间会在生态、宜居、文化方面呈现出更多新的特色。

综上所述，成都街道公共空间在其空间、氛围、文化和景观呈现上，主要有以下特色：

其一，不少继承了成都市井生活文化记忆的公共空间，主要为老成都居民和外地游客所接受。

其二，大量在城市街道改造提升中呈现出景观提升品质，为成都市民所认同接受。

其三，出现大量时尚化、潮流化、文创化的"网红"空间，为年轻一代所认同接受。

其四，在"公园城市"趋向中产生更多文化生态特色，在政府和市民范围内逐步得到认同接受。

图像都是在具体空间的接受中才能真正展现其意义和审美品质。在这些街道公共空间特色及背后城市运行逻辑下，成都街道公共空间中的图像、景观和视觉文化，也不同程度显现出上述特质。下文中提到的一些经典图像接受事件的案例，就和上述空间精神呈现不同程度的关联。

---

① 习近平：《在深入推动长江经济带发展座谈会上的讲话》，《人民日报》，2018 年 6 月 14 日。

二、成都街道公共空间的图像分类及概述

成都的街道公共空间，各式类型的视觉景观和图像琳琅满目，种类多样。其中既有市区县各级政府在所辖街道公共空间之中放置的图像，也有企业、商户和普通民众对街区的视觉点缀。在纷繁复杂的街道公共空间图像中，大致可以梳理出以下几种主要或突出的类型。

（一）道路交通指示图像

以道路为主体的城市街道公共空间之中，最为突出的是道路和交通指示图像。这类图像在公共空间中的呈现，以简明的功能指向或形象指代，便于街道公共空间的市民（包括穿梭于城市中的行人、驾驶员、外卖骑手等）接受符号信息，在图像接受的基础上洞悉规则性意义，从而规范自身行为。市民之间以图像为媒介，形成规范行为的交往关系，以交通规则为有效规范，"一旦具备可以运用规范的前提，每个行为者都必须服从（或违抗）某个规范"[1]。在城市交通规则的图像指引下，管理者与市民以及市民之间，都能够进行基于图像意义的规范交往，管理自己的行为，与他人和谐相处。因此，道路指示图像作为一种工具性表意图像，其视觉呈现就以功能性为优先，保证图像意义能够清晰、简洁地为市民所接受，不会产生歧义。在此基础上，一部分道路指示图像也可以在功能性的基础上，在城市文化的审美和意义层面有所表达。

在道路的交通标志等图像呈现上，成都市保持了全国统一的交通规范性呈现，各种符号和指示的标牌使用了统一的规范形制。而在路名牌、导览图等内容上，成都市街道公共空间则在明确功能性的基础上，加入了在地文化特色的图像表达。首先是路名牌，前文曾经提过，成都市自 2016 年开始，对原来的灯箱式路名牌统一进行了视觉提升（如图 7-1 所示）。而在城市文旅街区的交通导览图方面，成都各区县则展现出更多的主观创造力，在导览图材质、内容、视觉风格等方面注入城市文化元素。如青羊区导览图更多与传统文化融

---

① 尤尔根·哈贝马斯：《交往行为理论：行为合理性与社会合理化》，曹卫东译，上海人民出版社，2004 年版，第 84 页。

合，天府广场导览图铭刻于石碑上，宽窄巷子导览图有国画风格。成华区则主打工业元素，导览图多使用具有工业感的钢铁为材质，点缀齿轮等工业视觉元素，突出成华区的工业历史积淀（如图7-2所示）。

图7-1　成都路名牌图像新旧样式对比（引自成都交警微信公众号）

图7-2　成华区全域导览图（笔者摄）

　　在这些常规交通指示图像之外，成都也进行了一些特色图像的设计和展示，在街道公共空间之中引起了一系列正向反馈。成都是最早在交通宣传时使用卡通形象的城市之一。2002年11月28日，由成都警察自行设计的"成都警察卡通形象"在成都正式推广和使用（如图7-3所示）。这是继北京、深圳之后，第三个正式推广和使用的城市警察卡通形象。成都警方推出此套卡通形象，旨在树立热情、亲切、和蔼的服务型成都警察形象，宣传和展示公安民警的时代风貌，丰富和弘扬警察文化，融洽警民关系。[①]卡通形象的使用既包括器物粘贴、公安机关内部，也包括大型活动、社区、街道等公共场所。回看这

---

① 部分表述引自四川新闻网，2002年11月29日。

组卡通形象，从今天的审美角度来讲，形象不够简洁，缺乏亲近感或前卫感。但在彼时，横空出世的市政管理者卡通形象，似乎已经预示了成都作为"网红城市"在执政和治理方面"网感"的先声。

图7-3 2002年成都警察卡通形象（引自四川新闻网）

（二）街道公共空间装置景观

今天，在城市街道公共空间的空地、公园、绿地，以及建筑物外立面等位置，用来提升空间审美氛围、激活空间生活活力和文化表达的装置景观已经越来越多。成都作为中国文化和文创名城，在街道公共空间装置景观方面的创意和表达也是丰富多元的。街道的形态和景观对于城市文化的表达有着重要的意义。各种各样的活态化装置景观等图像在城市街道公共空间的生活场景之中，以地标或者艺术小品的方式，起到强调城市的多样性的作用。人们在图像接受行为中感知的是城市基础建设所允诺的"美好生活"的审美氛围，在这一氛围中建构对城市生活正向认同的情感共契。尤其是对于本地市民来讲，文旅景区与其实际生活常有隔离感，而普通城市街道公共景观的审美氛围和交互呈现，才是真正具有城市文化魅力的日常生活体验。

成都公共空间的装置景观相较于其他城市更加多元庞杂。下文仅就几类主流装置景观进行举例论述。

首先是在近年文创街区理念的发展下，成都大量文化相关的街区，都在部分建筑外立面开展墙绘涂鸦。图像内容既有成都记忆，又有大熊猫等文创图像；既有随性的涂抹，也有精心修饰的画面。墙绘涂鸦的内容通常和所在街区的主题文化相关，如建设路东郊记忆附近以工业为主，宽窄巷子附近突出少城老成都的文化脉络，枣子巷和锐耙街将文化创意与历史记忆融汇为整体性街区景观，奎星楼街则强调活力与创意。老建筑陈旧的墙面因为墙绘涂鸦而焕发生机，也使得成都街区审美文化氛围更加灵动，展现出城市文化脉络和活力（如图7-4所示）。

图7-4 成都青羊区长顺上街建筑外立面墙绘图像（笔者摄）

其次是街区人行道和建筑外立面的各种雕塑和装置图像，通过视觉小品的形式在街道公共空间中呈现，让原本仅是作为交通媒介的道路产生审美交互的灵动。典型的案例是成华区的街道公共空间的雕塑和装置。成华区作为成都早年的工业区，国营420厂和红光电子管厂等工业历史，成为城市不可磨灭的记忆。成华区在街道公共空间的打造中，在人行步道、社区公园等点位设置了大量装置和雕塑小品，用以表达城市文化记忆，从而在图像接受中唤起人们对城市文化脉络的认同（如图7-5所示）。锦江区则在牛王庙绿地等开阔公共空间放置了更具现代感的当代雕塑作品，展现城市街区的艺术魅力和时尚活力。而在城市社区绿地和公园，有很多休憩的长椅、儿童玩具等，也在城市设计中获得了图像化审美提升。大量雕塑被置入道路和公园的绿地中，各种公共设施如公园里的雕塑和长椅，就艺术表达而言，并不比远洋太古里的雕塑逊色。在今天成都的街头、空地和公园，街道公共空间的装置雕塑图像已经十分密集，无论是传统的城市文化记忆还是前卫的城市文创活力，人们在行色匆匆，偶尔停留目光之时，也会对成都城市文化的多元表达产生认同和自豪感。

图7-5 成都成华区新鸿路文化记忆装置图像（笔者摄）

最后，成都一些空间节点如建筑、桥梁、公共设施等，凭借极具审美感的造型呈现，产生了图像化的视觉效果。成都市高新区南部园区的五岔子大桥，以其"莫比乌斯环"般的前卫造型，以及夜间灯光照明的美学氛围，自2020年建成以来，迅速成为成都"新晋"旅游地标，引得无数市民和游客前往"打卡"，成为建构城市形象重要的差异化街景。在这之后，一系列成都过街天桥等节点均采用了"网红化"凸显现代感审美风格的设计，提升了街道公共空间的审美品质。审美品质的提升带来的是审美交互。市民争相体验"打卡"，并上传网络，审美体验与审美接受使得市民完成了审美的自我满足和城市空间满足的双重认同。城市空间与人的交互得以正向互动。

还有一类装置景观值得重视。在今天，成都很多城市公共宣传内容也通过雕塑、装置等图像化媒介呈现在街道公共街区之中。这类图像通常有着较为明确的主旋律和城市公共治理的政治诉求，但通过雕塑装置图像的审美呈现，其表达更为柔和，在街道公共空间的图像氛围中将意义潜移默化传达给市民，在图像接受中形成一种集体无意识。借助这一类装置图像，城市治理者与城市民众的交互也更为氛围化、审美化，在潜意识的共契之中完成公共政治性的交互和认同。

（三）街道公共空间灯光景观

伴随着低耗能、高照明的LED照明技术的成熟，国内各大城市逐步开始推进"光彩工程"（即城市亮化工程），明晰城市结构，凸显建筑、街道、空间轮廓，并且突出和强调城市中大大小小的景观。成都自21世纪以来，在城市建设中一直致力于街道公共空间灯光景观的建设提升，而互联网4G时代则激活"网红城市"发展模式，2019年前后"夜间经济"被提出，夜间消费的需求使得灯光作为城市的视觉景观更加凸显。今天的城市普遍以灯光为视觉元素对广场、公园、河道、街道、商业街区等场景进行提升和凸显，灯光本身甚至成为视觉景观主体，成为不少城市重要的视觉名片。

图7-6　成都成华区杉板桥社区装置图像（笔者摄）

成都街道公共空间的灯光景观建设主要体现在以下几个方面。首先是对原有街道公共空间中景观的点亮和提升。在夜间照亮街道公共空间的基础上，对道路、景观、绿地、招牌等点位用灯光进行视觉提升和强调，从而呈现出与白天不同的整体视觉效果。如图7-6中杉板桥社区装置在夜间通过自体发光和刷墙灯打光，形成更为瞩目的视觉审美效果。又如成都五岔子大桥夜间的灯光呈现，提升了景观图像在夜间的空间交互性和审美交互性，使得成都街道公共空间在夜间焕发活力。其次是通过灯光的设置，各式各色光源在夜晚的街道公共空间之中成为独立的景观图像。在成都近年来的"网红街区"建设中，这类灯光装置的呈现越来越多。尤其是成华区望平街的打造，在街道上空布置了各式线条的LED灯带，形成了一个个店铺的招牌，以及成都各种地标和符号图像，将城市和街区文化通过霓虹灯的图像形构表达出来（如图7-7所示）。人们在对灯光的审美接受中，同时领会了城市地标文化的视觉表达。最后是主题式的灯光秀，如金融城、339 电视塔等地，经常利用建筑 LED 屏幕和各类灯光进行节庆式灯光图像展演。类似案例前文已有叙述，这里不再赘述。

图 7-7　成都成华区望平街灯光图像（笔者摄）

灯光装置图像是近年来国内诸多城市共同的夜间图像表达模式。除了主题展演的灯光秀，对于公共空间的提升强调和审美再创造、图像的主题营构等手段，目前来讲国内各大城市大同小异。不过在具体的表达方面，成都还是有一定自己的特色。首先，相较于西安、丽江等城市"光污染"式的炫目灯光效果，成都城市公共空间整体灯光的呈现较为柔和，避免过度的刺激。其次，不同于其他旅游城市的灯光装置建设主要集中在景区和景点，成都灯光装置的建设近年来更加专注于人行道、公园、绿地、社区广场等街道公共空间。从主题性或小品性视觉景观的呈现，到灯光的点位、色温、亮度，乃至灯具本身的形制，成都街道公共空间都已经做到了相当考究的程度。尤其是街道的路灯，成都诸多街道社区已经做到了"一地一景"的程度。青羊区的路灯以太阳神鸟为装饰，成华区则突出工业风等，都具有一定审美赏玩价值。

夜间的成都还有一种灯光审美呈现值得注意。越来越多的网红店铺，在其门面招牌的呈现上不仅专注于平面图像视觉审美本身，也注重灯光的布置在夜间的审美激活，店铺门面和招牌在夜间的灯光呈现为成都夜景增添了色彩。

（四）街道公共空间店铺门面图像

与灯光装置类似，成都街道公共空间内各色店铺的门面、招牌等图像呈现，也是中国当代核心城市发展的典型性缩影。在 21 世纪初城市发展较为平稳之时，招牌、门面等店铺的图像更多是一种纯粹功能性的视觉呈现：或是单色背景上的简单文字或图像，或是蒙牛、伊利、百事可乐等企业赞助的招牌门面，整体视觉质量较为粗糙，美感和设计感并不凸显。随着城市经济发展加速，2010 年前后政府开始专注于城市景观治理，高质量外企的引入带来新的理念，高等教育和互联网络带来公共美育发展，城市街道公共空间图像开始出现整体审美品质提升。有越来越多的街道空间，或是由上到下进行统筹，或是由商户企业自觉建设，店铺门面招牌等作为一种审美性的图像表达，开始逐渐在成都街道公共空间之中显现出来。今天成都街头的店铺门面图像，整体在视觉整体上更加现代、简练，配色和字体也更加讲究，在此基础上，部分门面还凸显出一些审美特色。

一是对成都文化和历史记忆的凸显。不少主打成都城市特色、文化特色、市井生活的街区店铺，在门面视觉设计上纷纷选用了具有成都特色的视觉元素。如火锅店川西坝子、小龙翻大江等，都选用了川西民居元素的青砖、飞檐等作为门面图像。而著名酒吧贰麻酒馆，则在其旗舰店使用了川西民居斗拱廊柱的形制，复原了川西民居的市井生活气息，配合酒吧内的灯光呈现，颇有中国风赛博朋克感。从餐饮娱乐，到娱乐生活，凡是以成都文化为业态主题的店铺，多采用这一视觉风格作为店铺门面，用以在图像接受中标出自身城市文化属性，凸显成都市井文化生活的认同。

二是对于时尚、潮流的设计感和未来感的凸显。不同于前一种店铺门面以外地游客文化认知和本地"老成都"文化怀旧认同为目的，今天成都不少年轻人聚集的"网红"街区店铺门面，则是主打"网红"的年轻化潮流化设计风格，将图像交往指向锁定在本地居民尤其是年轻人的认同感上。这部分店铺门面的视觉风格多是在日式或北欧极简、美式工业等国外现代设计风格基础上进行本土化处理，并针对社交网络的传播性进行优化。宽窄巷子北边的小通巷，就是较早的"网红"街区，咖啡店、酒馆和餐厅门面招牌图像主打小清新风格，一度在成都本土青年群体拥有较高人气。而 2020 年前后开始运营的望平街则更加混搭，以"网红"为主要设计风格，美式机车的咖啡馆、日式情调餐厅、新中式店铺、美式酒吧共享同一街道空间，呈现出更加纷繁复杂的审美感受。如果说成都的传统餐饮、零售门面是一种对老成都文化记忆的留恋和怀旧认同，那么"网红"店铺门面的呈现，则是以青年为主的成都本地居民对成都市未来的认同式想象。

三是小街巷遗留的"整齐划一"的门面招牌。2017年前后，以北京为首的国内各大城市对城市广告、招牌、灯箱、建筑外挂图像进行了一轮全面的清理整治。在这一轮城市街道公共空间的图像治理中，有不少城市景观乱象得到清理和拆除，违法广告招牌等得到治理，城市街道公共空间更加规整清爽。但在这场运动式的全国招牌图像整治中，大量街道公共空间个性化的图像表达也被波及，不少小街巷无论是粗糙丑陋的招牌，还是美观格调的门面统统被拆除，代之以整齐划一、除文字所指外没有视觉辨识度的同色系牌匾。2021年9月，新颁布的《北京市户外广告设施、牌匾标识和标语宣传品设置管理条例》声明"商业街区的固定式牌匾标识设置指引，应当符合街区功能定位，突出文化特征与地方特色，体现商业街区活力，为经营者自主设计牌匾标识提供创意空间，避免样式、色彩、字体等同质化"，确认了之前城市治理工程的终止。但旧有城市治理模式的影响依旧停留在城市街道公共空间的细节之处。在今天成都市以老旧民居为主体的街巷深处，依旧能看到大量"整齐划一"，没有符号辨识度和审美差异的店面招牌图像。这类图像的遗留也成为城市治理的痕迹。

三、成都街道公共空间的图像接受标志性事件

（一）"爱情斑马线"

"爱情斑马线"是指位于四川省成都市天仙桥南路合江亭的一条人行横道。与普通的马路人行横道不同，"爱情斑马线"覆盖的街道以红色而非沥青色为基底，斑马线中间有一大一小两颗心的图像，心型图像内部有"I LOVE YOU"字样。这条2009年竣工的斑马线，与合江亭的城市景观意义有着直接的关联。成都人在府河、南河交汇之处筑亭，取名"合江亭"，以两江汇流，寓意二人结合。节假日常有新人来这里拍摄外景，屡屡出现数百对新人扎堆的景象。为了配合这一城市文化，成都交警三分局一大队合江亭组于2008年开始筹划和打造这一成都街道公共空间的图像。"爱情斑马线"一经亮相，立即

成为成都青年情侣乃至游客打卡的圣地，不少情侣都会选择"爱情斑马线"拍摄情侣照和婚纱照，新人的浪漫、城市的文化和交通指示标志在这一图像中得到融合，显示出成都的城市温度（如图7-8所示）。据称，这条红色斑马线的图像营构，其意义在于表达两层祝福：首先祝福新人牵手终身；同时温馨提醒大家遵守交通规则，给彼此一个安全幸福的约定。

图7-8　成都爱情斑马线（引自网络）

作为首个尝试"爱情斑马线"的城市，成都交警这一举动彼时尚属"大胆"，对于既有城市治理是一次挑战。不过这次挑战的成功也证明城市相关法律法规向亲民、时尚和柔性的方向发展。国外不少城市，在公共交通符号功能性表达之余，也有很多创意性的视觉呈现。如意大利佛罗伦萨街区的交通标志，使用一些小人符号与标志互动，增加街区的亲和性。借助图像接受行为，受众会对城市的浪漫文化和人性温度产生认同，并展开以浪漫爱情为主题的交互活动。这一空间节点的图像呈现，也使得天仙桥南路和镋钯街（城市文化记忆墙绘）、安顺廊桥（灯光、门面和景观）等不同风格的街道公共空间图像展示连接起来，形成了一个整体性的文化风情街道公共空间。

时至今日，已有不少城市开始效仿成都，在街道公共空间绘制"爱情斑马线"，成都的"爱情斑马线"在城市文化发展中不再成为聚焦图像，而是城市诸多文化图像小品中的一个节点。但这一公共宣传图像的设计思路所展现的城市文化包容、柔性、浪漫的气质却一直为成都市民所津津乐道。在社交网络尚不发达时，爱情斑马线图像就早早抓住了所谓"网红"特质，展开了互联网络的话题讨论。这样的公共宣传图像在成都的公共治理历史中并非孤例。

（二）李小哆和"淘宝体"宣传图像

2011年8月，400余块以网络上流行的"淘宝体"书写的交通安全提示牌在成都街道公共空间横空出世。这些新式交通安全提示图像一改以往严肃规范的语言，以当时刚刚开始流行的"淘宝体"网络语言进行图像化呈现，"亲，请按交通信号灯通行哦""亲，注意避让行人哦"等提示语让市民眼前一亮。据成都交警相关负责人介绍，他们希望通过这种亲和、时尚的方式宣传交通法规，促使市民自觉遵守交通规则。这一利用网络流行文化的图像交往曾引发了不少讨论，但对于成都市城市公共治理的图像表达和亲民化、时尚化的趋向，人们普遍给予了认可。

这一以微博为社交媒介核心掀起的"网红"化、图像化城市公共治理转向表明，在2011年全国不少城市都还没有起步时，成都已经走在了宣传图像"网红"转向的前沿。2011年6月12日，成都武侯公安分局跳伞塔派出所开通官方微博。由民警李威佟负责打造了虚拟民警形象"李小哆"，在今天看来是将民警网红化的先驱。李威佟将自身年轻帅气的形象打造为图像"李小哆"，配合各种公共宣传标语和图像，出现在包括道路、公共设施、行政机构大门等诸多街道公共空间（如图7-9所示）。"李小哆"帅气的警察形象以图像化人形立牌的方式出现，让城市公共治理的形象和内容都变得可感化、亲切化，拉近了城市公共治理和民众之间的距离（当时因为基层素质、舆论环境、公共事件等原因，公共治理和民众出现对立和矛盾的情况较之现在更多）。在今天被称作"网络大V""意见领袖"的"李小哆"，在包括微博运营、形象设计、视听营构方面，打破了街道公共空间和网络虚拟空间的阻隔，以公共宣传图像获得了以年轻人为主的网民的认同。同时，成都公共空间的治理也在图像接受中更具有视觉的可感化特征，变得柔和亲民。

图7-9　民警"李小哆"的人形立牌①

　　成都市在公共治理尤其是公共宣传图像的网红化、可感化方面的努力，从2002年采用卡通形象，2011年使用"淘宝体"和打造虚拟偶像，后来制作一系列警察主题的平面图像和视听作品等，一直延续到今天。2021年冬，成都交警二分局为了宣传交通法规，预防和减少电动两轮车驾乘人员在交通事故中的伤害，也创作了一组漫画宣传图像，在街头以"易拉宝"的形式向民众尤其是"骑手"们展示（如图7-10所示）。通过在街道公共空间利用图像进行公共宣传和形象建构，以及用"网红"视觉表达进行更为柔性流行的宣传，成都城市治理在21世纪以来有了诸多成功的实践。成都在全国城市中较好的公共治理口碑，与这些公共空间的图像接受与交往，有着不可分割的关系。

图7-10　"帅哥，你慢点！"成都交警原创漫画提醒电马儿守法出行②

---

① 参见四川新闻网：https://news.sina.com.cn/c/2012-01-19/043723823088.shtml
② 详见同名公众号文章：https://baijiahao.baidu.com/s? id＝1716858940775897122&wfr＝spider&for＝pc.

（三）以成都财富论坛和世界大学生运动会为契机的城市形象提升工程

2013 年，成都市承办了美国时代华纳集团《财富》杂志主办的"成都财富论坛"。为了迎接财富论坛召开，并向国内外商界展现成都国际化和现代化城市形象，成都市进行了"一轴三节点"的城市形象重点提升工程，成都重要街道公共空间开始了景观和图像提升的工作。

在成都市建委的牵头下，凉山宾馆、机电大厦、气象宾馆、西物科技等40 多栋建筑立面进行了整治；人民南路锦江宾馆、气象学院、省人艺、华西美庐等 11 处临街围墙进行了提升；西华大学、华川宾馆、成都师院、省考古所等 6 家大门进行了美化；天府大道、小南街等道路重要路段进行沥青铺设、路沿石更换等。市政设施方面，按照"精致、雅致"的要求，成都市对交通标牌、道路隔离栏、信号指示灯、公交站台、路名牌、果屑箱等 20 大类市政设施进行更换提升，尤其对人民南路、天府大道六大片区的光彩工程及 80 余栋高层建筑的光彩工程重新装点，在天府大道按照人民南路标准全线安装玉兰灯和行道灯。

这一城市形象提升工程在 2013 年曾经遭到不少批评。批评者认为只对城市街道公共空间的外表进行整修，而不作功能性的整体翻新，仅仅停留于外表和图像，是典型的"面子工程"。而在今天看来，这一批评之声是失于偏颇的。城市街道公共空间作为城市居民生活、交往的公共领域，其自身并非仅是功能性的承载，审美和意义的表达也是市民对城市公共日常生活感知和体验的重要内容。而成都作为一座历史悠久的城市，在过去很长一段时间都与"历史""市井"等记忆性内容联结起来，而缺失了街道公共空间景观和图像自我更新和提升这重要的一环。尤其是对于外地游客来讲，有着历史风貌的老旧街区、空间、建筑和景观的确具有更强的"异域化"审美价值，但对于本地居民来讲，简洁、明快、现代、时尚的街道公共空间才是他们在生活世界之中更希望朝夕相处的景观。因此，以成都财富论坛为契机的城市街道公共空间自我更新，在公共空间的景观和图像层面让"老成都"的公共空间景观逐步明快、现代、精致起来。在人们尤其是本地市民的图像接受中，"老成都"的意义也逐渐发生了转向，更加国际化、时尚化。对于一座国际化都市来讲，这一图像意义的转型对于城市整体文化氛围有着重要的意义。

2018 年 12 月，国际大学生体育联合会主席奥莱格马特钦宣布，2021 年第 31 届世界大学生运动会举办城市为中国成都。这一国际重要运动盛会的成功申办，为成都街道公共空间的视觉形象提升带来了一次新的机遇。成都市政府随即展开了以杉板桥、十陵等社区为核心的城市形象提升工程。不过与 2013 年有所区别的是，此次的街道公共空间景观图像的提升相较而言更加精细、微观，呈现出国际化与特色化并存的审美特征。对于灯光、花坛、街区雕塑装置作品等细节的精细考量，是之前的工程中所不曾注意的。从提升完成的新成华大道可以看到，道路系统功能已经非常完善，路边花坛使用了多种植物进行搭配，呈现出极强的园林化审美属性，路灯的形制展现出街道公共空间工业文化的特色，加上路名牌、雕塑和交互性装置作品、"网红"天桥等景观，此次城市形象提升已经不仅停留于城市视觉系统的更新，而且在公共空间图像景观中传达出更具幸福感、更为自信、更向未来迈进的当代城市文化精神。

（四）天府绿道

2017 年，成都锦江绿道正式启动建设（后在部分官方表述中更名为"锦江公园"）。锦江绿道建设范围北起都江堰天府源湿地，南至黄龙溪古镇，沿线跨经都江堰市、郫都区、金牛区、青羊区、锦江区、武侯区、成华区、高新区、天府新区、双流区，河道长度 150 公里。此次开工的锦江绿道，是市域天府绿道"一轴两山三环七道"体系的核心"一轴"，在城市慢行系统和天府绿道体系中占据核心地位，是成都建设高品质和谐宜居生活城市的重要载体。按照"治水、筑景、添绿、畅行、成势"的实施路径和"一年治污、两年筑景、三年成势"的目标要求，锦江水生态治理和锦江绿道建设计划在 2020 年实现锦江水环境全面达标，锦江绿道全面贯通，锦江环境景观全面提升，锦江沿线功能业态全面升级。目前锦江绿道已经完成初步建设，绿道水系明显得到改善，锦江城市段图像和景观质量大幅提升，强化了成都市以锦江水系为线索的街道公共空间的审美呈现。

锦江绿道的规划建设，首先是为了在成都相关产业、经济、功能已经得到发展的前提下，对城市生态环境和生活空间进行进一步提升，对标新加坡、伦敦、巴黎等城市公共空间生活品质和生态品质更好的国际都市。其次则是为了解决锦江在城市公共空间之中的相关问题。锦江作为贯穿成都的河流水系，一直以来和成都的城市文化关系密切，但在彼时面临几个问题：其一，水质不够理想，无法作为文旅资源进行利用；其二，锦江河道的设计使得市民与河水被护栏完全隔绝，亲水性差，河流与城市日常生活几乎没有交集；其三，锦江水系周边的绿道、空地、广场等街道公共空间功能单一、审美陈旧，难以满足包括健身跑步、广场舞、街边商业、亲子等市民对于城市公共空间的交互性需求。基于上述缘由，锦江绿道由成都交投、成都文旅等数家国企牵头进行设计和建设，计划打造为成都的"公园城市客厅"。

在具体的图像和景观呈现方面，锦江绿道在基础的生态和形态提升之外，进行了一系列视觉营构。

在空间方面，锦江绿道在相关点位筹划建设了一系列滨水广场和滨水商业空间，将水系作为图像景观呈现拉回到成都人民日常生活和交往的场景中，保证江岸水景可戏、可游、可娱、可亲。

在灯光方面，统一用 3000K 暖色光照亮路面，并为市民和游客出行提供照明。在此基础上，项目分节段用不同的灯光景观给予河道及堤岸更强烈的图像化呈现。如在九眼桥节段，用河堤下设灯带和投影将河堤平面照亮，在夜色中形成通透的视觉效果；而在沙河节段，则使用大量芦苇形 LED 灯管点缀两岸绿地，形成高密度点状光源的沙河夜景（如图 7-11 所示）。

图 7-11　锦江绿道沙河段夜景 （引自网络）

在景观方面，核心打造几个城市节点，致力建构和展现九里堤、猛追湾、百花潭、廊桥、望江楼、东湖公园、万里桥、西郊河等"锦江八景"。其中，已经建成的猛追湾望平街"网红街区"、东门大桥到九眼桥的街区等，已经成为市民和游客争相游览娱乐的重要公共空间。尤其是 2021 年开始运营的"夜游锦江"项目，自东门码头起始，经过合江亭和廊桥直到九眼桥锦江节段的泛舟夜游项目，激活了锦江与城市文化旅游的交互性。2022 年元宵节期间，成都文旅集团组织了声势浩大的夜游锦江活动，配合泛舟夜游项目，东门码头打造了国风市集，加上各类表演项目，使得东门码头到九眼桥一线的锦江绿道成为节庆时成都人民高频交往的城市公共空间。依托东门码头金海岸公寓建筑外立面的 LED 大屏（如图 7-12 所示）、锦江河道内的堤坝投影，无数动态图像呈现在这一公共空间之中。成都人民在乘船游玩的时候，也在视觉上大饱眼福。图像中各种国风主题和成都文化主题的内容，也在交互中形成一种节庆式的狂欢式氛围接受和意义认同。

图 7-12　东门码头的建筑外立面 LED 图像（笔者摄）

总而言之，从财富论坛、大运会到天府绿道的几轮城市街道公共空间建设和提升来看，成都的街道公共空间无论是功能、整体视觉品质，还是节点、细节的审美呈现，都呈现出飞跃式的提升。成都街道公共空间的视觉形象也从单一的"老成都市井文化"的刻板印象，变得更加多元、时尚、舒适。尤其是对于生活在这座城市的本地居民来讲，街区公共空间的图像、视觉和景观并不是厚重的文化凝视对象，而是时时刻刻打交道的日常氛围。这一视觉氛围在感知层面崭新、简约、轻快，并向着未来不断跃进，是他们产生城市文化认同的重要理据所在。

（五）玉林社区

如果说几次城市形象的提升代表的是成都市街道公共空间日益自我更新的未来感，那么玉林社区就是"老成都"文化记忆的重点归处。玉林社区作为成都南一环路和二环路之间较早一批成熟的住宅社区，浸润了老成都深厚的市井气息、文化记忆和烟火气。这里是"玉林串串香"总店所在地，是成都吃喝玩乐市井文化的地标；同时也因为高密度居住人口，是当年小酒吧、咖啡馆营业的首选之地；同时，因为临近四川大学、领事馆路以及自身高密度人口的加持，这里一度还是众多艺术家和艺人聚集的地点。作为市井生活、社区商业和人文艺术三者的交汇处，玉林社区作为街道公共空间在成都有非常高的知名度。而一首民谣《成都》，也让"玉林路的尽头，小酒馆的门口"在国内家喻户晓。

但实际居住在玉林社区的人也会有另一种感觉。玉林社区作为 20 世纪 90 年代兴起的住宅社区，建筑、街道、公共设施已显老旧，面临着生命力、承载力不足，缺乏持续吸引力的发展瓶颈，亟须重整功能、提升品质，使之更具历史内涵、商业氛围、生活气息和文化底蕴。随着成都市一环路改造提升的深入推进，如今的玉林社区以更成都的文化味、更市井的生活范儿亮相。

玉林社区的芳草街街道在改造中则以"当代艺术发源地、独立音乐摇篮、地道成都味"三张名片为基底，打造文创街区，引入手作公司、工作室，通过周末微型手工创意市集、街头音乐会等文化活动，孵化玉林文创品牌。同时，引入散花书院丰富居民精神生活，定期无偿面向居民开展电影日、脱口秀、树下艺坛等文化活动。在翠苑广场，古戏台翻新后融入了川剧和剪纸元素，为居民拓展活动空间，不断激发社区活力。从形态、业态、文态三个维度推进"市井生活圈"功能改造提升的玉林社区，正在变得更有历史内涵、更有商业氛围、更有生活气息、更有文化故事。

今天走进玉林社区，街道公共空间内布满了"茶、鸟、书、竹编艺术"等老成都元素的雕塑、墙绘，连井盖上都是玉林西路的专属徽标图像，融合了人情味的书法和鲜艳轻快的色彩。如果是周末，还能在 FUN 市集上体验市井日常的鲜活面貌。街区店铺的门面焕然一新，变成了更具个性化、设计感的"网红"式餐饮招牌。玉林社区街道公共空间最为重要的图像分别在玉林西路和芳沁街，成都独立音乐最著名的酒吧"小酒馆"的两家分店分别坐落于此。黄色基底下一只正在按吉他的手的简笔画灯箱图像，成为国内文艺青年争相追捧的徽标图像。而芳沁店悬挂于建筑外立面的一张方桌和一把椅子的装置图像，也成为这一街区的重要符号象征。在这一街道公共空间中，市井与文艺气息并存，时尚与生活气息交融，让身处其中的人们能够以管窥豹，在图像接受中明晰成都的文化精神。

四、相关问题与对策建议

总体来讲，无论是从城市街道公共空间视觉形象的自我更新，还是从城市街道公共空间的文创和魅力提升来讲，成都市街道公共空间的整体视觉品质在国内城市中无疑是居于前列的。不过，在城市发展过程中，成都在整体视觉景观尤其是街道公共空间的图像交往和接受层面，也有一些问题需要注意。

（一）图像景观的维护成本问题

不同于城市商业公共空间的图像维护成本归属于企业和个体的私域，城市街道公共空间的图像、景观、装置的相关维修和养护，高度依靠城市公共财政。因此，街道公共空间图像景观维护的支出方式和数额，与城市本身的税收、拨款、投资等息息相关。街道公共空间图像景观的维护成本问题，就需要置于公共领域进行探讨。此外，其维护成本问题也是市民在图像接受之余必然要提出的问题，需要城市公共治理者进行回答。

从目前的成都街道公共空间的图像景观呈现来看，诸多节点图像景观的维护成本是较为高昂的。目前，一方面，成华区、新都区以及其他街道公共空间节点的路边绿植和花坛均进行了非常精巧的设计，植物种植错落有致，辅以各种景观灯增强视觉呈现，颇有园林艺术感。但另一方面，相关植物的修缮养护费用都较原有景观高昂许多。如何长久地维持街道公共空间之中这些精巧的园林艺术感，而使其不至于成为一时的"面子工程"，就成为城市公共治理者必须要思考的问题。

前文中作者曾为城市视觉形象的"面子工程"进行过辩护，认为所谓"面子工程"，并不仅止于一种粉饰，实际上也可以被理解为城市街道公共空间形象和景观的自我更新。但这一辩护的前提是，所谓的"自我更新"必须建构于两个条件之上：其一，"自我更新"能够为城市生活世界中的民众所感知和认同；其二，"自我更新"的景观不能是随着某次活动昙花一现，必须长久持续为市民的日常生活增添美感、幸福感和认同感。当城市街道公共景观图像因为养护问题而不能长久保持并迅速凋敝时，其图像接受过程中就不可避免会产生"面子工程"的批评。

这一担忧并非没有依据。2022 年初，已有不少社交网络上的图像表明新建不久的锦江绿道在不少节点的景观上出现了破损和残缺。沙河城市公园两岸绿地上绵延的芦苇 LED 景观灯也不再在夜间长明，变成了草地上密密麻麻插着的塑料管子。类似情况需要持续关注和警惕。

（二）图像景观的动态活化问题

成都的街道公共空间之中，除了整体形态的形象提升，其图像美学的一大亮点，就是在人行步道、绿地、空地、社区广场等节点设计和放置了大量的图像、装置和雕塑，用以增添街道公共空间的审美活力，增强公共空间的审美交互性。尤其是锦江区大量前卫艺术雕塑和成华区工业记忆的雕塑，增添了城市街道公共空间的审美氛围，使得公共空间具有更多意味的呈现。

然而，从交互性来看，这些公共艺术作品整体还处在一个较为基础的阶段。目前成都市街道公共空间的图像、装置、雕塑主要分为以下几类：一是具有前卫感或时尚艺术性的图像小品，如抽象雕塑、时尚墙绘、涂鸦等；二是对城市文化记忆的复刻，如枣子巷文化名人的头像、井巷子老成都市井生活的图像等；三是对成都文化地标的图像再创造，如 339 电视塔、大熊猫等（关于大熊猫图像，本书会在专题中讨论）。但目前来讲，其中绝大多数图像都只是以静态的方式陈列在绿地、社区广场和建筑外立面，并没有和公共空间以及空间内的人发生更为丰富的交互性关系。

与之形成反例的就是成都 IFS 著名的熊猫装置，虽然只是在建筑外立面做静态展示，但其鲜明的形象和视觉指引会让游人主动攀爬到 IFS 商场天台观看，空间、人和图像就形成了更为积极的互动。而国内外有很多公共艺术，会通过装置营构、灯光、声音等多媒体的形式引导人参与到图像行为中进行积极的反应和互动，使得以图像为核心，空间、人、图像能够形成一种更为积极的游戏互动关系，从而活化街道公共空间的游戏氛围和审美氛围。这是成都大多数街道公共空间的图像尚未达到的目标：它们以静态的方式在公共空间中沉默出场，成为被凝视的审美对象，但并未和空间以及市民产生丰富的交互。这时，图像在街道公共空间之中并不是审美氛围的焦点和核心，而仅仅是人们日常生活边缘的审美氛围构成物。因此，城市公共治理者可以考虑在社区广场、文旅景区和公园等更需要进行公共审美和游戏交往的场域，进行更具动态活化交互性的装置图像的设计和采购。

（三）"网红"问题：明确创新点

在一定程度上来讲，成都市街道公共空间及其中的图像景观被冠以"网红"的名称，并不是一件坏事。所谓"网红"，其本质就是审美对象在图像接受过程中得到广泛的认同，并上传至社交网络，在传播过程中获得更多认同，代表的是审美对象本身在审美品质上的时尚感、流行感以及伴生的高度传播价值。无论是"网红"街区、"网红"店铺，还是"网红"图像，其背后的逻辑都是线上和线下人群在图像接受过程中对图像本身审美品质的高度认可（可能是艺术性，可能是时尚性，也可能只是某个符号的传播价值），并借由互联网络进行图像高频次交往。因此城市发展"网红"本身并无问题。相反，"网红"一词恰恰是对城市街道公共空间线上线下高度认可和传播的一种总结，具有褒扬之意。

然而在今天，成都的"网红"街道、店铺和图像其实也暗藏着一个危机。在审美流行发展不均衡、不完善，容易被传播操弄的当下，所谓"网红"的视觉表达本身还不够多元。这就导致所谓的"网红"在"流量"的操弄和创造力匮乏的双重夹击下，最终变得千篇一律，反而因同质化而失去图像审美的个性，最终在时尚不断向前推进的滚滚浪潮中被遗忘和抛弃。

成都现在已经有包括奎星楼街、枣子巷、大学路、望平街、玉林社区等诸多运营成熟的"网红"街区，不过从目前来讲，其中多数街道的"网红"主要体现在精致的街道视觉系统、具有文化特色的墙绘、有特色的门面以及大量装置、园林、雕塑、涂鸦上。如果进行横向对比，其实能够发现其中不少视觉呈现（如园林化绿植、文化墙、大熊猫、网红店等等）都是共性大于个性。在成都市乃至全国街道公共空间视觉系统不够完善、不够精致的前提下，这些网红街区的图像仍旧具有吸引力，但如果继续进行复制，很容易出现"千街一面"：同样的不饱和色调、同样的"侘寂"风、同样的极简、相似的霓虹灯光等。

为了避免这一窘境出现，有必要在"网红"街区进行文化表达的再创造。一是鼓励创新，鼓励个性表达，争取在新风格、新审美、新表达中找寻新的"网红"风格。二是在现有"网红"图像视觉元素的基础上，进行文化再创造的提升。而无论是创造还是提升，都可以从两个方面进行：一是通过前卫、时尚、个性的表达，以独特的审美创造对抗"网红"的同质化趋势。二是通过对成都城市文化记忆、文化符号和文化表达的"再创造"，融入"网红"图像的表达之中，明确创新点，使得"网红"能够更多地具有城市文化的特征。

而这一系列再创造的核心，就是成都文化创意产业的规模和质量的进一步发展。对标国内外著名城市，成都在街道公共空间的硬件条件上已经赶超，但在软件上的图像内容呈现相对孱弱。以"夜游锦江"项目为例，项目在对河道、灯光、游船、街道等硬件设施的建设上已经较为成熟，河道内的全息投影、水幕投影等技术也已经处于前列，但相较而言，东门码头LED屏幕和河道内全息投影所呈现的图像内容就要逊色很多。LED屏幕体量巨大，但所播放的图像无论是风格还是内容都不够新颖独特，河道全息投影的图像更是有艳俗之嫌。这都反映出城市"硬件"提升，但"软件"跟不上的窘境。而这背后所折射出的，就是成都在图像内容和风格文化创意的产业仍处于较为初级的水准。在未来，无论是城市公共空间相关图像和影像的创意拍摄，还是街区风格设计、店面风格设计、广告设计等，都离不开一个城市强有力的文化创意设计产业的支撑。因此，从高校培养、产业发展扶持到相关政策辅助，城市文化创意产业都需要城市政府进行鼓励和扶持。只有在文化创意产业规模提升、品质飞跃，合理运用创新资源并尊重传播、时尚和审美规律的基础上，成都"网红"街区的审美品质和独特性才能够获得质的飞跃，真正发挥承载文化、引领个性潮流的功能。

五、成都街道公共空间图像接受与交往研究的借鉴意义

从"市井""安逸"到"成功之城，财富之都"再到"公园城市"，十余年来成都社区街道公共空间及其景观图像发展的速度和质量，在国内大型城市中

都排在前列。其发展经验对于国内同级别城市以及致力发展文化旅游、文化创意产业的城市，都是一个很好的范本。

　　这一借鉴价值首先体现在城市公共治理者借助街道公共空间的图像呈现和市民积极柔性的情绪和意义交往上。在国内不少城市，城市公共治理的行政部门和民众之间，都呈现一种疏离和紧张关系。尤其是在公共治理方面，民众对于行政工作不理解、不支持的现象时有发生。成都的相关经验证明，无论是"爱情斑马线"还是"淘宝体""网红体"交通宣传图像，通过一些具有柔性和趣味的图像代替刻板的文字进行意义交往，能够非常有效地拉近民众与公共空间，以及公共治理者之间的情感关系，从而使得城市治理能够更有温度、更有人文关怀。

　　其次，成都市街道公共空间景观呈现的成功经验反映出城市街道公共空间形象和景观自我更新的重要价值。借助几轮城市形象提升，成都实现了包括特色文化街区、锦江绿道在内的城市重要街道公共空间的功能和图像品质整体提升。景观、视觉和图像提升后的街道公共空间因为形态审美和生态品质的提升，自然也带动了游客和观光市民数量的增长，从而拉动了业态的发展。从宽窄巷子到奎星楼街、枣子巷、望平街、大学路一系列形态提升带动产业发展的案例中可以看到，公共空间图像和景观审美品质的提升绝非"面子工程"那么简单，它同时能够带动相关民生、产业和民众幸福感的提升。因此，有条件的城市可以借鉴成都相关经验，从街道公共空间的审美激活着手，尝试公共空间乃至整个城市的创意和产业活化。

　　最后，成都街道公共空间的视觉审美品质，也是国内城市相关公共空间营造的典范之作。成都街道公共景观、装置和图像并没有一味追求大尺度、强感觉刺激、奇观化，而是尽可能与空间本身的尺度、功能、文化保持一致，并且以小品的方式见长。尤其是在灯光效果的视觉呈现方面，整体效果更加柔和，与其他"网红"城市无节制的光污染形成了对比。在此基础上，成都不同区域的街道公共空间图像，还实现了对自身公共空间文化记忆和文化表达的呼应，使得景观和空间能够在文化上形成共振。这些经验都值得相关城市在设计街道公共空间装置、图像、雕塑、灯光的过程中进行有效借鉴。

　　以上三点均为成都市街道公共空间图像设计的成功经验。而目前尚存在的一些问题，也需要相关城市持续关注。

　　首先是街道公共空间图像、景观、视觉效果建设的成本考量问题。成都市作为国内经济总量排名前十的超大型城市，有较为丰厚的公共财政，更是借助财富论坛、大运会等获得财政专项资金投入，在街道公共空间的视觉景观提升方面自然有更为充足的投入。但就目前来讲，已经打造完成的诸多景观和街区即将面对的就是尚不明朗的后期维护成本（包括治理成本、人工成本、时间成本和经济成本等），街道公共空间的视觉品质是否能够长久维持仍需进一步观察。其他城市在这方面需要评估自身财政情况，避免过高比例投入；同时也需要观察成都在后期维护方面的投入和成果，用以综合评估成都的借鉴意义和价值。

　　其次，成都目前街道公共空间图像呈现"硬件"和"软件"脱节的问题，也需要相关城市汲取经验。目前成都街道公共空间的硬件建设已经不逊于北京、上海、深圳、广州等中心城市，但城市文化创意产业在规模和品质上与上述城市还存在一定距离。这使得在街道公共空间的图像内容方面（如影像风格和质量、装置和雕塑的审美品质、店面招牌和广告的品质等）可能会出现品质和数量的脱节，图像内容无法支撑一流的技术、设备和硬件。而在未来，当政府主导的"网红"街区等城市街道公共空间交还给社会进行自治时，一座城市基础的文化创意产业发展的水准，也会决定它们未来在社会中"自我更新"的品质。因此，本章谈及城市公共治理对街道公共空间图像品质的改善，最终落脚点依旧回到城市产业发展的基本盘。在城市治理"自上而下"进行形象和图像更新时，也要注意培养社会层面"自下而上"自我更新和进化的行业、产业和企业力量。只有社会和政府协同发展，城市的街道公共空间才能获得更有力也更有根基的发展。而这一经验也提醒相关城市，对城市形象的发展不仅是表面的硬件更新，协同文创产业（包括但不限于策划、广告、视觉传达、音乐、文学艺术等行业）规模和质量的发展也是重要的内容。

第八章　成都展会/赛事公共空间的
图像接受与交往

一、成都展会/赛事公共空间概述

近年来，成都因为各式展会、赛事、大型文化活动的承办，而在国内外文化交流传播活动中扮演重要角色。密集的各类赛事、活动和会展，以及配套的城市公共空间，使得成都成为中国中心城市中名副其实的"会展之都"。

这一城市公共空间和功能的变迁，与成都城市发展相关政策的制定有着紧密的关系。在 2017 年底，成都市委十三届二次全会就提出，在城市发展进程中着力打造"三城三都"，尤其是通过全面塑造发展环境提升城市软实力，高标准打造国际会展之都。而对城市公共政策作更远的追溯，则不难发现，"国际会展之都"的城市发展策略并非近年的转向，早在 21 世纪初，成都就提出要用 5 至 10 年的时间，打造全国一流的会展城市，以此带动整个四川经济的发展。这一产业在近二十年间不断发展壮大，一方面使得成都展会和赛事公共空间成为重要的城市文化地理表达，另一方面也催生出大量视觉图像和文化，作为城市文化符号的"刺点"，以主题化、节庆化、事件化的姿态，凝练出成都城市文化的特质，并作为媒介形塑着不同人群的图像接受和交往行为。

作为西部城市，成都"国际会展之都"的城市产业发展确属不易。与北京、上海、广州等国际化大都市相比，无论是口岸、经济、文化还是相关行业，成都市都处于弱势。而在同级别城市中，21 世纪初也需要和西安、重庆、昆明等西部重镇进行同级竞争。近二十年的时间中，从一众西部城市中脱颖而出并成为不弱于北上广等城市的会展之都，成都的发展不仅高度依赖城市对外经济开放与发展、外资引入、城市文化旅游产业发展，以及相关公共政策的扶持，城市公共空间的发展对于展会赛事相关产业的建设也起着至关重要的作用。成都市在近年构建了一大批会展赛事类公共空间，无论是体量、设计还是功能，都处于国内一流水平。

追溯城市发展史，成都展会产业发展的起点，无疑是位于金牛区沙湾路的成都国际会展中心。这一占地 150 亩，总建筑面积 21 万平方米的城市公共会展中心从 1997 年建成投入使用以来，承办了博览会、糖酒会、电视节等大型展会活动，是国内首个展会综合体项目，成为成都奔向会展之都的起点。仅 2002 年一年，成都国际会展中心就承接了近 50 个展览，613 个会议。[①] 但因为会展中心本身的体量、设计以及地理区位等要素，如车位设计、交通限制等，彼时这一公共空间并不能独立承载成都日益增长的展会活动需求。于是为了对标"会展之都"，成都市必须开拓城市门户级展会公共空间。成都新国际会展中心应运而生。

位于世纪城的成都新国际会展中心对近二十年来成都展会文化活动产生了深远的影响。21 世纪以来，随着成都城市发展开始逐步向南拓展，作为沙湾成都国际会展中心建筑和运营方的成都会展集团，在成都南三环外的世纪城打造了占地逾 1500 亩，总建筑面积约 173 万平方米的新国际会展中心，自 2005 年运营以来逐步替代了沙湾国际会展中心的职能。这一体量巨大的展会空间，集合了展馆区、国际会议区、酒店及文化设施区、商务办公区、商业住宅区五大功能，成为近二十年来成都大型展会的重要承办空间。在这一空间中，成都标志性的全国糖酒商品交易会、成都创意设计周等城市标志性展会、ACG 动漫展会、国际宠物博览会以及康养类主题展会应有尽有。世纪城新国际会展中心依靠大大小小的主题展会已经成为成都市重要的文化地标。

随着成都天府新区的建设和发展，成都开始向更南的区域布局城市展会公共空间。2016 年，位于天府新区核心区域的西部国际博览城（以下简称"西博城"）竣工验收，开始承载城市公共展会活动职能。作为中国西部国际博览会永久会址、各类展会主办场地、高端商务活动中心的平台，总建筑面积 57

---

① 赵丽：《发挥会展资源优势　打造成都为会展之都》，载《成都经济发展》，2004 年第 2 期，第 18 页。

万平方米的西博城被打造为面向四川省特别是成都市进行服务的集大型展览、会议、节庆、赛事、演艺活动等功能于一体的国际展会龙头项目，同时成为面向"一带一路"建设和长江经济带发展的国际交流合作重要平台。目前西博城二期的天府国际会议中心正在加紧建设，建成之后未来天府新区片区可能成为成都市最为重要的赛事、展会公共门户空间。此外，成都北部青白江区成都国际铁路港"一带一路"商品交易展示中心项目等一系列大型会展中心也在筹建中，这些规划给未来成都的大型展会类公共空间的体量赋予了一定想象空间。

除了成都新国际会展中心和西博城这类城市门户级别的展会空间，成都市内还有一些具有一定文化影响力的中小型展会公共空间。其中最具代表性的是以成都红光电子管厂厂房改造、承载了成都城市工业文化记忆的东郊记忆文化创意产业园。东郊记忆文化创意产业园（简称"东郊记忆"）坐落于成都市东二环路外侧，占地 282 亩，总建筑面积约 20 万平方米，包括数个会展空间、演艺空间以及户外广场，在建成后的十年时间里承办了不少展会文化活动，其中"成都国际友城青年音乐周""中国音乐产业发展峰会""蓬皮杜：'全球都市'国际艺术双年展""德国设计红点奖特别展览"等展会活动，对成都市主城区有很强的文化辐射作用。东郊记忆依靠多样化的公共空间功能，加之主城区内交通便捷的地理区位，近年有大量动漫、设计、艺术、产业等领域的中型展会活动将其作为首选场地。受展会活动的影响，东郊记忆也成为成都市民进行公共交互的重要城市公共空间。

除上述空间之外，成都还有国际非物质文化遗产博览园、中国天府农业博览园、成都融创国际会议中心等不少城市展会公共空间，为成都中长期展会经济发展提供了充足的承载能力。但因为区位、交通、定位、业态等多方面的原因，其他展会公共空间对于成都公共文化生活影响相对较小，受限于篇幅，在此不一一列举。

除展会公共空间外，成都还有不少赛事公共空间承办体育类和演艺类的公共文化活动，促进城市的文化交互。对于成都公共文化影响较深的是四川省体育馆和成都市体育中心。位于城市中心的两座城市门户级别赛事公共空间不仅是大量体育赛事的承办地点，同时也是演唱会等演艺活动的承载空间。同时，省体育馆和成都体育中心也一度承办过糖酒会、西博会开幕式等大型展会演艺活动，承载着一定城市展会活动公共空间的职能。尤其是位于天府广场北侧，占地140亩，能容纳4万多观众的成都体育中心，曾举办过包括世界杯足球外围赛、全国足球甲级联赛、全国田径锦标赛等大量国内国际比赛，并承办了全国书市、国际熊猫节、大型个人演唱会等大型政治、经济、文化活动和各种社会宣传活动，在成都市民心中是非常重要的城市公共空间。如今成都体育中心已开始停业改建，并因为改建过程中挖掘出蜀王府遗址，功能由原来的体育赛事演艺转变为遗址保护、展示利用等相关文博功能。而由于四川省体育馆场地规模有限，难以应对越来越多的赛事展会活动，因此成都市赛事公共空间的活动、文化影响等都开始转向近年来新建场馆。

首先是城市体育赛事的功能，开始逐步向主城区三环路以外的新建体育场馆、设施进行迁移。在近二十年的建设和运营中，呈现出一些标志性城市公共空间的新秀：

双流体育中心。较为重要的赛事公共空间是位于"二圈层县区"双流区的双流体育中心，自2008年落成以来已承办不同级别体育比赛及大型活动二十余次，也是2019年第十八届世界警察与消防员运动会（以下简称"世警会"）开幕式承办场地。

高新区体育中心。随着成都城市重心南移，成都高新区体育中心也开始承办重量级赛事活动，作为成都第三十一届世界大运会和世乒赛的重要比赛场馆之一，越来越显示出对于南部新区城市公共文化活动交互的重要性。

凤凰山体育公园。位于金牛区北三环外的凤凰山体育公园，包括"一场一馆"的综合体育馆和专业足球场设置，也包括迷笛音乐中心、户外公园等公共空间配套，是第31届世界大学生夏季运动会核心场馆、第18届亚洲杯球赛成都赛区主场馆，同时也是成都音乐演艺活动的重要空间。

此外，各区县包括郫都体育中心、香城体育中心、现代五项赛事中心等体育赛事公共空间也在逐渐崛起发展，限于篇幅不再一一列举。

其次是演艺等大型活动的职能，逐步向更为专业的新修场馆进行迁移。2017年，位于成都市高新区天府大道的五粮液成都金融城演艺中心正式投入使用。这座总建筑面积约9.9万平方米的巨型场馆，为满足成都大型文艺演出需求而规划建造，与成都打造"音乐之都、文化之都"定位相适应。公共空间内拥有1.2万人固定座位，能兼容演艺活动与体育赛事，投入使用以来已经举办了包括科技发布会、巡回演唱会等一系列大型演艺活动。此外四川大剧院等新修场馆近年相继投入使用，为城市公共文化生活提供了更多选择。

部分体育赛事和演艺活动，由城市内高校体育场馆进行分流。成都各大高校的体育场馆作为城市公共文化场所，在供高校师生使用外，也在一定程度上承担了城市公共文化体育的相关功能，为城市体育赛事、文化演艺活动提供公共空间。尤其是四川大学、成都体育学院、电子科技大学的体育场馆，因为区位和硬件优势，承担了大量体育活动和演艺活动，为成都市民提供了高校空间内的公共活动空间和交往平台。

2018年，成都市确定承办世界第三十一届大学生夏季运动会（以下简称"大运会"），之后的城市发展建设主要围绕大运会相关赛事活动进行发展提升。作为大运会开幕式及主要赛事承办场馆的东安湖体育中心，成为成都市赛事公共空间的新星。这一新建场馆位于成都市龙泉驿区车城大道旁，总建筑面积约32万平方米，项目包含"一场三馆一酒店"——4万座的综合运动场、1.8万座的多功能体育馆、5000座的游泳跳水馆和综合小球馆、一座五星级接待酒店。

以东安湖体育中心为核心，成都市打造和提升了全市49个赛事场馆，为大运会这一国际赛事提供公共服务。而作为这一国际赛事的配套，这一批赛事公共空间将为成都市的公共赛事、展会、演艺活动提供更为广阔的交往空间，成为成都市民内外交往沟通和文化活动的重要场所。而成都市诸多城市文化的交往和城市精神的传播接受，也必将以这些空间为媒介展开。

"时下，会展经济的发展成为第三产业成熟化和完善化的标志，也是现代城市发展、地区经济发展的助推器。"① 2019年，世界著名体育市场情报服务商 Sportcal 发布了《全球赛事影响力报告》。在全球赛事影响力（GSI）城市榜单中，成都由第89名跃至第28名，与北京、南京一起成为进入前30名的中国城市。在近二十年的城市、产业、空间和影响力的发展过程中，成都已新建和改建了数量庞大、质量上乘的展会和赛事公共空间，正以一系列国内外大型赛事和展会为契机不断发展公共空间、文化活动和经济产业，向着"国际会展之都"的方向一路迈进。而在这些特殊的城市公共空间之中，图像接受与交

---

① 邓经武：《会展之都品牌的创建和城市旅游资源的开发——以成都为例》，载《成都大学学报（社会科学版）》，2007年第5期，第57页。

往活动也以展会和赛事的公共事件为契机，成为一系列事件的视觉文化焦点。

二、成都展会/赛事公共空间的图像概述

成都的展会/赛事相关活动和产业在近二十年以"国际会展之都"为目标进行打造建设，已有长足发展，并成为国内城市的翘楚，但相较于北京、上海等国家中心城市，无论是在规模、数量还是品质方面发展都相对滞后。这一现象表现在展会/赛事水平、数量、组织、产业等诸多层面，而在视觉表达层面，则主要体现为作为城市公共空间内的公共事件，其图像的质量相对来讲较为薄弱。

城市公共空间之中各类不同规模、不同档次、不同行业和内容的展会赛事，不仅是行业和产业内部的事件性沟通协调和展示，对于承办活动的城市来讲，还有着更为深远的意义。首先，展会和赛事活动牵涉产业众多，能够积极带动相关城市产业发展，并对城市经济起到积极推动作用："据相关研究学者统计测算，会展业带来的经济效益投入产出的直接比例关系为 1∶6，而间接的投入产出比高达 1∶9，由此可见会展业对相关产业的强大带动效应。"① 其次，高级别、大体量的展会和赛事活动的承办，对于发展城市旅游和文化经济也起着重要的作用。城市举办展会期间，能够"吸引各地的民众进入此地参观和消费，以此带动住宿、酒店、航空等产业的发展"②。除此之外，在公共空间交往层面，还有一个非常重要的功能：这一类聚焦了城市、区域乃至国内外目光关注的事件性展会和赛事活动，本质上也是城市形象的一次刺点式展示。无论是展会和赛事活动的质量、组织等内容环节本身，还是其视觉文化的直观呈现，本质上都是对城市文化、精神和综合形象的一次精准宣传。因此，展会和赛事活动的伴生视觉设计以及图像展示，就成为城市形象展示的重要内容。

目前成都市主办和承办的展会类活动，大多数属于专业性的行业活动，如天府照明博览会、西部（成都）医药博览会、国际电力产业博览会等，受众局限于行业内人士，不具备足够的城市公共空间影响力和交互力。因此，这类展

① 赖明清：《新时期会展经济与城市经济之间的互动效应探析》，载《商展经济》，2022 年第 8 期，第 5 页。

② 王杨：《会展经济与城市发展的协调互动》，载《商业文化》，2021 年第 31 期，第 27 页。

会活动的整体视觉设计并不会过多考虑城市形象宣传和城市文化提炼，而是更多遵从行业展会的一般规律。如中国（西部）电子信息博览会等专业展会、成都建筑及装饰材料博览会等，图像视觉效果主要根据产业文化进行设计营构，突出行业和产业的视觉文化特征表达。在每年成都市主办和承办的展会活动中，仍不乏大量能够成为公共文化事件并吸引大量民众参与的展会活动，如糖酒会、西博会、成都国际汽车博览会等，因其展会内容的大众性、娱乐性，成为城市图像文化输出的公共平台。对这些展会活动而言，目前成都展会空间中的图像主要集中在以下几个方面进行设计和营构。

（一）"太阳神鸟"徽标图像

成都金沙遗址发掘出的"太阳神鸟"金饰，其图像已经成为成都市最重要的文化符号之一。这一图像以金色圆形背景下镂空的方式，沿圆心向边缘形成两重图案。内部等距分布十二条弧线齿状光芒、形似太阳，外部则是等距分布的四只逆时针飞行的鸟，整体动线与太阳光芒的外扩形成一致，产生巧妙的动感。整体图案简洁，具有设计感和机械感，又不失生动，成为成都公共广场空间如天府广场、火车南站立交桥等地标性的图像。作为成都城市的象征，"太阳神鸟"的徽标图像集中出现在成都不同规模、不同行业、不同内容的展会活动中，以自身的视觉呈现证明作为承办方的成都，重要而不可或缺的文化角色。

最为直接的使用方法，就是让太阳神鸟作为一个徽标图像直接出现在公共展会活动的各类线下线上宣传物料（包括主题视觉形象招牌、海报、广告、宣传册等）中，以符号的方式简单直白地点明成都作为活动承办地点的意义和价值。这其中最为知名的展会活动，莫过于2013年成都承办的《财富》全球论坛，太阳神鸟作为成都城市的视觉符号，出现在论坛多个背景板、海报以及相关宣传物料中，以视觉符号的方式向与会代表展示承办地的城市文化（如图8-1所示）。类似的用法还有2013年的第十二届世界华商大会、2017年中国城市会展业竞争力指数发布会暨高峰论坛、2018世界文化名城论坛·天府论坛、2019全球商业地产中国大会、2019亚洲教育论坛年会等。

图 8-1　2013 年《财富》全球论坛宣传海报（引自网络）

　　另一类使用方法，则是以"太阳神鸟"图像为视觉原型，进行二次设计，从而使"太阳神鸟"成为更广泛、更多元的视觉文化标识。较为初步的设计技巧是用"太阳神鸟"图像对展会活动海报中部分符号进行"像似符"的替换。例如自 2019 年开始，每年春季"糖酒会"① 的海报中，设计方都会用"太阳神鸟"图像替换数字"0"，凸显成都作为承办地的主体地位（如图 8-2 所示）。还有将"太阳神鸟"作为视觉呈现的背景图像，在海报的信息之后做背景式展示，凸显成都作为承办地对展会活动的支撑作用。例如中国地理学会 2014 年学术年会的主题视觉海报，就在主题、主办方、承办方等符号信息之后，辅以深蓝色的"太阳神鸟"作为图像符号进行视觉信息补充（如图 8-3 所示）。近年来，有更多展会活动的设计方则是对"太阳神鸟"进行更加深入的二次设计，使得"太阳神鸟"图像能够更加生动地融入展会活动的主题和场景，呈现出更富活力的视觉效果。如近年来成都国际汽车博览会的主题海报，就呈现出这一特色。海报对"太阳神鸟"进行了深度的二次创作，使其成为九眼桥安顺廊桥背后的朝日形象，配合廊桥、339、华西钟楼等符号，更加生动地展现出成都城市丰富多彩的文化特质（如图 8-4 所示）。这一视觉形象的建

---

　　① 全国糖酒商品交易会每年春季和秋季各举办一次，其中春季糖酒会成都为永久承办地。

构不仅宣传了城市文化、树立了城市形象，同时在展会活动受众的图像接受过程中，汽车的使用场景也能够更多和城市文化结合起来，起到产品营销的作用。2019 年的成都世警会相关宣传物料中，设计师也使用了青色毛笔痕迹勾勒的"太阳神鸟"标识，简约的图像和笔触展现了成都的城市图像和中国文化气质，有强烈的文化氛围（如图 8－5 所示）。

图 8－2　2019 年第 100 届糖酒会横幅（引自网络）

图 8－3　2014 年中国地理学会 2014 年学术年会（引自网络）

图 8－4　2021 年第二十四届成都国际车展主题海报（引自网络）

图 8-5　2019 年成都世警会宣传图（引自网络）

　　"太阳神鸟"作为成都各类展会和赛事活动中最常使用到的图像之一，以其简洁、现代又不失文化代表性的图像，建构起展会赛事活动与观众之间对于城市认同的桥梁。从图像接受的角度来讲，"太阳神鸟"作为成都多年运营的图像符号，其视觉呈现所蕴含的城市文化精神、内涵等已经被国内外受众广泛熟悉并接受，因此在受众的期待视野中已经完成了视域融合，图像所承载的意义能够被直观而轻松地接受和认同。同时，高度符号化的城市符号图像在各类展会和赛事活动中，因其简洁、现代富有设计感的造型，成为泛用且百搭的视觉符号。无论是进行二次设计还是制作简单的符号拼贴，"太阳神鸟"的图像都能很好地和展会赛事的主题视觉进行搭配，从而展现出这一符号图像的万能搭配属性。这就使得诸多展会和赛事活动，总是会优先考虑通过"太阳神鸟"图像，勾连起活动、承办城市、在地文化和受众之间的情感关联，并屡试不爽。

　　然而作为图像和文化的表达，"太阳神鸟"图像也有其不足。这一高度凝练的符号图像因为自身简洁、现代、设计感强、识别度高的造型特征，在视觉上已经相对完美。这就意味着在实际的视觉设计中，对其进行二次创作是极为困难的，不恰当的二次创作很可能画蛇添足，反而破坏了受众的审美期待。因此绝大多数的展会赛事活动中，"太阳神鸟"的图像都是原汁原味呈现，或者只做极小的改动。这就使得作为视觉 IP 来讲，"太阳神鸟"图像无法承载更加丰富的视觉文化内涵。人们在对"太阳神鸟"的接受过程中往往与成都市进行意义勾连，但成都的形象始终是面貌模糊的。表达的丰富性、多义性和流变可能性，就成为现阶段"太阳神鸟"图像意义交互的软肋。

（二）大熊猫视觉形象

除"太阳神鸟"图像外，以大熊猫作为视觉形象的各类图像，也是成都展会赛事公共空间的常客。大熊猫作为主要栖息在四川的保护动物，因其憨态可掬的外形广受欢迎。首先，作为中国独有的保护动物，大熊猫因其稀缺性特征而获得了国际广泛关注；其次，大熊猫自身形象在视觉呈现中具有突出的特征。根据相关专家的研究成果：

> 大熊猫 IP 从形象表征、需求满足，再到经济带动能力，都具备"疗愈萌物"的特征。大熊猫可爱的外形、呆萌的性格、慵懒的状态，为大众营造了一个可以随时传递快乐、传播正能量、治愈负面情绪的文化场域。从心理特征上看，大熊猫能够满足人们对于友善、快乐、正能量、精神疗愈的情感需求；从内涵特征上来看，大熊猫形象具备萌文化语境中人们对于超越性别、超越年龄、超越物种的审美诉求；从价值特征上来看，大熊猫品牌具备疗愈文化向疗愈经济延伸转化的条件。[1]

总体而言，大熊猫黑白相间、慵懒呆萌的视觉形象，与成都闲适、慵懒的市民文化相得益彰；其非攻击性的可爱特质，又能够体现消费娱乐休闲的城市特质。因此对于成都市而言，大熊猫图像是占尽天时、地利、人和，最能够代表自身城市文化的形象，并且与城市营销方向不谋而合。在这一前提下，成都市在数十年的时间里定向进行营销、传播和产业扶持，将这原本在甘肃、陕西、四川均有分布的野生动物，与成都的城市符号关联起来。

成都作为四川省省会，在 20 世纪末就已经认识到了大熊猫作为文化符号的重要价值，于 1987 年建立了"中国成都大熊猫繁育研究基地"（简称"熊猫基地"），并修建联通市区与基地的"熊猫大道"，以城市文化产业的形式将大熊猫作为城市形象打造的重要一环。在此基础上，成都数十年如一日进行熊猫主题的城市文化营销，在"大熊猫故乡"等一系列活动和文化传播的过程中，

---

① 成都市政府研究室与中国传媒大学亚洲传媒研究中心联合课题组：《深挖大熊猫城市品牌价值链助力世界文化名城建设》，载《先锋》，2019 年第 6 期。

逐步将城市文化与大熊猫进行意义勾连。在城市文化旅游中，成都更是借助旅游景点的相关物料宣传，使成都与熊猫的文化勾连深入人心。总之，"成都由于具有区位优势、政策动力和明确的国际化目标而占有了熊猫形象符号"①，大熊猫成为成都城市文化的重要精神载体。

因此，大熊猫图像与成都各类包括展会、赛事、文化旅游等在内的活动和事件形成了双向的互动。一方面是各类活动和事件借助大熊猫的图像确认成都的城市文化精神和内涵，另一方面则是大熊猫借助在各类活动和事件中的"频频露脸"，进一步强化城市文化与图像的互文与指涉。在一次次的展会和赛事活动的事件中，大熊猫的形象越来越丰富、越来越多元，也在不同的视觉表达中呈现出成都城市文化的不同面向。

据《成都与熊猫：城市形象符号的象征化》相关梳理，成都在城市形象宣传中大规模使用大熊猫相关图像，大体是在 2006 年至 2008 年前后。而知名展会活动中熊猫图像的使用，在 2013 年成都承办的《财富》全球论坛中尤为突出。由奥美公关和成都市政府联合制作的宣传海报，大熊猫被设计为在论坛演讲的拟人形象，以指代成都城市文化（如图 8-6 所示）。不过在 2013 年，这一海报一经发布立即受到广泛批评，质疑主要集中在原本憨态可掬的熊猫在穿上西服站上演讲台后，过于形似中年男性官员的刻板印象，"一望而知是个领导"。成都市政府主打大熊猫图像的视觉宣传营销，和以成都本地市民为主的受众对大熊猫图像的争议，也一直持续。

图 8-6　2013 年《财富》全球论坛宣传海报（引自网络）

---

① 邱硕：《成都与熊猫：城市形象符号的象征化》，载《中外文化与文论》，2018 年第 3 期，第 263 页。

在成都众多的展会活动中，大熊猫图像的视觉呈现也分为以下几个类别：

一是对大熊猫影像素材的直接使用，如2016年第22届世界航线发展大会就使用了大熊猫摄影素材作为主题视觉背景，写实的大熊猫图像突出了成都市熊猫旅游和熊猫产业的直观现状，通过图像给受众直观的感受（如图8-7所示）。

图8-7　2016年第22届世界航线发展大会宣传海报（引自网络）

二是对已有大熊猫形象进行简单二次创作或者直接挪用，进行符号式的戏拟和拼贴。这类图像表达多见于非文化、旅游、体育产业类的展会活动中，主要通过大熊猫符号的展示，单纯凸显承办地的城市视觉特色，不作过多视觉文化表达与交流。如近年历届成都国际家具工业博览会和成都定制家居展，都是通过对已有知名大熊猫图像的直接挪用，来凸显承办城市的文化符号（如图8-8所示）。

图8-8　2018年第十九届成都国际家具工业展览会宣传海报（引自网络）

三是基于展会主题，对大熊猫形象进行二次创作，使其既能够代表成都城市形象，又能符合展会主题文化，或是对成都相应文化特质进行强调。如2019年"腾讯数字文创节"的主视觉海报，就呈现出具有波普艺术风格的扁平化的熊猫头套，以扁平化设计突出数字文创的设计感、潮流化属性，并且点明成都城市文化的二次元和年轻化特质（如图8-9所示）。

图 8－9　TGC2019 腾讯数字文创节宣传海报（引自网络）

　　值得一提的是，在这三种主要类型之中，基于展会赛事主题并结合设计团队的创新思维进行二次创作，无疑是城市图像研究的重点。首先是这类图像在近年的展会赛事活动中数量越来越多，在数量和趋势上都有研究价值，其次无论是对大熊猫图像进行二次创作本身最终形成的视觉品质，还是其符号意义营构中对展会文化和城市文化的双重指涉，这一类图像的物感、功能和意义都具有很高的分析价值。但目前就已有图像而言，二次创作的大熊猫图像良莠不齐，多有争议。既有像 2017 年金砖国家电影节奖杯（如图 8－10 所示）、2019年腾讯数字文创节海报一般兼具现代感、设计感和审美品质的图像，也不乏大量争议众多、品质效果欠佳之作。具体内容将在专题中讨论。

图 8－10　第二届金砖国家电影节奖杯"金熊猫"（引自许燎源现代设计博物馆官网）

　　与展会活动相比，大熊猫图像更是成都赛事类活动的常客，在各大体育场馆之中，都不乏各类大熊猫图像的身影。2015 年成都市承办的第十四届 IVV 奥林匹克运动会（即国际市民体育奥林匹克运动会），就以奔跑的熊猫作为会徽图像和相关主题视觉图像，图像呈现出浓重的复古感和粗糙感（如图 8−11 所示）。2018 年的成都国际马拉松赛事，主办方在主题海报、奖牌和会徽中都使用了大熊猫元素。其中会徽为大熊猫与红、蓝、橙三条彩带相互映衬的形象，彩带的红、蓝、橙分别代表了成都辣椒红、科技蓝、活力橙，彰显城市的热情、创新和活力（如图 8−12 所示）。相较于 IVV 奥林匹克运动会，2018 年的熊猫图像会徽的视觉呈现显得更加简洁并富有现代感，展现出当代城市成熟的视觉表达品质。而这一相对精致现代的形象，也广泛使用在主题海报等视觉场景之中，展现了西部内陆城市终于进入"现代"的文化潮流。2019 年的成都世警会，则在会徽、吉祥物、海报等图像宣传中均使用了大熊猫图像，但在视觉呈现品质上差异较大。其中，第十九届世警会的会徽是一个红色圆圈之中用黑色色块拼接起来的大熊猫形象，具有工艺美术风格（如图 8−13 所示）；吉祥物"橙橙"与"嘟嘟"则出自成都"80 后"民警之手，有几分稚拙的儿童简笔画风格（如图 8−14 所示）；距离世警会开幕仅剩 13 天时，委托第三方公司制作的一组宣传海报，则呈现出硬核的时尚感和炫酷感，大熊猫"奶凶"的张力视觉设计，一度引爆社交网络，并广受称赞，和之前两组图像的社会反馈形成鲜明的对比（如图 8−15 所示）。这种割裂的视觉品质使得世警会的图像总体视觉呈现变成了"土洋结合""炫酷稚拙"的大拼盘，也反映出成都赛事公共空间之中大熊猫图像整体品质的现状。

图 8−11　第十四届 IVV 奥林匹克运动会会徽（引自网络）

图 8-12　2018 年成都国际马拉松主题视觉图像（引自网络）

图 8-13　2019 年第十九届世警会会徽

（引自网络）

图 8-14　2019 年第十九届世警会吉祥物

（引自网络）

图 8-15　2019 年第十九届世警会宣传海报（引自网络）

总体来讲，大熊猫图像因为其形象更加灵动，富有生机，同时也是非符号化的意象，在图像的二次创作方面自由度远高于"太阳神鸟"，能够在不同的展会和赛事活动中创造出丰富多元的视觉文化表象。然而对于成都这一视觉设计产业还处于上升发展阶段的城市来讲，这一自由度也是一把双刃剑。"太阳神鸟"图像因其视觉形象更加固化，因此在二次创作中图像综合视觉品质鲜有大幅波动。大熊猫图像则在不同的赛事展会活动之中展现出视觉品质的极大波动，最终的视觉呈现既有与成都城市形象完全不匹配的粗陋拙劣之作，也不乏兼具设计感、现代性和美感的佳作。然而在具体的城市宣传营销中，前者往往会吸引更多眼球，引起负面的传播效果反馈，而后者除非异常优秀（如世警会委托第三方制作的宣传海报），否则难以借助图像事件带来网络传播的病毒式营销。如何提升大熊猫图像在展会和赛事活动中视觉呈现的整体品质，就成为成都进军"国际会展之都""国际赛事之都"下一步要进行的品质提升必修功课。

（三）其他图像：川剧、辣椒、城市地标等

"太阳神鸟"和大熊猫图像成为成都展会赛事类活动的两张视觉名片。成都市政府也在不遗余力地将上述两类图像作为成都市的"文化 IP 形象"① 进行打造和宣传。因此，"太阳神鸟"和大熊猫图像之外，其他具备城市形象宣传能力、在图像接受行为中能够激发受众对城市形象产生联想和认同的图像相对较为稀缺。不过在近年的展会赛事公共空间中，仍旧可以寻觅到一些身影。

1. 川剧脸谱图像

川剧，尤其是变脸的脸谱图像，也是成都民俗乃至市井文化的重要视觉标识。在成都文化旅游产业不断发展的过程中，线上的宣传视频和线下文化旅游店铺（尤其是宽窄巷子和各大招徕游客的火锅店）的共同营销，加之"张飞牛肉""好巴食"等四川特产的品牌包装设计，使得川剧尤其是"变脸"的脸谱图像深入人心。如 2018 年成都国际马拉松的奖牌图像设计，就使用了川剧脸

---

① 所谓"IP"，即 Intellectual Property，是一个网络流行语，直译为"知识产权"，在语言流变中，今天引申为智力创造的比如发明、文学和艺术作品的版权。

谱形象与熊猫结合，将大熊猫旋转 180 度，就成为川剧脸谱的形象（如图 8—16 所示）。同年的成都糖酒会主题海报，则将大熊猫图像与川剧变脸形象融合在一起，形成半遮面庞的川剧变脸熊猫的形象，直观展现出成都的市井和川剧非遗文化的时代精神（如图 8—17 所示）。

图 8—16　2018 年成都国际马拉松奖牌图像（引自网络）

图 8—17　2018 年成都糖酒会主题视觉宣传海报（引自网络）

2. 辣椒图像

成都并非中国在餐饮方面唯一嗜辣的城市，甚至对辣椒的消费，还稍弱于同处南方的重庆、湖南等地。但在文化旅游产业的强劲发展势头下，成都却是将辣椒、花椒等川菜文化营销得最成功的城市。甚至源于重庆的牛油火锅，在成都市强大的城市文化营销中，也往往被外地受众认为是成都饮食的标志性符号。因此，在部分展会赛事尤其是餐饮类的展会活动中，辣椒相关图像也成为成都城市餐饮文化和市井文化的象征。早在 2004 年，成都国际美食旅游节的宣传海报中，就用两根"二荆条"辣椒拼成一个嘴巴的形状，象征成都的休闲旅游文化和川菜文化（如图 8-18 所示）。2019 年的成都熊猫亚洲美食节，则是将国画笔触、熊猫和辣椒图像进行了融合混搭，更加强调此次展会的成都文化和"中国风"，呈现出更为多义的视觉形象（如图 8-19 所示）。

图 8-18 2004 年中国国际美食旅游节宣传海报（引自网络）

图 8-19 2019 年成都熊猫亚洲美食节宣传海报（引自网络）

3. 城市地标

在部分展会赛事宣传海报中，为了凸显成都的城市形象，在"太阳神鸟"、大熊猫等主题图像之外，也会尽量增加一些城市视觉元素，增加城市文化符号所指的丰富性。因此，成都不少地标如 339、华西钟楼、塔子山、安顺廊桥、环球中心等图像，都参与到展会、赛事等活动的城市文化宣传中，成为成都城市文化的建筑符号图像。如前文提到第二十四届车展海报中，安顺廊桥和"太阳神鸟"的背景，就包括 339、钟楼、四川电视台大楼等城市地标建筑，凸显出更加丰富的城市地景风貌。又如 2019 年"亚太膝关节-关节镜-运动医学学会（APKASS）峰会"，就在主题海报中突出展现了华西钟楼图像，意指成都现代医学的历史文化积淀和现有学术殿堂（如图 8-20 所示）。不过这一图像创作手法广泛出现在各大城市的相关展会赛事的海报创作中（如同年的重庆国际车展海报），在创意方面目前还无特殊之处，在此就不再赘述。

图 8-20　2019 年成都 APKASS 峰会主题海报（引自网络）

　　总体而言，因为成都市政府城市形象宣传的整体考量，目前对"太阳神鸟"和大熊猫系列图像的推广，仍旧是官方和行业展会赛事的主流。其他图像的视觉呈现相对较为零散，还未能成体系地进行整体性创作、发展和推广营销。这一现象一方面使得成都市展会赛事类的图像在创作、传播和营销方面更加聚焦和集中，有利于专注地进行城市图像文化的发展；但另一方面也造成了图像视觉呈现相对单调的现象，在近十年的展会赛事活动中，城市文化图像的丰富性相对弱了一些。总体来讲，成都作为国内中心城市的后起之秀，目前借助"太阳神鸟"和大熊猫图像的专注打造，在展会赛事活动中强化城市视觉文化形象符号，本身是符合当下城市发展定位的。然而在不远的将来，如果成都要进行更丰富的视觉和图像呈现，展现更加丰富多元的甚至是国际主义而非特色化的城市形象气质时，这一战略考量就有必要进一步反思和调整。

三、成都大运会赛事公共图像研究

　　对于成都市来讲，2023 年最重要的国际赛事非第三十一届世界大学生运动会莫属。① 这一成都市目前为止承办的档次最高、涉及国家最多、投入最高、受众最年轻的国际体育赛事，享受了成都市政府最关切的政策目光、最高的资金投入，以及最多的配套政策。而这一赛事活动相关的图像文化表现，也最能代表近年成都市展会赛事类活动图像品质、图像接受和图像交往的政策、设计、宣传营销水平。因此，对大运会相关图像的分析和批判，也能够帮助厘清当下成都市展会赛事活动图像交往的得失利弊，具有一定学术参考价值。此外，成都大运会筹备之时，2022 年北京冬奥会结束不久，冬奥会相关的图像视觉呈现，给国内外观众留下了极为深刻的印象。宣传视频、开幕式、吉祥物、火炬等一系列图像，均获得了极高的赞誉。大运会在整体规格方面自然无法和冬奥会相比，但在关键节点进行比较，也能够厘清成都和北京等国家中心城市在图像文化水平上存在的差距。

作为大运会系列图像的核心符号，大运会的会徽是最能够凝练和展示赛事以及承办城市文化的视觉形象。成都大运会的会徽（如图 8-21 所示）在基本形制上，沿用了字母"U"的基底结构，以象征大学生运动会的"大学"（University），也有"联合"（Union）、"世界宇宙"（Universe）等复义。在这一基础之上，成都大运会会徽设计方对这一图像进行了能够代表赛事文化的二次创作。首先是色彩，"U"形由大红、明黄、翠绿、湖蓝四个渐变色块组成，对应成都大运会绿色、智慧、活力、共享的办赛理念，这与国际大体联标志元素一脉相承。其次是形制加工，会徽在"U"形左侧以圆弧切割的方式形成抽象化的"凤首"，右侧融入火焰元素形成抽象化的"凤尾"，展现出一只具有现代设计风格的凤凰。在凤凰背部，则是用阴刻的方式呈现出"太阳神鸟"的图案，据设计方解释，"在古代，太阳神鸟承载了人们追求光明的渴望与决心，希望彰显天府文化中自强不息、昂扬向上的积极精神面貌"②。会徽整体图像简洁、大方，承载了大运会赛事的体育精神和承办城市成都的文化标识，既有视觉品质的现代性和时尚感，又很好地和成都城市文化融合。总体来讲设计品质已经达到较高水准。

---

① 第三十一届世界大学生运动会原定于 2021 年在成都举办，但因疫情等多方面原因，经多次延期，顺延至 2023 年。因为两次延期，成都在城市建设和宣传方面的影响更大。

② 参见新华网：《成都 2021 年第 31 届大运会口号、会徽、吉祥物正式发布》，2019 年 12 月 30 日。

图 8-21　第 31 届世界大学生运动会会徽（引自成都大运会官网）

与会徽图像形成对比的则是成都大运会的吉祥物"蓉宝"——一只拿着火炬奔跑的大熊猫。此次吉祥物最大的设计特点是参考川剧的脸谱样式，对大熊猫蓉宝的面部及相关身体特征进行了设计。其中最为瞩目的是将眼圈、耳朵和尾巴都设计为火焰形状，将憨态可掬的熊猫形象与热情的火焰元素融为一体，全方位多视角凸显了"火"这一天府文化中的重要标签："它是火锅美食滚沸的动力，升腾出令世界嘴馋的麻辣鲜香的'成都味道'；它是川剧吐火绝技惊艳的点睛之笔，制造出令世界拍手叫好的'成都惊喜'；它更是成都人热情奔放的象征，传递出令世界难以忘怀的'成都温度'。"① 而火炬的火焰则被设计为"31"的花体字，指代第 31 届大运会。与大运会会徽相比，受众对"蓉宝"的评价更富争议。不少网友调侃"蓉宝"整体形象过于怪异，缺失了大熊猫图像原本憨态可掬的萌感，甚至起了"鬼火熊猫"的绰号。2022 年初，在网络舆论对"鬼火熊猫"的调侃声浪不绝于耳之时，恰逢 2022 年冬奥会"冰墩墩"的熊猫形象大获成功。组委会结合相关经验，对"蓉宝"的图像风格进行了调整：新版的"蓉宝"整体造型更加圆润，身体和脸型更加丰满，凸显出大熊猫憨态可掬的可爱感；饱受"鬼火"争议的眼圈和耳朵的棱角也变成了圆润的弧线，弱化了原有的符号象征，增强了图像整体的统一感；"蓉宝"的眼睛也从闭眼的白色弧线（会徽"U"形图像的倒立反转）变成了闪烁的大眼睛，与图像受众有了更加明确的情感交互；图像整体从平面性的呈现转变成更具立体感的图像，显得更加生动、立体。总之，新版"蓉宝"图像在整体形象层面的确更加讨喜，能在图像接受中给观者足够的亲近感（如图 8-22 所示）。不过这

① 《成都大运会吉祥物"蓉宝"身上，原来还有这么多"秘密"！》，红星新闻，2022 年 3 月 18 日。

一图像改版又造成了两个后果：一是原本的设计特色在这一版图像里不再凸显，使得这一图像的独特性被弱化很多；二是作为整体视觉系统一环的"蓉宝"在大运会海报等宣传图像中的现身，显得更加格格不入。

图8-22 两版大运会吉祥物"蓉宝"设计图（引自成都大运会官网）

　　这里就需要谈到成都大运会的主题视觉形象。作为平面海报、视觉营销等功能的主题视觉形象，凝聚了成都大运会整体的视觉风格、形象和调性，是作为事件的赛事活动之外，受众了解赛事活动及相关文化的重要视觉文本。成都大运会主题海报以大运会会徽的色彩为基底，用多条富有设计感的线条相互交织形成色块，构成充满活力、"绿色、智慧、活力、共享"的氛围空间。基底之上分别设计了丹景台、环球中心、339熊猫塔和望江楼的图案作为辅助图形，明确成都的城市文化空间和文化特色。而在背景和辅助元素之上，画面的主题则是正在奔跑的运动员形象和抱住望江楼的大熊猫"蓉宝"，形成图像的事件和视点聚焦。主题海报整体形象风格较为统一，都是以简约抽象的色块和线条形成各种形象，尤其是奔跑的运动员形象，简约明快，在图像接受中向受众呈现视觉形象的时尚感和现代感，使观者通过渐变的色块、简约不失设计的形象，加上隐匿在背景中的文化符号，感受到成都的现代感和活力感（如图8-23所示）。

　　然而"蓉宝"的形象在这一主视觉中却显得格格不入。首先是亲切可爱的熊猫形象与"去情感"的整体简约现代基调格格不入，其次是整体形象稍显繁复（耳朵、尾巴和眼圈的装饰，特意设计的腮红等），与主视觉简明大气的风格不符。尤其是主题两个形象的视觉呈现在细节上有极大的反差：一个是为了时尚感和现代感省略了五官，仅留面部轮廓；一个则是为了增强情感互动，不仅有亮晶晶的大眼睛，面部还打上了粉嫩可爱的腮红。在运动员形象和"蓉宝"同时出现的时候，图像风格产生了一种奇怪的分裂感。

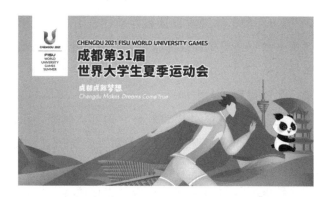

图 8－23 第 31 届世界大学生运动会主题海报（引自成都大运会官网）

　　综合类体育赛事的火炬形象，也是受众关注的一大焦点。成都大运会的火炬由本土著名设计师、艺术家许燎源的团队设计，于 2021 年 8 月 31 日晚在金沙遗址博物馆正式亮相（如图 8－24 所示）。这一被称为"蓉火"的火炬形象，整体运用了流线型设计，下端凸出的垂坠形态易于手握，上端的镂空开口则被设计为火口。在色彩方面，火炬使用了大运会主视觉的红、黄、绿、蓝四色，在体现"绿色、智慧、活力、共享"之余，以从上到下渐变的过渡使得火炬呈现出彩虹的光谱，同时象征成都文化多元性和丰富性。主题图像出现在火炬上半部分，正面是用色块意象呈现出的一只大熊猫图像，侧面剪影则形似三星堆青铜立人造型。火炬顶部采用了镂空纹样，在保证视觉装饰性的基础之上，同时满足火焰的进气和燃烧需求。顶部侧面镂空采用了竹叶纹样，与下方大熊猫形成呼应，顶部镂空则是阴刻的"太阳神鸟"标识，凝练成都城市文化精神。

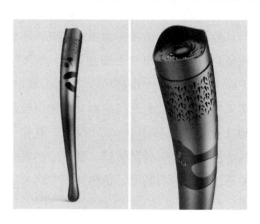

图 8－24 第 31 届世界大学生运动会火炬"蓉火"（引自网络）

　　总体来讲，"蓉火"的整体视觉设计很好地代表了成都城市文化的精神和发展水平。整体造型富有现代感和设计感，并带有设计师许燎源团队"物感主义"标志性的美学风格，以简化抽象的"异物"进行造型呈现。而火炬内部包括竹叶、三星堆、大熊猫和"太阳神鸟"等文化符号，整体的融合虽稍有符号堆砌之嫌，但在视觉上融合得还是相对较好，顶部、侧面、正面展现不同符号，没有出现严重的符号冲突和撕裂。尤其是对大熊猫和"太阳神鸟"两大图像要素的强调，更加凸显出成都在展会和赛事公共空间中大力推广图像的趋向。不过如果"吹毛求疵"，大运会的火炬设计也存在着一些不足。以2022年中国举办的国际体育赛事进行横向对比，不难发现，"蓉火"视觉呈现整体上比杭州亚运会的火炬"薪火"更富设计感和现代感，能够彰显出成都的城市现代感和多元性，但在视觉呈现的品质感方面，不如2022冬奥会火炬"飞扬"。后者由著名设计师李剑叶团队进行设计，不仅具有设计感，同时在造型方面有着更为大胆的创新，在视觉的先锋感和未来感方面更胜一筹。较之于"蓉火"视觉符号的堆砌，"飞扬"不拘泥于具象城市文化符号的拼贴和历史追忆，而是以更加极简和先锋的造型宣扬着城市的广阔而富有想象力的未来。"蓉火"视觉形象美则美矣，但图像风格、特质和精神与成都大运会主题海报、吉祥物以及会徽，并没有统一的延续性：并不是蓉宝的萌感，也不是简约的色块剪影，而是自行其是自创风格。这就导致成都大运会几大主视觉图像的风格特质出现一定程度的割裂。

　　作为国际体育赛事，奖牌的图像呈现也是赛事和城市文化宣传重要的一环。成都大运会的奖牌被命名为"蓉光"，由国金黄金设计师团队设计，整体视觉呈现以奖牌圆形基地右侧的会徽图案为视觉焦点，不规则的几何扇面如同阳光般发散出来，在扇面间隙展现出"太阳神鸟"、方言等代表成都及其文化的各种符号（奖牌正面为文字和"太阳神鸟"，反面为城市地标剪影）。奖牌整体设计具有装饰主义风格，机械式的几何扇面又展现出极强的设计感，兼具创意性、现代感和在地文化表达（如图8-25所示）。但和"蓉火"一样，"蓉光"在整体图像系列中也呈现出一种散装感。其图像的视觉品质和风格，与其他类别的图像几无关系。大家各行其是，仿佛并不在同一语境。

图 8-25　第 31 届世界大学生运动会奖牌"蓉光"（引自网络）

　　最后，值得一提的是成都大运会的主场馆东安湖体育公园体育场的图像呈现。成都东安湖体育公园主体育场（以下简称东安湖体育场）本体为圆形建筑，作为一个现代风格的体育馆，它因图像而瞩目。通过屋顶上万块彩釉玻璃的拼装，东安湖体育场屋顶呈现出一个宽度约 46 米、总面积约 27000 平方米的"太阳神鸟"图像。被放大近 270 万倍的"太阳神鸟"，在无人机俯瞰拍摄下蔚为壮观（如图 8-26 所示）。这一巨大的"太阳神鸟"图像标识，显示出成都将"太阳神鸟"作为其城市文化凝练的决心，同时也是一次奇观性展现。借助无人机拍摄和电视媒介传播，"太阳神鸟"与成都展会赛事公共空间及活动的绑定更加紧密。东安湖体育场边，则是成都大运会的火炬塔。塔身由 12 条螺旋形曲线构成，象征着"太阳神鸟"的 12 道光芒，与东安湖体育场的图像呼应。火炬塔顶镂空部分则使用了金沙遗址出土文物"镂空喇叭形金器"上的卷云纹图案，进一步强调成都的历史文化。总体来讲，体育场馆建筑的图像运用延续了成都展会赛事公共空间的一贯逻辑，通过"太阳神鸟"展现出对成都城市文化尤其是历史文化的强调。

图 8-26　第 31 届世界大学生运动会主场馆（引自网络）

成都大运会的整体图像策略展现了在成都市政府的意志下，成都展会赛事公共空间图像的整体策略和特点。首先，是对"太阳神鸟"和大熊猫图像的重点打造营销。在前文的梳理中不难发现这两类图像已经成为会议、展览、赛事活动主办方和承办地的首选视觉文化呈现，在成都大运会中亦是如此。其次，是目前成都在展会赛事类图像的设计方面，整体质量良莠不齐。在展会或赛事活动中，既不乏视觉效果和文化意象征同样优秀出众的图像精品，也不乏大量粗糙敷衍之作。再者，以大运会为标志性事件，可以判断，成都在展会赛事类图像的设计、营销和传播方面，已属于国内一流，但距离北京上海等城市仍有一段距离，尤其是拘泥于城市历史文化的符号呈现，与北京上海着力国际化、面向未来的格局，存在时代性差距。最后，则是从成都世警会到大运会等系列大型赛事活动中共同暴露出来的问题：图像质量良莠不齐的现象在成都很容易出现在同一大型展会或赛事中，容易造成图像风格和品质四分五裂，各行其是，给受众带来视觉审美的强烈分裂感。这一"图像散装"的现象，值得大型展会和赛事的承办方以及管理者认真对待。

四、相关问题与对策建议

通过上述对成都展会和赛事公共空间的图像梳理，不难看出，成都依托展会和赛事活动作为城市公共事件，花费了巨大的人力、物力和精力，通过相关主题图像进行了有力的城市形象宣传与营销。就宣传和营销来讲，总体上也取得了不错的效果。成都市展会和赛事公共空间的图像交往，其交往行为的主要目标为成都市外乃至四川省外的受众，具有对外宣传性质。就图像本身的宣传和交往效应来讲，其作用主要是通过公共平台和空间的功能性图像，使受众接收到图像的意涵，并产生行为交互。

其一，在图像接受的过程中，受众能够在图像主体的功能性信息阅读之余，不同程度体验到成都城市文化的历史记忆、文化活力和相关文化表达，从而对成都城市的发展，包括城市文化、城市精神、城市风貌和城市产业有所认知，产生认同感。

其二，受众对展会和赛事相关图像的文化表达意涵进行反馈。在公共舆论方面，体现为对成都城市文化的认同（包括转发、点赞、评论、二次创作等）；

在行为方面，则体现为受到图像意义的召唤，筹划和实施以成都市为目的地的文化旅游、休闲观光乃至求学就业活动；在经济方面，则体现为投资、消费等一系列经济行为，通过经济手段表达对城市文化、产业相关发展的认同。

其三，通过言语行为、经济行为和实际行为的交互，成都市和受众借助展会赛事的事件以及相关图像展开正向交往，从而使得城市在文化宣传、经济、旅游、产业方面能够依托展会赛事活动的宣传得到正向发展。这也是成都"国际会展之都"城市定位的目的所在，成都以展会和赛事为事件契机，刺激相关产业尤其是文化旅游产业获得投资和相关资源，激活城市经济，从而使得城市正向发展。在这一维度下，相关图像的设计、制作和宣传就成为展会赛事活动的视觉"刺点"，虽然只是展会赛事活动本身的附属产品，但对于激活受众神经，在感性认知乃至认同上有着"临门一脚"的关键功能。

总体来讲，在当前城市发展格局下，成都市在借助展会和赛事活动及公共空间进行图像宣传方面，已经走在了全国城市前列，在国内外均有较强影响力。尤其是大熊猫、火锅、太阳神鸟、城市地标等视觉形象，已经在各类图像宣传中深入人心，使得在对外宣传的图像接受和交往中，人们对于这座城市有了很高的认同度。不过，通过对近年来展会和赛事相关图像的梳理，也能看到，成都目前在图像宣传和交互方面存在着三个值得警惕和反思的问题。

首先，在图像的设计生产方面，与北京、上海等中心城市相比，成都市文化创意和文化设计相关产业还不算发达。成都目前还没有能够辐射和影响全国的文创产业和企业，部分国际展会赛事只能选择业务外包（如成都财富论坛就将相关业务外包给位于北京的奥美公关集团），这就使得成都缺乏自己的文创巨头，和在地政府、企业之间的沟通效率相对较低，并且对周边乃至全国缺乏行业影响力。而在中小型级别的产业方面，成都虽然近年来一直在大力发展文化创意产业和企业，并取得了一些成果，但整体而言仍旧处于较为粗糙的阶段。文创企业数量少、发展慢，质量参差不齐，加上目前成都缺乏非常有效的政府、高校、相关企业间的对接沟通模式，使得整体文化创意和视觉图像设计还不能高效地服务城市展会、赛事等相关活动。

其次，在最终的图像呈现方面，成都市展会、赛事等大型活动的图像风格和品质缺乏整体规划。无论是从同类图像的时间线纵向梳理，还是从城市中大展会赛事活动的图像系统进行横向梳理，都可以看到成都展会和赛事类的图像在视觉系统的风格和品质方面较为分裂。沿着时间纵向梳理，不难发现，因为整体行业发展没有到很成熟的水平，同类型图像呈现的设计品质良莠不齐，多呈现出"有佳句，无佳章"的现象。如大熊猫图像在展会、赛事类活动中的呈现，有佳作，但相对而言粗糙呈现更多。在横向梳理中，则表现为大型展会和赛事缺乏整体图像视觉系统规划，设计品质无法统一，视觉感受较为分裂。这在2019年世警会和2023年大运会的各种图像中体现得尤为明显。问题的背后其实是展会和赛事责任方对于统一的活动视觉设计系统还没有成熟的认知，对不同的图像进行分别招标，而没有团队进行整体视觉统一性和规划性的把控，就必然会导致整体图像视觉效果各行其是，给图像受众"散装"的错愕感。这就需要政府、行业、企业共同建立统一的图像视觉系统宣传的意识（视觉基底和设计底层逻辑的统一性、连贯性，而非图像设计本身所谓"统一"），更好地指导和调控同一类型（时间纵向）或同一活动（事件横向）的相关图像内容。

最后是一个开放性的问题。成都市政府近年来着力打造"太阳神鸟"、大熊猫图像作为会展、赛事乃至其他活动的图像宣传营销符号，在过去数十年的时间里，将两大图像和成都城市形象和文化牢固地绑定在一起，对于受众在有限的注意力中固化对成都的感性印象，进而产生意义认知和情感认同，起到了非常积极和有效的作用。然而这一图像生产和传播战略也存在一些问题，并且随着城市发展进程的加快提升，变得越来越突出：

其一，成都的城市图像象征和表达过于单调。在过去的城市发展中，"集中力量办大事"的图像生产和营销能够加深国内外受众对成都这一西部省会城市的视觉认知。然而随着城市的发展，成都逐步成为国家中心级城市，并在国内外已有一定影响力，受众对成都城市形象的视觉图像表达会有更高的期待。届时是发展更多元的"太阳神鸟"和大熊猫图像的变体，还是孵化和开发其他图像符号形象？这是城市文化宣传营销战略当下需要思考和抉择的问题。

其二，"太阳神鸟"和大熊猫图像，其图像视觉品质和内涵有自身固定的属性。"太阳神鸟"在中性的成都城市符号的所指之外，同时也是古蜀文明历史记忆的凝结；大熊猫则更多和亲子、文化旅游以及文化创意关联，是柔性的拟人化卡通图像。随着成都城市的进一步发展，多元的城市文化精神是否需要新的图像符号象征？这也需要成都市随着未来城市规划和城市发展进行抉择。

其三，无论是主力打造的"太阳神鸟"和大熊猫图像，还是间或出现的川剧、民俗和城市地标，其图像本身总体是一种地域化、偏向城市历史记忆的视觉感知。在目前的图像呈现中，有两个重要的意义维度表达是不足的：一是城市精神的国际化，二是城市文化的未来感。2020 年东京奥运会前夕，东京曾经制作过一组名为"新与旧"的宣传片，在宣传文化记忆的同时，也在着力塑造和宣传面向未来的图像 IP。这一模式值得在未来向着国际化、未来感不断发展的国家中心级城市成都进行借鉴，并制定相关图像宣传营销策略。另一方面，成都近年相关展会赛事活动的图像宣传营销，在一定程度上践行的是过去北京、上海等城市在对外宣传的过程中，向国外受众强调自身城市文化特质（在过去尤其强调城市历史文化记忆）的策略。因此，如果要对标这类城市的未来发展趋向，今天的北京、上海在国际展会赛事中更多元而不拘泥于历史文化符号拼贴的策略，也值得未来的成都借鉴。

五、成都展会/赛事公共空间图像接受与交往研究的借鉴意义

作为中国西部城市，成都市较早地意识到了展会和赛事活动对于城市基础设施发展，以及经济、产业、文化等巨大的影响力。因此，成都很早就开始在公共空间、产业发展，以及相关视觉图像的设计、推广、营销方面发力。从"国际会展之都"和"国际赛事之都"的定位和建设来看，成都城市的发展以及对外影响力的繁盛，的确与近年来这座城市高频次、高质量的展会赛事活动有密切关系。各种类型、各种行业的展会赛事活动成为城市对外宣传的事件性窗口，以展会赛事活动中的图像宣传和营销作为刺点，使得城市文化和城市形象深入人心。目前在国内，成都并不是经济、产业最为发达的城市，而正是通过包括展会赛事活动在内的一系列城市形象营销和宣传，其城市文化娱乐业、文化旅游业才得以快速发展，并且在城市文化品牌的塑造中不次于北京、上海等超级中心城市。

这就意味着，对与成都具有相同地理文化基底和特色的城市来讲，成都的城市品牌营销和城市产业发展的路径是可以有效借鉴的经验。对于中西部地理区位不占产业发展优势、城市影响力相对较弱，但具有一定资源和潜质尤其是文化旅游发展潜质的城市，成都的产业、空间乃至图像发展模式都是可以借鉴模仿的对象。无论是展会、赛事类公共空间的策划建设，还是以活动为契机主

题图像的生产和宣传，都能使得城市的文化名片有效推广。通过对展会、赛事活动的策划、承办和营销，可以在对外宣传中提升城市知名度，刺激城市相关产业尤其是文化旅游产业的发展，对于增强城市与国内外消费者、游客的意义交互沟通，同样是有效的事件契机。

在具体的城市图像策划中，成都的图像生产策略也有较高的参考价值。上文曾经对成都市集中于"太阳神鸟"和大熊猫图像的展会赛事图像营销策略有些许疑虑，但这一疑虑的背景在于成都已经完成了由西部省会城市向国家中心城市的发展进程，实现了城市文化影响力的质变，进入迈向国际城市的新阶段。对于中西部地区声名还不显赫、产业还不发达的城市来说，将设计、传播、营销的精力集中在一两个图像或视觉文化的营构的策略，仍然是有效的。少而精的城市文化图像符号的传播，有助于受众固化对城市的印象，对于知名度较低的城市，高频度、重复性、同质化的图像宣传营销能够加深城市视觉名片自身的建构，从而能够将城市文化与图像、展会赛事活动更加牢固地结合在一起。国内如成都的大熊猫和"太阳神鸟"，国外如日本熊本县的"熊本熊"图像，都是以小搏大，在城市形象营销方面取得不错效果的案例。

总而言之，随着我国的综合国力越来越强，国家城市格局已经逐步从集中发展中心城市转向城市、区域协同发展。不同城市在发展节奏和策略方面需要找寻自己的模式。成都借助展会赛事活动、借助相关图像为刺点的城市文化建构和对外形象宣传，已经成为中西部城市文化形象建构的一种有效模式。希望以成都为案例的梳理和批判，能为其他城市找寻自己的步调起到一定的启示和参考作用。

第九章　成都公共文化展陈空间的
图像接受与交往

一、成都公共文化主要展陈空间简介

包括博物馆、美术馆等在内的城市公共文化展陈空间，是被区隔在城市日常生活场景之外的公共空间。纵然不少城市的公共文化展陈空间都选址在市中心，但无论是工作、消费、娱乐、通勤或是其他事宜，当代日常生活的场景总是与这里保持着区隔的距离，使之成为一个连贯生活场景之外的"异域"。资料显示，成都市正式登记注册的博物馆、纪念馆多达155家。这其中既不乏知名的私营美术馆、博物馆（如成都当代美术馆、许燎源现代设计博物馆、建川博物馆等），也存在大量小型和微型的博物馆聚落（如安仁博物馆小镇等）。不过对市区居民日常生活影响较大的，仍是选址在成都市区尤其是中心五城区位置、运营较为完善成熟、藏品或展览丰富的城市公营博物馆、美术馆。成都市第十三次党代会曾明确提出要增强博物馆旅游的吸引力，深挖博物馆人文内涵，提高展陈水平，为广大人民群众提供高水平的公共文化展陈空间，足见政府对公共文化展陈空间的重视。受研究主题和篇幅所限，本章内容主要还是集中于成都市以常设展陈见长的几个重要国有博物馆和美术馆，如成都博物馆、四川博物院、金沙遗址博物馆等。

（一）成都博物馆

成都博物馆是成都市国有大型综合性博物馆。占地面积约17亩，总建筑面积约65000平方米。主体建筑分为南楼和北楼：南楼地上主要为办公和科研区，地下为学术报告厅（多功能厅）；北楼主要为展示区，首层为大厅、放映厅、特展厅，地下一层为人与自然专题展，地上二层至三层为花重锦官城——成都历史文化陈列古代篇，四层为近世篇和民俗篇，五层为中国皮影木偶展，总展陈面积近2万平方米。其常设展馆有"九天开出一成都：先秦时期的成都""西蜀称天府：两汉魏晋南北朝时期的成都""丹楼生晚辉：明清时期的成都""花重锦官城：成都历史文化陈列（近世篇）""影舞万象：中国皮影展""偶戏大千：中国木偶展"等。其中皮影、木偶这两大展馆是获得过"全国博物馆十大陈列展览精品推介精品奖"的特色展馆。

（二）四川博物院

四川博物院是西南地区最大的综合性博物馆之一，位于成都市浣花溪历史文化风景区内。该馆总面积12000平方米，主体建筑达32026平方米，目前拥有14个展厅，其中10个常设展厅，展示了张大千书画、藏传佛教、工艺美术、青铜器、陶瓷、万佛寺石刻等各类艺术作品。

四川博物院的主要常设展馆有博物馆一楼的"四川汉代陶石艺术馆"，该展厅以画像砖、画像石以及陶塑制品等汉代陶石艺术，呈现出两汉丧葬文化的特点和时代特征，展示出当时社会政治、经济、文化等各个方面的现实状况。博物馆二楼的"陶瓷馆"主要展示了巴蜀陶瓷的发展历程，从大溪彩陶、宋三彩俑再到广元窑、磁峰窑、琉璃厂窑，体现了巴蜀陶瓷的艺术魅力。"张大千书画馆"全面地展现了张大千先生艺术生涯中的精品力作。"巴蜀青铜器展厅"主要展示了新繁水观音、彭州竹瓦街、成都羊子山、广汉三星堆等出土的大量精美青铜器。博物馆三楼的"万佛寺石刻馆"则展示了万佛寺出土的200余件石刻造像，展示了佛教文化的精神内核与工匠们巧夺天工的艺术技法。

（三）金沙遗址博物馆

金沙遗址博物馆是国家一级博物馆，位于四川省成都市青羊区金沙遗址路2号，建筑面积38000平方米，占地面积456亩。该博物馆由遗迹馆、陈列馆、文物保护与修复中心、园林区和金沙剧场等部分组成。其中，遗迹馆位于博物馆东部，是中国商周时期的祭祀遗存，馆内以原生态的发掘现场展示为主。陈列馆位于河北岸，由"远古家园""王国剪影""天地不绝""千载遗珍"

"解读金沙"等 5 个展厅组成，真实地呈现了 3000 年前金沙先民的生活场景，帮助参观者更深入地理解古蜀国政治、经济、文化各方面的真实状况，展示了包括"太阳神鸟"、金面具等惊艳华美的出土文物，展示了金沙文化的历史背景以及真实的地域文化发展脉络。

二、成都公共文化展陈空间与审美心理

（一）展陈方式与审美感觉：以成都博物馆为例

感觉是审美经验的基础，是主客体互动实践中最直接、最鲜明的心理现象。在审美感觉当中需要正视直观感性审美：质地、颜色、大小、形状等外在质料的不同，都会引起不同的感性直观反应。而博物馆中的展陈空间布局，首先需要回答的是如何强化或放大展陈品所能引发的感性直观反应，在首次的主客接触中就能直接抓住审美主体的注意力，并按照预先设定的"感觉刺激"激发后继的审美心理活动。

1. 石犀牛（战国晚期至汉）

成都博物馆镇馆之宝石犀牛于 2012 年出土于成都天府广场东北侧，长 3.3 米，宽 2.1 米，高 1.7 米，重约 8.5 吨，是迄今发现的我国同时期最大的圆雕石刻艺术。其整体雕刻风格古朴粗犷，形似犀牛，躯体壮硕，四肢短粗，前肢与躯干处刻有卷云纹，形似盔甲（如图 9-1 所示）。《华阳国志·蜀志》中记载："秦孝文王以李冰为蜀守……作石犀五头，以厌水精。"该石犀可能与李冰治水有关。

图 9-1　成都博物馆石犀牛（引自网络）

（1）石犀牛位置空间布局。石犀牛位于成都历史文化·古代篇展区内（"秦并巴蜀"板块），在这一板块的主展厅左侧中央，其右侧放置的是多件汉代漆器艺术品，四周环绕着与"水"主题相关的文物。此种空间的布局方式，可以使参观者在进入该空间时，注意力迅速地被石犀牛吸引。

与此同时，石犀牛的头部面对的是船棺（古代的一种独木舟形棺木葬具）中出土的漆床、漆器。其展台特意被安排成船形，与有着"以厌水精"相关传说的石犀牛两相应对，实现与"水"统一主题的表达。有学者认为，因为地上的河流难于涉渡，古人幻想在冥界与人世之间，生死异路，阴阳相隔，必有一条河流作为分野，以船为棺，就是借此造物把亡魂送过河去。[①] 船棺承载着人们对"来世"的祈盼与憧憬。而石犀牛（与治水相关）则是人类在"现世"生活中面对自然的侵袭时，将人的本质力量发挥到极限，以解决现实问题的例证。不论是"来世"的幻想，还是"现实"的行动，在脱离了彼时实用价值的空间后，存留下来的是人"想象力"的震撼。此种空间布局的方式，让参观者首先在视觉上受到震撼，其次由生理的刺激转为更深层次的审美体验。

---

① 参见冯汉骥、杨有润、王家祐：《四川古代的船棺葬》，载《考古学报》，1958 年第 2 期。

（2）石犀牛质地的呈现方式与审美感觉。成都博物馆石犀牛是我国目前发现年代最久远的圆雕。石犀牛与一般的治水文物相比，在重量、大小上非比寻常，它的质地是红砂岩，这种石材颗粒粗大，给人一种古朴敦厚的沉静之美。那么，博物馆如何凸显石犀牛的重量大、质地厚重的特点呢？首先是无玻璃防护罩的敞开式陈列。石犀牛文物的陈列方式是博物馆中较少使用的敞开式陈列，没有了玻璃外罩对人视野的阻挡，石犀牛的庞大身躯迅速占领人的视野，可以使参观者的感知更清晰。虽然参观者不能直接触摸它，但可以更近距离地观察实物的表面雕刻纹路与红砂岩的质地，从而实现视觉与触觉的图像接受"通感"（如图9-2所示）。其表面的每一个划痕，每一处修补的细节都能使参观者在审美表层的感知上增加一点直观的"初步印象"。

图9-2 石犀牛近景（引自网络）

其次是灯光布置。灯光投射位置的安排为凸显其重量、质感发挥了辅助作用：主要的光源是来自石犀牛头背部的一组顶光，参观者会感受到明显的阴影投射在石犀牛的脚部；而其头部、背部、躯干上的雕刻纹饰则被明亮的光线放大了细节。由此，石犀牛厚重的石制身躯的质感被灯光强化，阴影增加了石制品向下沉积的质感；被光线放大强调的纹饰可令参观者细致地观察刀刻的细节之处，感受古蜀人早期古朴的雕刻技艺。

该文物放置于此的目的一是呈现古蜀人治水的历史与水文化，利用展厅的"中心"放置、搭配"船棺"出土文物，以古人今世来生两阶段都与水这一自然因素搏斗为主线，凸显石犀牛在此展厅的重要性。二是利用灯光（以顶光为主）的照射角度，突出石犀牛文物的特点（石制、圆雕、体积大、质量重），让参观者在感官上先有一个浅层的视觉印象。顶光之下，虽然投影覆盖住了石犀牛的腿脚，使得石犀牛脚部的细节被隐匿于投影之中，但石犀牛身上主要雕刻纹饰的部分分布于躯干和头部，因而削弱参观者视觉上对石犀牛脚部的观看点，把视觉重点引向石犀牛的躯干与头部的雕刻纹饰，并不会削弱对该文物的审美，反而有利于视觉感受的集中冲击。

2. 中国皮影展

"中国皮影戏是一种具有悠久历史与文化内涵的民间戏曲形式，是我国传统造型艺术与表演艺术的集中代表，也是人类口头及'非物质文化遗产'的重要代表。"① 它植根于中国传统文化的深厚土壤，经过千年沧桑岁月的历练，铸就了属于中国，更属于世界的光影传奇。拥有 2140 件（套）展品的"影舞万象·偶戏大千——中国皮影木偶展"，位于成都博物馆的第五层，主要包括两个部分，即皮影展与木偶展，有皮影木偶基本文物、皮影木偶的全息影像演出，还介绍了其背后代表的传统文化内涵。展示的内容是最有中国特色与乡土情怀的传统傀偏戏艺术，但其布展设计却处处透露出国际化与现代化的设计理念。中法设计展陈团队与国际知名灯光照明设计公司，以国际化的手段，依托 30 万件珍贵藏品，创新活化了传统的皮影木偶这一街头艺术的展演系统，将中国传统文化融入中国故事的讲述，并通过传统视角与现代视角的碰撞让文物自身的历史维度与现代意义恰当合理地展示在参观者的面前，使得中国皮影博物馆（成都博物馆）成为全国唯——家由国务院办公厅批复同意冠名"中国"的皮影专题博物馆。

---

① 李龙：《中国皮影博物馆藏部分成都皮影考论》，载《荣宝斋》，2013 年第 11 期，第 48 页。

（1）皮影展陈台设计。进入中国皮影展馆入口，参观者会发现其展示台与普通的单面展示台不同。该展馆大量采用了双面中空玻璃形式的展台，而各式各样的皮影悬挂在中空玻璃内（如图9-3所示），三至四个此形式的大展柜并列。

图9-3 皮影展展台图（引自网络）

这一展台设计方式是考虑到皮影是一种具有双面可看性的艺术品，因而将其悬挂在两面透明的中空玻璃中，以便参观者了解其在艺术形式上的这种特性。在视觉上，悬挂空中的皮影材质（在中国，皮影的材质大多数使用牛皮、羊皮、驴皮、猪皮等，其中牛皮是皮影制作历史上应用最为广泛的一种材质）柔韧，呈半透明状，加之镂空繁复的雕刻技艺，可以让参观者直观地感受它的质地与视觉上的轻盈之感（有些皮影的重量能超过250克）。在皮影展中凸显皮影的轻盈柔和之感，是为了配合整个场馆的主题"营造一种如梦似幻，影戏万千，非现实生活的场景"。

除双面中空玻璃形式的展台外，普通的单面展台也为了配合主题在展台的台布上做了设计，用灯光将展台打造成皮影戏演出舞台。于是，参观者会看到在半透明、昏黄的展台台布上，一个个活灵活现的皮影艺术品依序排开。对于参观者来说，首次进入皮影展馆时，会因为展台设计而得到视觉上极强的冲击力，如同进入了另一个时空。参观者在一个个形似"皮影戏演出现场"的展台前参观，展台的视觉设计者对参观者视觉的引导方向已不是展品呈现的清晰度，而是"视觉氛围"。

（2）皮影展的光影效果与审美接受影响。除了利用展台设计的变化，其展厅布局的灯光设计在视觉氛围的营造中起到了关键性的作用。

　　首先是传统氛围与现代性的并存。展厅内的灯光设计模拟了皮影戏在演出时的场景，大量使用暖黄色光源，刻意忽略展品的清晰度，利用射灯将皮影的剪影投射到地面上（如图9-4所示）。这些设计巧思使得中国皮影展展馆在视觉风格上明显区别于其他文物展馆。参观者一步入其中，就会即刻感知到皮影这一中国传统民间技艺厚重的历史感，感受到其传统演出的氛围——在光影的变幻下，演绎人间百态，世事变迁。

图9-4　成都博物馆中国皮影展展馆（引自网络）

　　其次，在皮影展中灯光的设计不仅引导参观者重温旧日时光的传统氛围，而且还在皮影展中进行更具有交互性的光影探讨。在中国皮影展展馆的一角，陈列了一组极具象征意味的装置艺术作品，不是具有历史价值的皮影原件，而是将手拿金箍棒的孙悟空连续投影在白色幕布上，呈现出类似波普艺术的视觉风格，周围一圈排列着各式椅凳，而主光源从白幕布后打出，在逆光中凳子的黑影长长地投射在前方（如图9-5所示）。这组雕塑将皮影展从怀旧氛围中拉了出来，引领着参观者在视觉上感知和体验一种当代艺术一般的剧场互动氛围，从而实现图像接受行为的刺激。

图 9-5　中国皮影展展馆（笔者摄）

由此可见，现代化的展陈方式，其重点不在于传统的鉴识型展示（以尽可能地展现展品清晰的细节与精确的知识系统为主），而是尽可能地选择"审美重点"进行审美型展示，例如，皮影展中皮影的制作过程，皮影的选材与种类等知识型内容应当被呈现，但呈现的方式不再是"去视觉化"的简单罗列，而是突出视觉刺激，让图像与参观者相互作用，引领参观者进入人为搭建的拟态场景，在与现实生活明显区别的另一时空中，参观者得到视觉上持续集中的刺激，增强审美体验，深化记忆。

（二）展陈方式与审美知觉：以金沙博物馆为例

知觉是把零散的感觉材料整合为对审美对象的整体性感觉，在整体性感觉中，为审美经验提供表象，由表象引导出一种专注于知觉对象形式的审美鉴赏态度。因而知觉是有选择性的，表象的把握因人而异。如何突出选择对象更具本质性或特征性的方面以更好地把握对象，始终是知觉的重要问题。在博物馆展陈空间中，行动动线、展陈排列、灯光布局都在隐蔽地引导参观者选择"看的重点"，以达到图像文化引导宣传效果。

1. 太阳神鸟金饰与商周大金面具

商周太阳神鸟金饰 2001 年于成都金沙村出土，经鉴定为商周时期祭祀所用的金器，现在收藏于成都金沙遗址博物馆。器形整体呈圆形，上有镂空雕饰图案，古人以惊人的工艺将器身做得极薄，整个金饰外径 12.5 厘米，内径 5.29 厘米，厚度 0.02 厘米，重量仅 20 克。镂空图案极富现代美感，如同手艺人的剪纸作品，分为两层，外圈由四只神鸟组成，这四只被古蜀人崇拜的太阳神鸟手足相连，按照逆时针方向飞行，神鸟的雕刻线条简约流畅但又极具动感韵律，象征着"金乌负日"的神话传说，而内圈是象征着太阳的齿状光芒，由十二条齿芒组成，以顺时针方向旋转。由于内外层图案的方向不同，外层神鸟与内层光芒之间的相互映衬，反而给参观者在视觉上造成一种动感错觉，使人想象出围绕着太阳鸣叫旋转的神鸟这一奇幻的图景。而商周大金面具是我国迄今为止体量最大、保存最为完整的商周时期金面具，2007年于成都金沙遗址出土。其面部造型为方形，眉部凸起呈长刀形，鼻部高挺呈三角形，大眼、齐额，耳垂有孔，耳部为长方形，整体造型给参观者以庄重威严之感。这两件镇馆之宝在产生的时间、质地和功用上都有相似的地方，因而被同时放置在金沙遗址博物馆第四展厅中，伴之以相关的祭天礼器，如玉戈、玉圭、十节玉琮、石跪坐人像、金冠带、有领玉璧等。如何在众多的展品中凸显太阳神鸟金饰与大金面具，并显示这二者与其余祭天礼器之间的关系以及呈现远古蜀人天人合一的祭祀观念？下文将展开论述。

（1）圆形展厅与半开放式动线。商周太阳神鸟金饰与商周大金面具展品没有被放置在传统的方形展厅内，而是将展厅设计成了圆形。展厅的顶部绘制天空图景，还有一圈暗红色壁灯（模拟朝霞升起的状态）。展厅中央底部升起半米高台，太阳神鸟金饰放置在高台中央，其顶部有射灯直射。高台周围由四组半圆玻璃展柜环绕，每组半圆展柜都有各自的主题。如此展厅的设计暗含了古人天圆地方的世界观，展现了古人原始朴素的哲学思想。

展厅中的动线是半开放式的，既有不会被人忽略的主线（太阳神鸟金饰与大金面具在圆形展厅的中轴线上，又有主射灯的凸显），又有可以供参观者选择的副线（四组半圆玻璃展柜在参观者移动动线上可以顺时针旋转，也可以逆时针旋转）。这种半开放式的动线设计有利于布展设计者突出选择对象更具本质性或特征性的方面，以便参观者更好地把握审美对象。

对于参观者而言，一旦步入该展厅，注意力会受到灯光、环境的引导，被带到设计者预先设想的主动线上，对古蜀国祭天的礼器有一个初始的印象。而后，再由参观者自主选择副线，更为深入地了解古人的祭祀文化活动。最后，再进行行动线路控制，引导参观者去看大金面具，使得在审美知觉上首尾呼应，浑然一体。

（2）天圆地方的异形展示台与"遥相呼应"的双星布局。商周太阳神鸟金饰的展示台不同于一般的方形展示台面，而是采用六边形底座加透明的圆柱体展示台面，台面的背景绒布用的是大红色（如图9-6所示）。太阳神鸟金饰体现出古人的"太阳崇拜"思想，以鸟儿围绕太阳不断地旋转飞翔来象征永恒的力量，这种力量周而复始、生生不息，而人类正希望自己的灵魂也能够在太阳神鸟的庇佑下永存，这是人类对生命的美好期待。而大红色的背景绒布可以把太阳神鸟金饰衬托得熠熠生辉，镂空的雕刻工艺使得大红色绒布上的四只神鸟清晰可见，象征着太阳的螺旋纹饰也被更加明晰地呈现出来。其六边形底座加透明的圆柱体展示台，除了暗示古人"天圆地方"的宇宙观，更为重要的是透明的圆柱体展台设计，使得参观者在远处观看时，会产生一种视觉错觉，仿佛太阳神鸟金饰悬空于玻璃柜中，就如一轮冉冉升起的太阳，引发人们对远古神话的无限遐想。

图9-6　金沙博物馆商周太阳神鸟金饰（引自网络）

在这一展厅中，还有布展设计者的巧思——太阳神鸟金饰与商周大金面具的双星布局。两者都属于古蜀人祭祀礼仪中的关键器物，但并未将二者置于一处共同展示，而是将太阳神鸟金饰放置在圆形展厅中央，将大金面具放置在圆形展厅中轴线上，距离太阳神鸟金饰10米左右，其展示台也是透明的柱形展台（如图9-7所示）。这两件著名的展品如双星一般遥相呼应，太阳神鸟金饰代表着古蜀人对自然物的崇拜，而商周大金面具是人类试图征服自然的"人化"象征，是人本质力量的存在物化。因而让大金面具代表的"人的力量"注视"自然力量"（太阳神鸟金饰）的布局，为整个展厅增加了戏剧张力。在视觉感受上，双星布局的展陈方式也有助于参观者合理地进行知觉注意力的分配。

图 9-7　金沙博物馆商周大金面具（引自网络）

（三）展陈方式与审美想象：以成都博物馆为例

想象阶段是"人类的高级属性"呈现阶段，感受、知觉是直接由存在的审美客体引发，主体能动的参与程度低于想象阶段主体的能动。而由感受、知觉阶段到想象阶段这一"质"上的飞跃，需要人本质上主观、自由地参与其中，也需要外在存在的"触发机制"。博物馆展陈空间会在不同层次上触发参观者合理想象的按钮。想象阶段程度越深，越需要客体的"时空氛围"来调动主体能动性。

在成都博物馆的成都历史文化展（古代篇：隋代—清代）中有对成都民间集市——十二月市的专题介绍。所谓十二月市指的是在唐朝时期，成都民间每月都有固定主题的集市，"成都十二月市"特指唐宋集市，从古籍文献记载中可以得知当时的盛况，如宋代诗人陆游在《汉宫春·初自南郑来成都作》一诗中写道："何事又作南来？看重阳药市，元夕灯山。花时万人乐处，欹帽垂鞭。"元人费著的《岁华纪丽谱》记载，北宋开宝二年（公元 969 年），"命明年上元放灯三夜，自是岁以为常。十四、十五、十六三日皆早宴大慈寺，晚宴五门楼，甲夜，观山棚变灯……灯火之盛，以昭觉寺为最。"二者都提到了成都正月上元节观花灯的习俗，而这正是唐代时开始闻名的正月灯市。到了宋代"十二月市"的叫法逐渐成形。

　　在布展设计中，要在极为有限的空间内还原、再现唐宋集市的繁闹场面是困难的。为了在有限的空间内激发参观者的"想象按钮"，设计者们采用了"细节重现"的方法。

　　展馆内，在"三月蚕市"（成都的蚕市最早兴起于唐贞元年间，常常在每年三月三于成都城北市集举行。据说这场市集最初专卖蚕茧、蚕丝、桑叶及有关器物，后来也扩大到买卖一般的农具和农副土特产品，甚至还会买卖药材、花果等，官员与平民百姓会来此处聚会游玩，以及观赏"祈乞田蚕"）微缩场景（如图9-8所示）前的地板上特别规划出一个空间，展示在成都市江南馆街街坊遗址中发掘的宋代铺砖街道路面。古朴的宋代街道路面带着历史鲜活的痕迹，一砖一瓦间，仿佛把参观者带到了千年前的生活空间，合理地触发"过去时空"与"现实时空"中相似的体验经历（不论是唐宋时期的城市还是当代城市，人们在街道上行走，都会注意到路面上不同形式的地砖，人们也都需要在地砖上行走）。这种相似的生活体验如同桥梁，沟通过往与现实，这是细节重现触发想象的关键点。

图9-8　"三月蚕市"微缩景（引自网络）

　　在"宋代铺砖街道路面"展品一旁，布展者利用现代的石材仿效宋代铺砖方式制作了大概一平方米的宋代铺砖街道路面仿制品（如图9-9所示），参观者可以走在这个仿制品上。如果说真品是连接"过去时空"与"现实时空"的桥梁，激发想象的关键按钮，但也仅限于视觉上的细节重建；而仿制品则进一步挖掘了其触觉上的细节体验，让参观者在极有限的展品展示中，仍能被触发想象的空间。

图9-8　宋代铺砖街道路面仿制品（引自网络）

总之，十二月市展依据不同层次（有的是通过整体场域氛围触发想象，有的是通过细节重现触发想象）、不同方式的布展设计，合理调动"时空氛围"，为审美主体更深层次的主动参与艺术审美活动做好铺垫。

（四）展陈方式与审美领悟：以金沙遗址博物馆为例

审美感受中的领悟，并不是对客观世界中客观对象知识化的理解，而是审美主体对审美客体在其本质上"顿悟"的一种心理状态。博物馆展陈空间的设计、布局可引导参观者在审美体验上再一次"飞跃"，其"场域净化"可使参观者心理状态在一定程度上与真实世界短暂脱离。在参观者心理时空的错位下，精神世界有了"顿悟"的机会。

1. "远古家园"与"王都简影"展厅的多元化呈现手段

金沙遗址博物馆"远古家园"展厅以500平方米大型复原半景画为主体，结合遗迹套箱、出土动物骨骼陈列以及高科技查询系统，真实地呈现了3000年前金沙先民的生活场景，使参观者能身临其境感受远古先民天人合一的生活状态。"王都简影"展厅使用考古成果与高科技手段相结合的方式，展现古蜀国居民的社会生活。通过烧陶、冶铸、制玉等活动场景的还原，参观者能更深入地理解古蜀国政治、经济、文化各方面的真实状况。

高还原度的展厅使参观者完全沉浸在对另一时空的审美体验之中，以此获得审美领悟的契机。这两大展厅并没有单纯地以传统展示的方法，将展品一一陈列，而是以多元化的呈现手段，从不同的角度还原古蜀人生活的各个方面。

进入"远古家园"展厅，处处是结合实景雕塑的半景画，逼真生动地还原了先民的生活环境。参观者能够在遗迹套箱上行走，近距离地接触文物发掘的现场，感受到日常生活中无法接触的另类场景。在"王都剪影"展厅，展示了古代先民的许多生活场面，展示古人的房屋建构活动时，将建筑过程投屏，并设置按钮（参观者每按一次，就在大屏幕上展示一步建筑过程），这些高科技互动，会使参观者在与图像的交往中，将自身包裹于非常态化的超时空想象中（如图 9-10 所示）。

图 9-10 金沙遗址博物馆人机互动装置

（引自网络）

如此一来，多元化地呈现手段会使眼、耳、手等视听、触觉多方面的感官通道打开，另一时空的信息如洪水般涌入其中。参观者在审美体验上获得再一次"飞跃"，其心理状态在一定程度上与真实世界短暂脱离。

2. "天地不绝"展厅中环境氛围装置加强审美中的"戏剧张力"

"天地不绝"展厅集中陈列着象牙、玉器、金器等文物，并运用大量网纱和灯影视觉光线为参观者营造出神秘、庄重的氛围，使参观者沉浸在古蜀国宗教祭祀的场景中，满足观众全方位的参观需要。

在该展厅内，大量的暗黑色铁制网纱和大幅文物图片从屋顶垂直落下，配合时隐时现的灯光，冲击参观者的视觉感知，并将该展厅的空间与日常生活空间隔绝开来，甚至在视觉上也有别于传统的文物展示厅，因为网纱和图片所占空间的比重超过了展品。在展示金沙遗址文化中的未解之谜时，采用了灯箱迷宫的方式，把金沙遗址文化中留下的未解之谜写在发着暗蓝色灯光的灯箱上，并且将灯箱排成一个类似迷宫的布局。这一系列的环境氛围装置不仅加强了参观者的沉浸感，更为重要的是，在设计者的设计理念下，以环境氛围装置为"叙事语言"中的修饰符号，替直白的展品陈列加强"叙事效果"，加强审美中的"戏剧张力"，让整个展厅由"物"的叙述转变到对"情"的体验。

三、成都公共文化展陈空间的展陈方式特点

通过调研，笔者认为成都地区最具有代表性的博物展陈空间的展陈方式，基本上可以概括为三类：传统型+全媒体技术手段辅助；沉浸式场景再现型+全媒体技术手段辅助；遗址现场型+全媒体技术手段辅助。随着科学技术的发展，特别是全媒体影像技术手段的介入，成都代表性博物馆的展陈方式都会选择依靠科技手段辅助展览，但除科技手段的辅助，一部分博物馆转变布展思路向着更为国际化、现代化、娱乐化、市场化的方向发展，而还有一部分博物馆仍然依照传统的布展思路进行实践，因而造成参观者人数与博物馆影响力的巨大差异。

（一）传统型+全媒体技术手段辅助

四川博物院是这一类展陈方式的代表。在展厅中，艺术文物展品按照传统的博物馆展厅形式布局，文物的展示以介绍历史人文知识为主，并在视觉上以最大的可能性清晰明了地展示文物现状。同时，四川博物院非常注重用全媒体技术手段来辅助参观者的审美活动，以加深参观者对文物知识性的理解。如：在展示古人的石器制作水平时，在展品展示柜旁以动画的形式，简单生动地还原古人的石器制作过程，比单调的声音解说更能再现当时的真实场景（如图9-11所示）。

图 9−11　四川博物院展厅（笔者摄）

　　四川博物院还会为了让参观者对古板单调的文物产生兴趣，而去专门开发与之相关的互动小游戏。如：在展示"劳度叉斗圣变"图时（内容据《贤愚经·须达起精舍品》绘制，讲的是古印度舍卫国大臣须达以黄金铺地购得祇陀太子的园地建立精舍，请佛说法；但六师外道依仗国王权势反对，提出约佛斗法，以胜负决定是否建立精舍；外道劳度叉出面，佛弟子舍利弗应约斗法的故事），特意在展厅中规划一角，利用多媒体互动大屏，演示类似"街头争霸"等单机游戏，以劳度叉和舍利弗为游戏中打斗主角，参观者可以站在屏幕前的互动点上，依据手势的变化进行游戏格斗。屏幕旁写着这个故事中的前因后果，其目的就是利用游戏活动使参观者关注到佛经中这个并不为大家知晓的故事，并借由这个互动游戏，加深参观者对"劳度叉斗圣变"图的印象。

　　四川博物院在展厅中大量地使用了科技手段帮助参观者了解文物知识，但从整体上，其利用全媒体声画手段展现的视听内容呈现低幼化倾向，虽然有助于对青少年的文博科普，但过于简单传统的展示方式和低幼化的视听内容无法满足成年观众群体的审美需求。如前文所述，审美主体的审美接受经历了感觉、知觉、想象、情感、领悟等阶段，层次越深，越需要审美主体主动积极地调动其主观意识参与审美活动。单纯地加入科技辅助认知手段，只能在知识性的记忆上起到帮助，但审美性的精神认知则需要更有"叙事"能力的布展设计，才能激发参观者全感官地参与其中。

（二）沉浸式场景再现型+全媒体技术手段辅助

成都博物馆是此类展陈方式中的佼佼者。在其众多的展厅中，有三分之二的文物展示是以场景再现的方式，将过去的时光以具体的环境置景凝固下来，引领参观者置身其中，所有感官沉浸在文物所生成时代氛围的文化记忆"异域"之中，以此刺激参观者深层次的审美心理活动。

例如：在展现成都近现代商业文化时，将当时春熙路北口的商业场（旧时叫劝业场）牌坊以1∶1的比例还原到展厅入口（如图9-12所示），参观者步入其中，犹如来到了旧时繁华热闹的商业中心，展厅中展示的各类文物也不再是冷冰冰的历史遗迹，而是曾经鲜活地摆在展柜供人买卖的生活物品，每样展品的背后都能够进行悲欢离合的动人故事的情景延展。

图9-12　成都博物馆展厅中的还原牌坊（笔者摄）

在展示川菜文化时，将旧时饭店厨房中的物件，大到铁锅火灶，小到调料餐具，可以说应有尽有地置放于展厅中。参观者游于其间，不用文字的诠释，也能体味到"一菜一格，百菜百味"的川菜特点（如图9-13所示）。

图9-13　成都博物馆展厅中的川菜文化展示（笔者摄）

　　除再现场景之外，成都博物馆更是在布展时引入全息影像技术。如：展现成都旧时茶馆和饮食文化时，利用全息影像录制的茶馆喝茶片段（如图9-14所示）与一盘川菜诞生的过程片段，以写实（影像记录带来的真实感）和艺术加工（茶馆喝茶的片段尺幅缩小，如同小人国中的微观世界；一盘川菜的诞生，以漫画的形式展现）的技术手法，加入了中国特色审美理念。

图9-14　成都博物馆展厅中全息影像录制的茶馆喝茶片段（笔者摄）

（三）遗址现场型＋全媒体技术手段辅助

　　金沙遗址博物馆的展陈方式充分利用了考古发掘现场，在遗址现场的基础上设计参观者行动轨迹，让参观者可以深入到平时日常生活中难以触及的考古现场一探究竟（如图9-15所示）。当参观者步入考古现场的深处或是踩在钢化玻璃上透过玻璃看脚下的文物时（如图9-16所示），这种极其强烈的现场感，所带来的信息大大超过了静置在玻璃展柜中的展品。

图 9−15　成都金沙遗址博物馆（引自网络）

图 9−16　成都金沙遗址博物馆（引自网络）

在遗址现场型＋全媒体技术手段辅助展示方式中，其"异域"氛围的打造，依靠的不是对过去时光的重现，而是利用普通民众对特殊工作环境的陌生感（在熟悉的环境中，人们会降低观察力，感觉器官的敏感度也会随之降低），帮助参观者打开知觉通道，触发其想象和领悟。

四、成都公共文化展陈空间的图像转化

如今文化产业早已将文博领域内的众多精品文物变为图像 IP，以进行商业开发，如金沙遗址博物馆中的太阳神鸟，成都博物馆的石犀牛和金香囊，它们或是以视觉符号参与对外的文化宣传，成为除大熊猫外，成都又一对外视觉

形象的代表；或是以日常商品的形式，为大众的生活美学添砖加瓦。根据目前的资料，可将成都公共文化空间中的图像转化分为以下三类。

（一）无变形式

针对重大、严肃的事件与活动，一般情况下将文物进行图像转化时会最大限度保留其原有的造型特征，或是完整地呈现实物的原貌。例如：金沙遗址出土的太阳神鸟金饰，被用作中国文化遗产的标志（如图9−17所示）和天府立交桥上的宣传图像（如图9−18所示），代表着官方的形象，是成都历史文化的象征，因而在进行图像转化的过程中，无需过多的图像变形以及附加更多含义，只需体现文物原初图像。

图9−17　中国文化遗产图标（引自网络）

图9−18　天府立交桥（引自网络）

（二）变形式

当博物馆展陈空间中的图像进入商业领域时，为了满足大众的审美倾向，需要适当地对原有的文物图像进行变形处理，以符合消费市场中目标受众的审美心理，从而刺激购买行为。例如，将成都博物馆中的石犀牛圆雕和说唱俑像用在日常生活品中，就需要针对目标消费群体的心理需求，重新设计图像。石犀牛钥匙链（如图9-19所示）和说唱俑软笔（如图9-20所示）都以漫画式、夸张的手法凸显出石犀牛和说唱俑的呆萌可爱，并为其着上颜色（实物原型是没有颜色的），符合年轻受众的审美需求。

图9-19　石犀牛钥匙链（引自网络）

图9-20　说唱俑软笔（引自网络）

还有一种情况是当文博图像以服务公众日常审美的目的进入生活场景时，在图像的转化和二次创作上，其变形的力度会更大，有的甚至只是借用文博原型的精神内核进行二度创作。这是因为，以艺术审美作为再创作的出发点，其可探索改变的外在形式范围远大于需要借助原作外在形式吸引消费者购买的文创产品。

例如，陈列在成都宽窄巷子井巷子小洋楼广场前的"当代说唱俑"（雕塑家刘世军作品）借用的仅是作者对说唱俑内涵的理解："它也如古代说唱俑那样，用夸张的动作和形态，掩饰着内心的不安与孤独。当代的人们，从本质上来讲，与说唱俑有什么区别呢？都在自己的工作或生活中，扮演着各种各样的'说唱'角色。"（刘世军语）汉代说唱俑给人的视觉印象是憨厚、喜庆，而"当代说唱俑"在视觉上追求的是视觉奇观与现代感（在 20 个说唱俑中，每一个都高达三米并且人物的面部浑圆一体，没有特征，象征着当代社会每一个扮演"人设"的自己），艺术家特意在雕塑头部加上极具特点的牛尾式发辫，更是在造型上突破了原作的特征，形成了独特的艺术符号。如果不加以说明，有些参观者甚至不会将其与汉代说唱俑联系在一起。

由此可见，文博图像的转化与二次创作，不仅可以简单地变化原作的外形，更重要的是对文博图像视觉符号下的精神内涵进行提炼，使其穿越千年，以更能为现代人接受的审美形式呈现在当下的时空之中。

图 9—21 "当代说唱俑"（引自网络）

（三）借鉴视觉元素重组式

最后一种图像转化方式是将文物展品中的部分视觉要素提炼出来，与其他具有成都代表性符号特征的图像进行重组，以得到全新的视觉形象。例如图9－22中成都博物馆开发的 BOBOPANDA 系列中的洗漱包，该系列的产品图案是将汉代砖画像中的部分图案提取出来，与大众接受度较高的熊猫形象结合。这种图案与图案之间的碰撞，带来了单一图像无法达成的审美趣味。熊猫与汉代砖画像上笔法写意的人形互动，风趣幽默，意味无穷。重组的图案要素里，既有人尽皆知的视觉符码，也有知名度不高的视觉符号，这样一来，消费者既能在审美上获得新鲜感，又能体味到文创产品中的文化内涵。

图 9－22　BOBOPANDA 系列中的洗漱包（引自网络）

五、成都公共文化展陈空间内图像接受与交往的总体特征

如今成都公共文化展陈空间以巴蜀文化为精神内核，在传统展陈方式的基础上着力加强沉浸式展陈与人机互动式展陈，并强调受众在此审美活动中的主体地位，最终使得普通受众能在感知、意识、观念等多个认知层面接受成都天府文化城市精神的内涵。

（一）成都公共文化展陈空间的展陈特色与效果

《成都市国民经济和社会发展第十四个五年规划和二〇三五年远景目标纲要》中提到"计划着力提升城市发展软实力，塑造天府文化独特魅力"。而成都公共文化展陈空间的展陈特色，就突出展现了成都天府文化城市精神的内核——"创新创造、时尚优雅、乐观包容、友善公益"，有助于对外呈现成都公共空间文化氛围建设的成果。

成都公共文化展陈空间的具体特色有二。一是充分利用沉浸式展陈方式展现巴蜀文化精神中的"乐观包容、友善公益"，让普通的观众身处其中时，可以直观体会巴蜀文化的辐射能力，及其与中原文化、楚文化、秦文化的相互渗透影响。例如：在丝绸之路服饰文化特展中，参观者可在短时间内沉浸在"时空氛围"之内，设计者在展厅一角专门安置了高达数米的巨型屏幕，以全息投影的方式，在屏幕上不断变换与丝路服饰相关的图像符号（佛造像壁画、织锦图式等），参观者置身其中，不仅在生理感知上得到丰富的信息，更可体悟到文化包容之下的"美"的流转，这是人类文明之花中最为绚烂的一朵。二是多媒体技术介入成都公共文化展陈空间，将成都作为"新一线"城市具有的"与时俱进""创新创造""时尚优雅"的都市精神展现在市民面前。例如，展示古人的房屋建构活动时，将建筑过程投屏，并设置按钮（参观者每按一次，就在大屏幕上展示一步建筑过程），这些利用科技与参观者的互动，会使参观者在与图像的交往中，将自身包裹于非常态化的超时空想象中。

（二）成都公共文化展陈空间图像转化后的交往路径

2017 年 8 月，成都成为第 34 个加入世界文化名城论坛的城市。但要想真正升级为世界文化名城，除城市本身硬件的升级配置，成都市民文化素质的提升也是重中之重。而成都公共文化展陈空间中的图像在转化为文创产品或艺术衍生品后，不仅能让普通市民在日常生活中通过这些图像对成都历史文化有所了解，更重要的是图像的转化，让市民的日常生活包裹在既有历史文化底蕴又有现代审美外观的符号之中，其感知、理解、沉浸在"生活美学"的感性认知中，一言以蔽之，"美是生活"。受众通过此种符号，能读懂自己所处的或还未曾去过的生活空间中"物"与"人"、"人"与"景"、"人"与"人"之间的互动影响。而此种图像转化后的交往路径，一般分为以下三个阶段：

第一，接受阶段。这是普通市民面对图像转化后的第一阶段，是图像交往路径上的首要关卡，如果原图像的转化在审美主体的生理感知上不被接受，则后续的图像交往就无法实现。成都公共文化展陈空间中的图像是巴蜀大地千年文明的积淀成果，它们处在博物馆特定空间的话语场域中，是一种"自然"的存在。但如果离开特定的空间，进入当下的日常生活空间中，在转化为文创产品或艺术衍生品时，需要针对不同的使用目的、不同的接受心理来进行原图像的二次视觉化。例如公交车站景观设计（如图9－23所示）以及前文提到的石犀牛钥匙链和说唱俑软笔都以漫画式、夸张的手法凸显出石犀牛和说唱俑原物形象的呆萌可爱，就是为了符合年轻受众的消费审美需求。

图9－23　新都公交车站（笔者摄）

第二，认同阶段。当图像转化的外在形象被成都市民接受之后，其精神内涵能否被成都市民习得、认可，则要看是否找准了转化原型，其原型内涵与成都市民的集体精神是否匹配。例如，在成都大街小巷都能看到的各式各样的说唱俑图像，市民认同的正是说唱俑原型本身所表达的乐观积极的生活态度，因为其与成都城市文化底蕴中的"乐活"观念相一致，其图像被二度创作后，往往能得到市民认可。

第三，反思阶段。这是图像转化后审美主体与审美客体互动的最高阶段，不是每一次交往活动都能达到这一阶段，这是主客体相互对象化的结果，需要艺术的手段和更高层次的艺术观念的介入才能达到。例如，前文提到的"当代说唱俑"在视觉上追求的是视觉奇观与现代感，艺术家特意在雕塑头部加上极具特点的牛尾式发辫，在造型上突破了原作的特征，形成了自己独特的艺术符号。审美主体可以借此反思"都市中的你我是不是也在用夸张的动作和形态，掩饰着内心的不安与孤独"。

六、相关问题与对策建议

（一）现存问题

综合上述内容，可知成都市内的公共文化展陈空间经过几十年的发展，已根据各自藏品的特点打造出独具特色的文博审美空间，也进行了初步的图像转化活动。与当前国内同级别城市横向对比，可以看到以成都博物馆、四川博物院、金沙遗址博物馆等为核心的成都公共文化展陈空间，其公共图像接受与交往品质呈现出如下特点。

1. 公共文化展陈空间数量较多

对比国内其他城市，成都的公共文化展陈空间数量相对较多。除上文重点分析的成都博物馆、四川博物院和金沙遗址博物馆，武侯祠博物馆、永陵博物馆、四川美术馆、杜甫草堂博物馆等公共展陈空间也遍布成都的各个街巷。除此之外，成都当代美术馆、梵木艺术馆、麓湖 A4 美术馆、千高原艺术空间、成都蓝顶美术馆等上文未能展开阐述的私营艺术空间，以不定时的艺术临展和特展作为公共空间图像展示内容，也在以事件性的空间展示吸引着受众进行艺术图像的交往。而 2021 年底刚刚开放的天府艺术公园、2023 年落成开放的四川大学博物馆新馆、成都理工大学博物馆等一批公共文化展陈空间以崭新的面貌和全新的场馆空间亮相成都，势必为成都公共文化展陈空间带来新的活力。更不用提在城市核心圈层外的不少公共文化展陈空间聚落如三星堆博物馆、安仁博物小镇等，也在扩充整个城市的公共文化展陈空间版图……总之，成都的公共文化展陈空间在数量和规模上都已经走在国内城市前列，在数量、面积和内容的丰富性方面都展现出国家中心级城市的面貌。

2. 公共文化展陈空间展览较多

在数量和面积庞大的公共文化展陈空间基础之上，成都公共文化展陈空间的展览数量和频次也相对较高。这其中既包括成都博物馆、四川博物院、金沙遗址博物馆等公共文化展陈空间已有藏品的常设展，也包含公营和私营众多公共文化展陈空间的特色展览和临时展览。成都作为一座历史悠久的城市，其文物、文献和材料积淀非常丰厚，加之如太阳神鸟、说唱俑等国宝级文物，足以支撑体量较大的常设展览。新中国成立以来，成都也是中国文化艺术发展的重镇，诞生了如何多苓、张晓刚、周春芽等一批国内外知名的艺术家，又有较好的文化策展土壤和基础，因此在当代艺术的公共文化展陈空间方面，也拥有较为雄厚的积淀。

但是我们也应当看到，成都目前的艺术特展多以本土艺术家中小型展览为主，或是基于本土的大型"双年展"。在国际交流方面，成都公共文化展陈空间对比上海、北京等城市，完全不在同一级别。上海受众司空见惯的国际知名艺术思潮或艺术家国际巡展，在成都相对罕见。国际艺术巡展在成都的相对稀缺与成都经济发展、企业运营有着直接的关系，和城市口岸也有一定关联。从城市管理部门的重视程度，到企业的体量差别，再到受众的多寡，显示出成都在公共文化展陈空间的展览规模、质量、国际交流方面，与上海等城市仍有一定距离。

3. 公共文化展陈空间与受众的交互性相对薄弱

成都公共文化展陈空间与受众的空间交互，主要依靠多媒体技术，拓展图像与受众之间的空间交互关系。其中包括传统型＋全媒体技术手段辅助、沉浸式场景再现型＋全媒体技术手段辅助、遗址现场型＋全媒体技术手段辅助。但总体而言，除沉浸式场景再现型＋全媒体技术手段辅助，其他的交互关系是目前国内公共文化展陈空间的常规操作。并且由于技术的老旧，在公共文化展陈空间之中实际的交互体验效果并不理想，除去部分团体游和亲子游，多数受众对老旧固定设备的媒体技术手段辅助并不感兴趣，也并不愿意去排队体验。

沉浸式场景再现型＋全媒体技术手段辅助目前主要运用于成都博物馆的常设展中。对比四川博物院等公共文化展陈空间机构，成都博物馆在藏品的数量和文化记忆方面较为薄弱。为了能让受众在图像接受中可看、可玩、可学、可体验，成都博物馆在空间展陈方面用了很多心思。一方面营构了数个体量巨大的特展空间，用以承接国内外各类大型自然、文物、文献、艺术、民俗特展，另一方面则是在数个常设展厅之中，以各类多媒体技术营构全息沉浸式空间，让受众在图像的沉浸交互性体验中满足期待视野，补足文献文物展陈不足的遗憾。成都博物馆先天的不足反而使其成为成都市公营公共文化展陈空间中最具有图像交互性的场馆，为受众带来较为丰富、新鲜、沉浸的图像接受体验。横向对比之下，四川博物院、四川美术馆等公共文化展陈空间依旧延续了传统的展陈设计，与受众的交互性较弱，很难在当代快节奏、碎片化的城市生活体验中，满足城市广大受众的期待视野。虽然并不倡导公共文化展陈空间一味媚俗，但是作为为城市大众服务的公共空间，也无法完全脱离时代感知、精神和接受习惯。如何顺应时代加强空间本身与受众在图像交往方面的交互体验，仍是成都绝大多数公共文化展陈空间需要进行反思的议题。

4. 有一定图像转化，但仍有提升空间

如前文所述，成都公共文化展陈空间中的图像，有一部分已经开始逐步转化为徽标图像（LOGO）、文化创意产业形象等，走出公共文化展陈空间的限制，开始在日常生活世界更高频次地影响人们，促进受众之间的图像交往，使得日常交往行为被成都公共文化展陈空间中的明星图像浸染，呈现出成都文化记忆特有的文化形象品质。这其中，太阳神鸟、说唱俑、石犀牛、蜀绣蜀锦、大熊猫等图像的转化，已经取得了较好的效果。人们在桥梁、道路、地铁站、传媒图像之中与上述图像相遇，成都公共空间因为这些图像而具有文化气息，日常生活空间在图像接受中被激活，展现出城市文化的积淀和浓重的人文气息。

但无论是从成都千年文化历史积淀的角度来说，还是和北京、西安、兰州、台北等城市相比，成都公共文化展陈空间的图像转化成果在数量方面还是相对不足的。当前成都公共文化展陈空间的图像文创除了上述明星 IP，几乎没有第二梯队的图像进行补充，这就使得公共文化展陈空间的图像转化整体有一种匮乏感。这一现象突出了两个问题：一是对城市公共文化展陈空间图像的挖掘不够，二是文创团队、企业对公共文化展陈空间图像的二次创作在力度方

面有所欠缺。

（二）公共文化展陈空间提升建议

基于上述分析，我们发现成都在公共文化展陈空间布展理念进步的同时，仍然有改进的空间和打造成都文化图景新形象的可能性，为此提出几点建议。

1. 选择更具交互性的展陈方式，提升图像接受参与度和体验感

如今，公共文化展陈空间的主要受众群体已发生明显的变化，年轻化的参观者们已将"逛博物馆、美术馆"作为他们日常生活的一部分。因而，传统的展陈布展设计（其理念是将文物的知识性信息清晰明了地表达出来，让参观者获得理性层面抽象的文物知识）已满足不了参观者的要求，他们想要以最短的时间获得情感的洗礼和审美心理的高层次享受。

因此建议成都市各公共文化展陈空间，在设计理念上要注意凸显文物的审美价值和情感表达，应该注意环境氛围。装置物的设计应当尽可能地视觉化（凸显文物的图像特征）、叙事化（展厅有整体氛围设计的意识，注意文物与文物之间的关联，而非将每一个文物孤立看待）、场景化，符合时代的审美导向。在现有的展陈策划设计和新媒体交互的图像接受方面，成都博物馆等空间进行了一定探索，而其他公共文化展陈空间依旧较为传统，难以吸引新时代青年群体进行图像接受和交往（四川博物院在新媒体营销方面亦发力不足，过去几年不少优质特展在社交网络几乎没有宣传营销，导致线下观看和线上讨论热度不高）。以交互式、沉浸式多媒体技术丰富图像体验，替代原有呆板的传统装置和影像，能更好地展示公共文化展陈空间深厚的文化积淀，带来更广阔的图像展示空间，也使得空间中的文化传播和接受效果更为理想。

2. 突破文化地域限制，积极承办高水准特展

每一个地方性的博物馆，其展品往往带有当地浓厚的本土特色，这是地方性博物馆风格形成的根本。但在当代城市文化高速传播互动的进程中，这也是阻碍其突破文化"保护伞"的绊脚石。尤其是针对一直生活在城市中的本地居民，各类公共文化展陈空间馆藏展品和展陈几十年如一日的图像景观，难以产生持续的文化影响和吸引力。这就要求城市要有足够数量和体量

的高水准特展，持续激活本地受众的图像接受和交往热情，让城市文化活化和流动起来。

目前成都本土在博物和艺术消费方面还不如北京、上海等城市，但随着人口的不断增加和受众学历结构的变化，成都在文化消费方面的市场潜力正越来越大。因此城市管理者可以考虑协调相关机构、企业和策展人，尝试积极承办更多高水准的文化、文物、艺术类特展，既包括国内外优秀文物、文化、艺术巡展（目前成都每年只有个位数的国际高水平特展，且质量较之北京上海等城市稍弱），也包括国内其他城市公共文化展陈空间的交流联动。前者通过"引进来"能够激活城市本地受众的文化热情和文化消费，后者则在此基础上通过"走出去"在全国范围内提升成都市代表性文物的影响力，从而提升成都市对外宣传形象符号的认知度。文化的交流与联动虽然在一定程度上是文化市场自发的行为，但城市管理者也可以积极联络和协调资源，协助城市各方力量积极推动公共文化展陈空间数量、质量、内容和接受效果的加速升级。

3. 加强产业建设，孵化 IP，加强图像转化

成都公共文化展陈空间的图像转化从目前实际状况来看，转化手段还较为单一，绝大部分采用的还是单一原型图像的变形，采用视觉元素重组方式（是指将文物展品中的部分视觉要素提炼出来，与其他具有代表性符号特征的图像进行重组，以得到重构后全新的视觉形象）的比较少见。因此对于成都公共文化展陈空间图像进一步的二次创作和转化，是公共文化展陈空间图像打破空间限制，获得更强大文化影响力的重要手段。

成都目前的图像转化问题，主要还是归因于成都本土文化创业产业的规模、数量和业务水平距离发达城市仍有一定距离。这就使得相关图像的开发、创作和营销水平与城市飞速发展扩张的速度无法匹配。尤其是公共文化展陈空间的图像，通过二次创作、转化和营销，能够使其形象文化突破空间的限制，以商品、符号等更多元形象出现在城市日常生活空间或场景中，能够促进受众对历史、文化、艺术图像的接受频次和效果，从而增进对城市及其文化的正向认同和精神凝聚。因此，在城市文化进一步宣传推广的语境下，有必要加强本土文创产业的建设，加强公共文化展陈空间图像的转化与 IP 开发。一方面，

城市管理者需要意识到问题所在并协调资源；另一方面，必须扶持和鼓励本土文化创意产业企业、团队和个人的成长发展，这样才能让更多图像 IP 从行业中自然且源源不断地成长和壮大起来。

专题

专题一　成都大熊猫图像的生产与接受

一、大熊猫图像：成都市的城市形象战略聚焦

就目前的文化传播效果来看，成都或许是国内唯一一个将动物作为吉祥物和城市视觉形象标识，并能为国内民众广为熟知和认同的城市。当人们提及成都这座城市时，第一时间就会将其和一系列图像关联起来：大熊猫、火锅、川剧变脸、太阳神鸟、339 电视塔……这一系列图像多是成都独有的视觉文化标识，实际上大熊猫并非成都独有，而是广泛分布于四川、陕西、甘肃等地。今天人们提起大熊猫，总是第一时间想到成都，这一视觉符号的关联固然来源于自然的文化联想，但也和成都数十年的城市文化营销宣传密不可分。在文化传播从业者眼中，成都无疑是中国最擅长城市文化传播营销的城市之一，"成都从 2003 年请张艺谋导演城市形象宣传片《成都，一座来了就不想离开的城市》开始，就将大熊猫元素频频运用于各种类型的成都形象宣传片中，不断强化内外人群对'成都－熊猫'关系的认知"①。而对大熊猫图像和城市视觉文化的捆绑营销，就是成都近年来一直致力推行的视觉文化形象战略之一。

成都将大熊猫图像与城市视觉形象进行关联，早在 20 世纪 80 年代就开始布局，经历了三十多年，最终使得大熊猫代表成都城市形象这一理念深入人心，使其成为成都的城市文化重要"IP"（智力成果权）。而大熊猫图像在成都市内外的影响力扩展，大体可以用四个标志性事件作为阶段性划分。

---

① 邱硕：《成都与熊猫：城市形象符号的象征化》，载《中外文化与文论》，2018 年第 3 期，第 264 页。

（一）熊猫基地与熊猫大道

如前文所述，成都作为四川省省会和大熊猫资源充裕的重镇，在 20 世纪末就已经认识到了大熊猫作为文化符号的重要价值。成都首先是在 1987 年建立了"中国成都大熊猫繁育研究基地"（简称"熊猫基地"），其次是修建了联通市区与基地的"熊猫大道"。熊猫基地落成后不久，成都就自称"大熊猫故乡"，开始制造"熊猫故乡在成都"的舆论。熊猫基地和熊猫大道，使得成都开创了以大熊猫为旅游目的地和旅游产业的独特路径，从而使成都走上了一条以"大熊猫旅游"为特色的文化旅游城市，从而和雅安、阿坝、西安等其他拥有资源但未能形成城市战略的城市拉开了距离。

（二）从《功夫熊猫》到财富论坛

2008 年 5 月，美国动画电影《功夫熊猫》在全球公映，憨态可掬的大熊猫阿宝迅速在各个国家刮起一阵"中国风"，包括大熊猫、武术在内的一系列视觉文化成为全球流行文化的风潮。这部电影引起的流行文化风潮，让成都市迅速意识到大熊猫图像所隐含的成都形象价值以及成都主导国内外流行文化的可能性。在 2008 年，成都发生了两个重要的文化事件：一是成都行为艺术家赵半狄痛斥《功夫熊猫》对中国文化的盗窃，并借机展开自身的大熊猫艺术创作营销；二是成都市政府新闻办公室向《功夫熊猫》的出品方美国梦工厂动画公司发出邀请函，"邀请梦工厂动画首席执行官杰弗瑞·卡森伯格带领《功夫熊猫》续集的创作团队来成都，感受成都文化，亲密接触大熊猫"[①]。在这一番城市传播营销下，一是在国内文化传播中，成都的城市形象与大熊猫的关联更为紧密；二是在国际文化影响中，成都与大熊猫的图像符号捆绑也开始深入人心。尤其是 2011 年上映的《功夫熊猫 2》，更多的成都元素开始在影片中出现，成都的对外宣传也取得了新的成绩。

21 世纪初的一系列大熊猫图像捆绑与营销，充分说明了成都市将大熊猫图像打造为成都视觉"IP"的战略决心。尤其是在 2013 年成都《财富》全球

---

① 胡铁、阿杰、石鸣：《成都的全球营销之道〈功夫熊猫 2〉全球热映，阿宝身世之谜成都揭晓》，载《西部广播电视》，2011 年第 6 期，第 86 页。

论坛的熊猫形象在网络"翻车"后（详见第八章相关内容），成都市政府依然坚持"熊猫营销"的城市视觉形象宣传营销路线，能够看出在成都市的城市形象文化传播战略中，大熊猫图像已经成为不可或缺的独特图像呈现。

（三）成都 IFS

2014 年，位于四川省成都市锦江区红星路和大慈寺路交会处的成都国际金融中心（简称"成都 IFS"）正式开业。这一集写字楼、购物中心、酒店等功能为一体的城市综合体不仅改变了成都购物零售业的格局，同时也贡献了一个成都著名的文化旅游新地标。而在这一综合体建筑外立面延伸到七楼的天台广场似乎是"无心插柳"的一件装置艺术，则将成都大熊猫视觉形象提升到一个新的阶段。

这一装置艺术作品名为"I AM HERE"，整体形象为一只高 15 米、正在沿着建筑物外立面攀爬向天台广场的大熊猫（如图 1 所示）。与传统大熊猫艺术作品偏亲子向，可爱卡通幼稚萌态的造型相比，"I AM HERE"显示出更为鲜明的现代感，整件装置艺术作品的外表由 3000 多个几何形切面构成，形态整体虽然较为具象（装置正好中和了 IFS 本身包豪斯建筑的极简感，成为现代主义建筑的小品式点缀），但细节构型呈现出抽象艺术的简约感和前卫感——这一感知正好和 IFS 及旁边远洋太古里的国际时尚商业中心形成主题呼应。据报道，这一艺术作品本来是庆贺 IFS 开业的特展装置，但因为太受成都民众欢迎最终决定留下成为一件常设艺术作品。而正是因为这一作品广受本土及国内游客的喜爱，IFS 由原本的购物中心，一跃成为今天成都旅游必去的文化旅游景点，成为游客争相拍照打卡的城市文旅地标。

图 1 成都 IFS 楼顶的熊猫装置（引自 **IFS** 官网）

成都 IFS 的大熊猫装置艺术不仅创造了新的文旅地标，也极大改变了成都大熊猫图像的创作风向。当代艺术家的创作打破了成都大熊猫图像原本单一亲子向的幼稚造型格局，人们意识到大熊猫也可以是当代的、时尚的，大熊猫视觉文化创作的思路被打开，逐渐呈现出更多元的创作倾向。但本土创作能力的局限则导致最终出现了一大批"I AM HERE"的仿品。被打开了思路但没有足够先锋原创能力，大量模仿这只具有抽象风格的熊猫装置，但多为东施效颦。较早有婚戒品牌在 IFS 广场以相似设计思路仿造一只单膝跪地送钻戒的几何形体拼合熊猫，近年在 339 电视塔、北湖公园均发现类似设计思路的大熊猫雕塑，区别仅为熊猫形态的差别，以及将三角形切面替换为菱形等。这些仿品也成为成都大熊猫雕塑和装置呈现的新景观。

（四）成都大运会

原定于 2021 年 6 月于成都举行的第三十一届世界大学生运动会延期两次，最终于 2023 年 7 月 28 日至 8 月 8 日顺利举行。围绕着大运会开展的一系列筹备活动突出地反映在成都的城市基础建设和城市形象建构宣传中。这其中最为突出的就是成都大运会的吉祥物"蓉宝"。关于"蓉宝"的设计和营销相关内容，在本书第八章已有提及，这里需要强调的是在大运会筹备工作的过程中，由于北京冬奥会吉祥物"冰墩墩"一夜爆火，并成为网络舆论中的"顶级流量"，成都市政府注意到大熊猫形象的影响力，并于2022年3月对"蓉宝"的形象进行了紧急调整，使其从原本被大众调侃的"鬼火熊猫"，变成了如"冰墩墩"般萌态可掬的可爱圆润形象。相信在今后的国际性赛事、展会等大型活动中，成都市政府会更加注重对大熊猫图像的设计和营销。

围绕着成都大运会这一国际赛事，成都在城市公共空间也进行了整体的基础建设提升和相关图像升级。这其中既包括对绿道、社区的整体视觉品质提升，也包括对熊猫大道、蜀龙大道等重点街区进行视觉工程重构。在街区视觉工程重构的过程中，大批大熊猫图像被采用。在蜀龙大道下穿隧道的墙面上，大量大熊猫图像作为涂鸦手绘图像呈现在街道两侧；北湖公园附近，各色大熊猫雕塑和装置艺术作品在空地、广场和街边建筑遥相呼应；而街边熊猫主题的公交站、灯箱等公共设施装置，则更吸引受众的眼球……通过这一轮城市基础设施建设和公共图像视觉提升，成都在城市公共空间的视觉呈现上已经成为名副其实的"熊猫之都"。

总而言之，在上述四个时间节点中，成都市完成了大熊猫图像在城市视觉形象宣传营销中的四次转型。第一次转型将大熊猫与城市形象借由文化旅游产业捆绑起来，第二次转型将大熊猫图像正式打造为成都城市形象的视觉名片。第三次转型挖掘出大熊猫图像自身在艺术探索、时尚文化方面的更多可能性，并实现了大熊猫图像"由上到下"营销到"由下到上"自发传播的转型。第四次则呈现了城市整体公共视觉形象的转型，并展现出可能在未来出现的对大熊猫图像设计升级的重视。四次转型一言以蔽之，就是大熊猫图像在各个维度、各个媒介、各个方面，都已经成为成都城市形象战略不可或缺的利器。

二、大熊猫图像在城市公共空间的呈现与分析

作为成都市政府城市形象战略的核心图像，大熊猫图像不仅在熊猫基地等景点或是各类传播媒介上进行广泛宣传营销，也大量出现在各类城市公共空间中。之前的章节已经重点论述了成都市公共赛事/展会空间之中，大熊猫图像的呈现、视觉品质以及相关的图像接受与交往，在此不再赘述。而成都广场公

共空间之中的大熊猫图像，目前来讲在体量、视觉呈现、影响力方面也较为薄弱。因此，这里主要集中论述街道公共空间和商业公共空间之中，大熊猫图像的视觉呈现。

（一）街道公共空间中的大熊猫图像

在"熊猫之都"的成都市，街道公共空间内无论是绿地、公园、空地、河道，还是街头装置、建筑外墙等空间，总是不乏大熊猫图像的身影。尤其是坐拥熊猫基地和熊猫大道的成华区，更是将大熊猫图像作为街道景观的主力。新鸿路街道两侧的配电箱外侧白色围栏，被喷涂了大熊猫的图像；猛追湾的电线杆上，被涂鸦了成华区文旅的大熊猫图像符号以及各种 IP 来源不明的大熊猫图像；街道两侧的建筑外立面外墙涂鸦，也多以大熊猫图像作为主题符号。在望平街、沙河城市公园等公共空间，更是随处可见大熊猫的雕塑小品。而蜀龙大道下穿隧道的两侧，则是区政府打造的大熊猫主题风景墙。可以看到，大熊猫主题的各类图像，已经渗透到了以成华区为核心的成都市街道公共空间的方方面面（如图 2、图 3、图 4 所示）。

图 2　成都市新鸿路配电箱外侧围栏的大熊猫图像喷绘（笔者摄）

图3　成都市蜀龙大道下穿隧道的大熊猫主题风景墙（笔者摄）

图4　成都市街头常见的大熊猫涂鸦（笔者摄）

成都市街道公共空间中散布的大熊猫图像，在今天已经成为无法忽略的城市景观。在街道空间中，大熊猫图像多是以小品、涂鸦、小型符号、街景等方式出现，在图像接受过程中，这些作为街头小品的图像并不会被当作主题性的图像进行凝视和审美分析，更多是作为日常生活连贯性中微不足道的"小玩意儿"，但在日常生活场景中呈现出一种氛围性的意义勾连。图像氛围的营构，既能在公共空间中对受众发挥潜在影响，又能够呈现出一种意义整体勾连的暗示。[①] 而遍布成都街道公共空间的大熊猫图像，则在城市空间中以图像氛围营构和意义暗示，形成如下受众认同与交往。

首先是针对成都本地居民。空地、街道、绿地、公园、小广场中无处不在

---

① 相关理论基础在本书第三章有专门解释，这里不再赘述。

的大熊猫图像在长期的氛围营构中，在本地居民的图像接受行为中逐渐形成一种意义暗示，即对成都文化和大熊猫文化合而为一的城市文化认同。在长期的图像接受行为中，成都本地居民逐渐对大熊猫图像习以为常，在脱敏的反应中将大熊猫深度接纳为城市日常生活的一部分，从而在潜移默化中自我建构出对"熊猫之都"意义的认同和接纳，将之认同为城市文化的一部分。熊猫文化作为成都城市形象建构的利器，被城市居民内化为成都日常世俗的城市文化，文化宣传和营销就不仅是"自上而下"的广播，而是基于成都市民与其他受众自发形成的城市文化意义交往行为。城市文化的推广就变得更加立体。

其次是针对外地游客。本地居民习以为常的街道公共空间图像，对外地游客来讲，却是异域的城市奇观。必须承认的是，成都以动物为城市形象营销，大熊猫图像在街头的景观氛围，是国内其他城市难以比拟的。因此，成都街道公共空间的大熊猫图像对于外地游客来讲并非仅仅是一种隐没在生活连续性中的片段，而更加贴近文化旅游的整体城市景观。外地游客在不同的大熊猫图像面前停住脚步、凝神观看、发出赞叹，大熊猫图像建构的街道公共空间的氛围，就成为成都文化旅游的重要组成部分。因而，城市街道公共空间林林总总的大熊猫图像，就成为城市形象对外营销和文化输出的一柄利器。

（二）商业公共空间中的大熊猫图像

与如火如荼蔓延四散的街道公共空间形成鲜明对比，在成都商业公共空间之中，大熊猫图像是相对少见的。除了作为城市门户地标的春熙路、IFS、339电视塔，其他的城市综合体或商场中，除了个别品牌零售店或是亲子项目，在公共空间整体的视觉营构中，大熊猫图像的身影相对较少。因此，这一类城市公共空间在视觉呈现上也缺乏成都城市形象战略的符号特色（个别门户地标除外），更多呈现出的是现代城市标准化、国际范的图像氛围。

公共空间图像品质的差异，核心原因在于两类公共空间的受众并不相同。城市街道公共空间是城市居民和外地旅客共同分享空间和视觉经验之处，因此成都市政府着力打造街道公共空间，使其成为城市视觉形象和名片的一部分，这其中就包括作为"熊猫之都"的成都市的图像名片。但商业公共空间的空间逻辑不同。除春熙路、环球中心、339电视塔等城市地标之外，绝大部分商业公共空间的受众都是本地居民。本地居民在商业公共空间之中消费、娱乐、餐饮、交往，在城市日常生活的连贯性中与空间氛围和视觉呈现进行交往，而这些在本地居民看来不可或缺但又习以为常的公共空间，在很多外地游客看来是缺乏旅游和参观价值的。因此除了个别地标景点，商业公共空间就成为与外地游客无关的本地居民的专属领域。

在这一领域中，城市商业公共空间的空间建构、氛围营造和主题图像展示的逻辑必然是为本地居民优先服务的。对于成都本地居民来讲，大熊猫是在日常生活和文化营销轰炸下习以为常的图像呈现。甚至与外地旅客对大熊猫的狂热喜爱相比，成都本地居民对大熊猫会有一种基于日常生活司空见惯的"冷漠感"，因此在成都人与成都人的对内交往中，大熊猫图像无论在氛围营构还是社交货币方面，都是一个无效意义。商业公共空间中的大熊猫图像，并不能成功引起视觉的触目和商业营销的转化（亲子项目是为数不多的例外，孩子总是喜欢萌物），反而可能破坏封闭空间之中整体空间视觉营构的调性。本地居民对大熊猫图像的相对冷漠以及商业公共空间自身的逻辑使得大熊猫图像在这里很难呈现"图像爆炸"的景观。

通过比较城市街道公共空间和商业公共空间对大熊猫图像营销和接受的"冰火两重天"，我们注意到，以城市为界，成都本地居民与外地旅客对大熊猫图像的接受程度，显然存在不小的差异。一方是基于城市形象认同和常年意义浸染的日常化接受效果，另一方则是在异域中对陌生的图像产生惊奇化的接受效果，大熊猫图像在两类人群的眼中呈现出不同的意义品质。这也就导致对大熊猫图像接受效果和交往行为的分析，势必要划出"内外"之界。在对内传播营销方面，本地居民基于对城市视觉文化常年的认同，对大熊猫图像具有情感上的亲近感，但同时也免不了审美疲劳。因而，基于图像本体的再次创作，其现代性、时尚性、创新性、意义感，是本地居民在图像接受和交往中更为看重的。这也就解释了为什么成都 IFS 大熊猫装置作品亮相时，迥异于同类型视觉形象呈现的抽象和前卫的形象，让本地居民眼前一亮，并为之疯狂。而针对外地旅客的传播营销而言，大熊猫图像是其日常生活中较少见到的图像，本身已经具有新奇性，因而图像的数量、综合品质和情感的亲近性（也就是所谓的"萌感"等情绪效力）是考量其图像接受效果的要点。简言之，本地居民希望大熊猫图像的营销宣传更有创新性和时尚感，外地游客则希望此类图像更萌、更多。

两种迥异的期待视野，对成都市政府的大熊猫图像营销形成了双重挑战。一方面，对于大量出现在本地居民的城市公共空间中、与本地居民朝夕相处的图像景观，城市居民的接受喜好必然是不可忽略的考量；另一方面，作为城市对外形象宣传的利器，大熊猫图像的构建，又必须能够击中外地游客的情感。加上成都本土图像设计资源的局限，就使得图像的设计、宣传、营销在不同力量的撕扯间艰难制衡。前文提及成都大运会的吉祥物"蓉火"就是这一撕扯制衡的产物。初版方案基于本地居民的期待视野，通过色块剪影式设计，相对更突出图像之"新"；在见到北京冬奥会"冰墩墩"的成功之后，又对其形象进行改造，以牺牲特色为代价突出新版造型之"萌"。而更多的图像设计，也都在两类受众不同的期待视野中左右为难，或是艰难寻找平衡，或是让天平彻底倾斜。

三、成都公共空间中大熊猫图像的品质分析

成都各类公共空间之中，从细节的符号装饰、公园绿地的装饰、各类活动的吉祥物，到较大体量的审美景观呈现，游客和市民无时无刻不在和各种大熊猫形象接触。如果进行图像的视觉审美品质分析，则不难发现，成都公共空间之中大熊猫图像整体品质是参差不齐的。从图像的创作动机、视觉呈现以及符号价值来看，成都目前的众多大熊猫图像主要可分为以下几种类型。

（一）具有设计感的大熊猫图像

在成都较为重要的文化旅游类公共空间，以及近年更新的街道公共空间，大熊猫图像的视觉品质呈现出更强的审美性和设计感。这一视觉景观呈现主要是基于成都市对外交往的诉求，试图通过公共空间中的图像呈现，在外地游客的图像交往行为中建立两种印象：一是成都城市文化的独特性和娱乐性（突出体现为大熊猫图像的符号所指意义），二是成都城市文化的现代性、审美性和品质感（突出体现为大熊猫图像本身的设计感）。因此这类公共空间之中，大熊猫图像往往品质更为优秀，展现出城市大熊猫文创产业积极向上的一面。这其中既有政府的主导和干预，也有作为城市门面的产业、企业和商铺自发设计、采购和呈现。

如宽窄巷子，作为主打成都市井文化的文旅公共空间，其街头巷尾少不了精致的大熊猫图像。宽窄巷子作为成都文旅集团打造的旅游景区，其公共空间中诸多细节首先就充斥着成都文旅集团的企业 LOGO：一个由两个黑色半圆、两个水滴拼成的抽象大熊猫形象。再看商铺，商家"52toys"设计的"PANDAROLL"形象，置于店铺门头，具有设计感又软糯慵懒的大熊猫形象，成为宽窄巷子市井文化的现代版注解（如图 5 所示）。宽窄巷子内的"Panda House"、巷子周边的"熊猫邮局"等文创店铺，则在门头和店铺内，呈现更多的大熊猫文创产品的形象，使得公共空间在视觉上更具"熊猫风"的时尚活力，从而让过往游客在图像接受中对成都文化能够有更为多元丰富的理解。最后看各类活动，宽窄巷子各类主题节庆活动，也少不了大熊猫的身影。2015 年，数百熊猫雕塑占领宽窄巷子东广场，以装置艺术的形式搞了一场"熊猫回家"环保公益主题展览；2019 年配合成都世警会的活动营销，十余个演员穿着大熊猫服装，在宽窄巷子东广场针对游客搞了一场热闹的"突袭"快闪活动；而 2021 年，成都大运会的吉祥物"蓉宝"也去宽窄巷子快闪（如图 6 所示）……在成都的旅游景点，游客总能以各种各样的方式与大熊猫图像相遇。

图 5　宽窄巷子的"52toys"文创店铺门面（引自网络）

图 6　宽窄巷子的熊猫"蓉宝"快闪活动（引自红星新闻）

在成都不少街区中，因为社区、商业、个体自发的设计和创造，街道公共空间的墙面、门面等也呈现出不少具有设计感和品质感的大熊猫图像。尤其是在最近几年玉林、兴蓉街、营门口、为民路等社区更新的过程中，大量社区艺术家和设计师以街头涂鸦的方式，创造了不少生动、活泼、具有生活气息的大熊猫图像。相较于城市文旅门户的公共空间的官方属性，这些成都市民居住生活的街区中，大熊猫图像的呈现、生长和提升，更为强烈地反映出成都本地居民对大熊猫图像的接受程度，并更加直观地反映出成都本土艺术创作的水平。这其中不乏具备设计感、时尚感和街头审美效力的佳作，如武侯区玉林街住宅楼墙面，就有以"携手绽放"为主题的大型街头涂鸦作品（如图 7 所示），整个绘画图像呈现出非常精巧的插画风格，为玉林社区原本具有历史感和破败感的老街增加了童话般的视觉活力。这类具有精巧设计感的图像在城市公共空间中不胜枚举，散布在成都大大小小的街区中，展现着本地居民对日常生活的热爱以及无尽的创造力。

成都市公共空间之中具有较高品质的大熊猫图像不胜枚举，品类风格也非常多样。在笔者近年的案例搜集中，发现以下几类大熊猫图像的风格较为凸显。

1. 插画风大熊猫

这类大熊猫图像没有城市宏观的设计思路，主要依赖设计师或艺术家个人的审美修养和技艺。成都作为西南艺术和设计重镇，拥有西部城市首屈一指的艺术家和设计师资源。在资源配置得当的前提下，大量艺术家和设计师都能够创作出精品图像。上述玉林街道的大熊猫墙面涂绘就是一个典型案例。艺术家以精巧细致的功力在墙面绘制装饰风格极强的大熊猫插画，以个人艺术修养成就了街道公共空间一个极具当代街头美学的生活场景，激活了空间之中市民的交互关系，让城市公共空间更具活力。

图 7　成都武侯区玉林街的"携手绽放"墙绘（引自网络）

2. 抽象风大熊猫

这类大熊猫图像的发展有两大渊源。一是当代艺术和设计思潮对抽象主义、极简主义的推崇，使得在 2010 年前后，这一风潮逐步从学院象牙塔走入日常生活世界之中，配合当年一些国际品牌在成都市的社会消费风潮，使得大量本地市民对抽象极简图像有较高认同度。二是 2014 年 IFS 大熊猫的火爆，也让政府、企业和受众看到了具有前卫感的抽象风格大熊猫的物感能量。在之后的几年间，成都市也在各个公共空间置入各种具有抽象风格的前卫物感大熊猫图像。这其中既有大量以大熊猫形象的视觉元素抽象化后的"写意"组合平面呈现（如图 8 所示），也有立体化的雕塑或装置（如图 9 所示）。值得一提的是，成都熊猫基地及周边的公交站、街道公共空间装置、雕塑等图像，在 2021 年的"蜀龙路、熊猫大道改造工程"竣工后，蜀龙路、北湖公园和熊猫基地一带统一呈现出具有现代感、前卫感的抽象视觉风格，使得熊猫基地及周边在图像风格氛围营构中，呈现出更为强烈的前卫现代风格（如图 10 所示）。

图8 成都地铁3号线"熊猫专列"中的大熊猫抽象图样（引自网络）

图9 成都市北湖生态公园的大型熊猫装置（引自网络）

图10 成都市熊猫基地具有抽象前卫风格的正门设计（引自网络）

3. 国潮款大熊猫

这类大熊猫图像的设计理念是在大熊猫视觉形象的基础上，与各类"国风"视觉元素融合，从而设计出更具有"中国风"或地域特色的视觉形象。这一设计理念自 20 世纪末就开始在国内流行，以 2008 年北京奥运会的"福娃"形象为经典代表，旨在以视觉符号堆叠的方式，让图像传达更丰富的文化意义，从而达到文化宣传效果。"经过艺术的加工，大熊猫成为成都旅游文化元素中自然景观、人文、民俗的鲜活代言人"①，被叠加了成都文化元素的图像，在接受行为中帮助受众接受了更多城市文化信息。2019 年成都亚洲美食节的吉祥物图像"胖墩"就是一个经典案例（如图 11 所示），在大熊猫形象的基础上叠加了川剧的服饰和姿态等视觉元素，使得图像呈现出"大熊猫＋川剧"的视觉意义，有助于外地游客深化对成都文化的印象，从而实现图像交往的互动效果。

图 11　2019 年成都熊猫亚洲美食节吉祥物"胖墩"图像（引自网络）

4. 亲子款大熊猫

这类大熊猫图像在成都公共空间尤其是商业类公共空间中更为常见，原因在于"游客对大熊猫各方面的特质感知中，对于'可爱'特质认同度最高"②，而对于本地市民来讲，在具有较高设计品质的前提下，憨态可掬、老少皆宜的

---

① 彭雪梅：《成都大熊猫文化创意产品开发现状研究》，西华大学硕士学位论文，2021 年，第 35 页。

② 王汝辉、谢梅、李雪霖：《大熊猫生态文化旅游产品形象感知研究——成都熊猫邮局游客调查》，载《中华文化论坛》，2016 年第 3 期，第 170 页。

大熊猫图像也是受欢迎的。基于商业营销的目的，"设计特点是放大了头和眼、缩小了身体，头身比例一般在1：1至1：2之间，整体呈现较为可爱、萌的形象，受儿童及年轻人喜爱"①。这类大熊猫图像在城市公共空间的呈现，不仅带来更为柔和亲切的氛围，还在一定程度上促成了亲子消费。而图像本身品质呈现的效果，主要依靠设计公司的水平和能力：优秀的设计公司或工作室在商业行为中通常能够产出合格的作品。因案例过多，此处不再一一列举。

5. 写实风大熊猫

这类大熊猫图像在视觉呈现方面并无太强设计感，主要呈现为真实大熊猫形象的摹写或再现。虽然二次创作的缺席导致这类大熊猫图像没有强烈的视觉美学风格，不过也避免了因为创作力设计力的局限可能造成的失败，最终展现出一种"无功无过"的视觉效果。如图12中的壁画，在大熊猫形象上较少二度创作，而更多将精力放在壁画画面本身的营构上，最终呈现出具有审美性的壁画整体和没有太多记忆点的熊猫图像。此外，城市公共空间中时常出现的大熊猫摄影或摄像的写实纪录图像，也属于这一类别。

图12 成都南三环路的熊猫壁画（引自网络）

上述几类大熊猫图像远不能涵盖成都城市公共空间之中大熊猫图像的设计风格，除此之外不乏更多方向的创造（如东郊记忆和天府绿道中以雕塑物阵呈现的"HEART-PANDA"彩绘雕塑艺术风格、都江堰"自拍大熊猫"的地

---

① 彭雪梅：《成都大熊猫文化创意产品开发现状研究》，西华大学硕士学位论文，2021年，第38页。

景艺术风格等）。不过，这类精工细作，具有品质感、审美感和现代性的图像并非成都市公共空间的主流。不少本地居民对大熊猫图像的日常感知，和所谓设计感和品质感恰恰相反。这就不得不提到下一个类别的图像。

（二）"野生疯长"的大熊猫图像

2022 年，视频网站哔哩哔哩用户"盆摆鱼"一组"蓉城丑熊猫图鉴"的自制短视频，开始在网络传播，几个月内已有数十万点击量。这组视频中记录的成都街道空间中的大熊猫图像，才是与成都本地居民日常照面的视觉文化主体（如图 13 所示）。这些大熊猫图像基本都是由基层社区和相关组织设计和绘制的，但整体视觉呈现却彰显出一种"野蛮疯长"的粗糙感：大熊猫的造型绘制粗糙甚至简陋，多为模仿或者简笔画呈现，配色、细节等极为敷衍。与成都门户级别公共空间的大熊猫图像精致、具有设计感和时尚感的风格大相径庭，普通街区、空地、建筑中的多数大熊猫图像，却是集粗糙、简陋、敷衍于一体的视觉文化。这些图像在本地市民的图像接受中，形成的意义感知无助于建构对城市的文化认同——人们或是在大熊猫图像的审美疲劳中对这些无穷无尽的低质图像表达反感，或是选择忽略这些光怪陆离的大熊猫图像，假装这些粗糙的视觉效果不曾在日常生活中出现。

图 13　网络视频"蓉城丑熊猫图鉴"截图

原本是用来进行城市文化宣传与认同建构的大熊猫图像，在街区粗糙低质的"野生疯长"，呈现出粗制滥造的图像景观，这就使得城市街道、社区、空地等城市肌理深处的景观与门户地标级别的公共空间图像呈现形成了较大反差。这些图像的品质呈现有两个问题。首先是审美层面，过于粗糙、简陋的大熊猫图像的视觉呈现，与成都市的城市定位形成了极大反差。其次是意义层面，这些大熊猫图像，多数在意义或是 IP 的呈现上，和成都市的定位、形象、文化几乎没有有机关联，而是自行其是，野蛮生长，展现出浓烈的"山寨感"。这些野生疯长的粗陋大熊猫图像，对于城市公共空间的认同和交互，很难产生积极正向的作用（除去以城市公共空间中巨大"物阵"① 形式的图像哲学感，震慑外来游客这一正向效力），无法让受众对大熊猫乃至城市产生认同和亲近感。而追究这一"野生疯长"现象的原因，则无非以下几点。

1. 政府关注的缺失

近年来，成都市政府对大熊猫相关视觉品牌的关注，主要集中在对外营销和推广上。市政府致力通过各类传播媒介的宣传片、门户公共空间和文旅公共空间中的大熊猫精品图像，对外展示成都的城市文化魅力，从而与省内外游客建立图像交往关系，形成城市经济和旅游文化的双向互动。但相较而言，在成都本地居民对大熊猫图像的接受和交往行为方面，成都市政府并未过多关注。这就使得"熊猫名片"与本土居民关联不深。当政府着力打造对外宣传图像的精品呈现时，本地社区内图像的"野生疯长"不可避免。

2. 社区基层不够重视

在市政府宏观关注缺失的前提下，对社区、街道、建筑等公共空间的风貌提升和审美营构，管理策划就主要由社区基层管理系统来完成。而对于基层管理来讲，市政视觉提升与社区改造，其核心在于市政管理任务的执行，而非社区审美的专业性提升。也就是说，在传统行政思维的惯性下，图像在街道公共空间的"完成"，是远优于图像"审美"的行政关注点的。因此，在成都市

---

① 吴兴明：《论前卫艺术的哲学感——以"物"为核心》，载《文艺研究》，2014 年第 1 期，第 10 页。

"十三五"规划要求中，在成都市街道公共空间文化创意发展"重点发展房屋建设工程设计和道路、隧道、桥梁等工程设计，注重绿化、居民小区、现代商业街区、商业中心、市政工程规划设计等重点领域，融特色文化创意、特色文化符号于建筑设计之中，凸显成都独具魅力的城市文化形象，赋予传统文化新活力"[①] 的政策导向下，基层往往优先重视完成宏观市政任务，而对任务的执行质量参差不齐。此外，社区基层管理对街头艺术、图像设计等往往外行，也没有有效的平台对接行业专家、公司和个体，这就使得包括大熊猫在内的公共空间图像品质更难得到有效干预和提升，从而呈现野生疯长的粗糙感。

3. 文化产业不够发达

对成都市各个文创街区进行梳理，不难发现，部分有文创工作室进驻的街道公共空间，图像品质相对较高（如奎星楼街、东郊记忆等）。原因是在地艺术家、设计师或工作室对社区图像进行了创造或干预。然而，相较于北京、上海等城市，成都文化产业的发展规模和水平还有一定距离。一方面是头部文创企业数量稀缺，另一方面则体现为艺术类高校和专业规模不足、小微文创企业和艺术设计工作室数量较少，这些都使得行业对城市公共空间视觉呈现的干预力和创造力较为有限。行业发展的滞后导致从业人员能力有限，这也成为"丑熊猫"出现的原因之一。

（三）版权成谜的大熊猫图像

在加入世界贸易组织（WTO）后，我国在版权的保护意识和法律层面逐步确立和完善。这一方面体现在国家对正版文化制品的保护和盗版文化制品的打击，使得国内在 2010 年之后整个文化市场逐步走向规范；另一方面则体现在2015 年前后掀起的"IP 热"，在知识产权保护基础上的文学、形象和图像生产的产业浪潮，成为不可忽视的文化产业景观。然而，受制于国内发展的不均衡以及旧有的版权意识淡漠的群体思维惯性，国内仍存在不少"产权不清"的文化内容。成都市公共空间中的不少大熊猫图像，就位于这一模糊的区域之中。

---

① 薛继业：《成都市文化产业发展"十三五"规划解读》，转引自 zgscys.com/news.php?pid=86&id=7147。

　　2019 年的"澎湃新闻"曾刊载成都市政府运营号发布的新闻《全网都在等的这幅壁画终于完工啦！成都又多出一个全新打卡地》，以新闻的方式宣传"十三五"期间成都街道公共空间图像品质的大幅提升，从而进行城市文化营销。新闻中大量街道公共空间的墙面作品都由国内外街头艺术家或艺术团队完成，图像具有强烈的时尚感和现代感，在老城街道公共空间之中呈现，激活了原有沉闷的公共空间氛围。然而其中一幅成都市金牛区为民巷老住宅楼外立面的墙面涂鸦，却显得有点怪异：图像呈现的并不是艺术家原创的形象，而是美国梦工厂著名动画电影《功夫熊猫》中的大熊猫形象"阿宝"（如图 14 所示）。作为国际知名城市的官方行为，这一图像版权在公共空间的"借用"已有侵权之嫌。另一个版权成疑的则是成华大道街道两旁配电箱外围栅栏的大熊猫图像喷绘，其中一个大熊猫形象，与世界自然基金会的会徽中大熊猫图像高度相似（如图 15 所示），这不免令人质疑其版权来源。类似版权成谜的案例在成都公共空间之中并不鲜见，虽然多数图像的目的是公共空间内的城市形象宣传，并不涉及商业盈利，即使没有获得授权也很难被版权方追究，但在社会版权意识日益提升的当代，这类版权成谜的图像在城市公共空间中的现身，势必会引来对版权的质疑，从而在城市与市民的图像交往中呈现出"以言取效"的负面效果，最终招致图像受众对图像传播主体及其内容的不信任感。

图 14　成都市金牛区金沙巷的"功夫熊猫"涂鸦（引自网络）

图 15 成都市成华区新鸿路街头的大熊猫喷绘（笔者摄）

另一种典型的现象则是对已经成功"破圈"的大熊猫图像进行致敬、模仿和二次创作。这些大熊猫图像虽然在形象呈现方面与原作有不同程度的差异，能够看到进行了不同程度形象的改造，但从核心创意和视觉风格仍旧能明显看出借鉴来源。如前文所述，2014 年成都 IFS 的大熊猫图像"I AM HERE"迅速蹿红成为成都市文化新地标后，引来无数致敬、模仿和借鉴作品。无论是339 电视塔、北湖公园这种城市地标级别的公共空间，还是街道公共空间的涂鸦墙绘，总能看到各种以几何形体拼成的熊猫形象的仿作。这些仿作整体质量良莠不齐，但以粗糙之作居多。而这类图像在成都公共空间之中的集体出现，在图像接受中不免给受众一种低质而高度重复的感觉：似乎偌大一座城市之中，形成 IP 系列的（暂且不谈版权问题）仅仅是这一个图像而已，不免会在图像接受之余感叹城市中图像原创力的匮乏、嗟叹"山寨"在城市公共空间中的大行其道。另一个突出的案例则是自成都大运会吉祥物"蓉宝"正式发布以来，也迅速成为街头巷尾公共空间中随处可见的图像 IP。这其中既有成都市政府在街道公共空间的原版招贴、广告、宣传、路牌、装置等，也有不少第三方机构或自制的二次创作（其中一个花坛园艺的"蓉宝"图像，在"蓉城丑熊猫图鉴"视频中榜上有名）。大量"蓉宝"出现在城市公共空间之中，渲染了大运会国际体育赛事活动的"节庆"氛围。不过对穿梭于城市街道深处的成都本地居民来讲，2022 年前后两版"蓉宝"图像加上大量良莠不齐的二次创作，也不免留下图像矩阵过于混乱的观感。

总而言之，无论是明确的版权上存在问题，还是以变形的方式进行致敬、模仿或借鉴，版权成谜的大熊猫图像都难以在图像受众（以本地居民为主，也包括部分在成都公共空间"深度游"的外地游客）之中建立正向的沟通交往关系。从动机来讲，版权方面存在问题和争议的图像，和成都市力图打造的国际化城市理念是相悖的：所谓"国际化一线城市"，不仅在于城市硬件设施，也不仅在于产业、文化等要素，更为关键的是城市公共意识与当代、与国际的接轨。版权作为当代重要的法律问题和文化问题，无疑是于细节处考量城市公共意识的重要命题。对于版权意识的轻视，在图像交往中图像作为"以言取效"的言语行为媒介，在自身表意之外所传达的就是对当代意识的不重视，受众很容易因此对表意本身产生质疑。从图像效果来讲，大量拟作、仿作、无版权的抄袭之作，抛开本身模仿水平差异造成的图像品质良莠不齐，还反映出城市文化原创力的匮乏。大量雷同的图像在城市公共空间之中复制拼贴，而创新性的图像匮乏，显示出城市文化创造力的薄弱。因此，这类图像虽然不似"野生疯长"的大熊猫图像那般在审美上令人不适，但是其创造力的匮乏，以及对版权的损害，对城市形象建构有着更为深远的负面效应。

四、成都公共空间中大熊猫图像的问题及改进策略

（一）存在问题

通过上述对较为典型或知名大熊猫图像承载空间及图像品质的分析，不难得出结论。成都近年来以大熊猫图像在城市公共空间的投放作为城市视觉文化的聚焦，在近二十年的战略发展中，取得了较为丰硕的成果。这主要表现为两点：其一，以成都市公共空间为承载，设计、投放和绘制了海量的大熊猫图像，在城市生活空间中形成了具有视觉冲击力的"熊猫矩阵"图像物阵，成为城市标志性的视觉景观。其二，打造了一系列经典的大熊猫形象，以兼具审美性、时尚型的造型，在城市图像传播、接受和交往层面都形成了非常好的互动效果。但聚焦于下一步城市战略的发展，我们仍需注意到目前存在的问题和不足。

1. 数量庞大但品质参差不齐

就目前而言，成都各类公共空间中仍有数量庞大的大熊猫图像，或是制作粗糙，或是版权存在争议。这些粗制滥造、缺乏原创性的图像在城市公共空间之中的整体呈现，使得城市整体视觉表征形象与政府想要塑造的"国际化大都市"形象多多少少产生了一些差距，在图像接受的过程中不免令受众诧异于城市的图像管理水平与城市文化创意产业水平。而在日复一日的图像接受中，图像意义反馈的负面效应更多集中于本地居民：这些散布在城市公共空间细节中的图像很少被外地游客发现，却是成都本地居民日常生活和工作中反复经历的场景。大量的"丑熊猫"日复一日在城市公共空间中出现，不免使得本地市民对城市"熊猫战略"表现出钝感甚至反感。

2. 未能和城市形象形成有机关联

目前成都公共空间中不少大熊猫图像，都是外包给水平不高的团队进行简单绘制，在笨拙粗陋的视觉呈现之外，同样也看不到奇形怪状、姿态各异的大熊猫图像在图像视觉效力和意义方面与城市文化的深层关联。文化符号的表层堆叠，也使得图像最终有一种笨重的意义堆砌感，如《反省"中国风"》一文所言，"我相信，有上述倾向的设计者们并不想返古，只是一强调中国性，就不由自主地变成了晒古董"[①]。反观成都 IFS 的熊猫装置"I AM HERE"，表面看来呈现的是抽象风格，没有什么城市文化符号，但设计品质内核却和成都"追时尚、求洋盘"的城市风格暗合，也为具有当代时尚气息的成都商业公共空间做了视觉注脚。或许这种与成都深层文化气质和调性一致的图像设计，是需要未来更加重视并鼓励的创意方向。

3. 缺乏头部 IP

成都在十余年的"熊猫战略"中贡献出了无数大熊猫图像。但如果进行梳理，会发现成千上万的大熊猫设计图像中，基本都是各行其是的"散户"，居

---

① 吴兴明：《反省"中国风"——论中国式现代性品质的设计基础》，载《文艺研究》，2012 年第 10 期，第 16 页。

然没有几个在国内外传媒中能够持续、广泛地产生传播力和文化影响力的图像IP（除了被反复致敬和仿作的 IFS 的熊猫装置 "I AM HERE"）。前文曾经提及，在 2022 年初见识到北京冬奥会吉祥物 "冰墩墩" 巨大的 IP 文化影响力后，成都官方曾对大运会吉祥物 "蓉宝" 进行了视觉改造和提升，试图让 "鬼火熊猫" 更具亲和力和传播力，但受制于大运会的延期、两版方案在成都公共空间没有完全完成新旧交替等不确定因素，这一图像 IP 是否会发挥更大文化传播和影响力还不确定。对标日本熊本县的城市图像 IP 熊本熊等视觉版权形象，成都是否能够打造出具有影响力且能够不断进行衍生更新的大熊猫图像IP，是 "熊猫战略" 下一阶段需要思考的问题。

4. 本地和外地游客的认同度差异

因为图像接受场景、频次以及受众文化背景差异等因素，成都本地居民和外来旅客对城市公共空间之中的大熊猫图像在类型、品质、风格等方面必然存在态度差异。如前文所述，无论品质如何，外地游客对于公共空间的大熊猫图像更多会呈现出正向情绪，而本地居民因为图像接受的审美疲劳，则可能出现一定程度的钝感和反感。这就要求成都市官方针对两类人群进行差异化的图像传播。不过，这一问题值得重视，却不用过于担心：如果在未来能够将大熊猫图像在城市公共空间的审美呈现进行提升，那么在品质优秀、兼具成都城市文化基底和时代表达的大熊猫图像面前，图像审美体验的感性共振，会消弭之前意义化的接受背景制造的区隔。

（二）策略建议

针对上述问题，城市管理者在今后的城市公共空间图像打造中，有必要对 "熊猫战略" 进行聚焦和提升，打造出更具审美品质感和时代感，能够传达城市文化深层精神的大熊猫图像，让本地居民和外地游客都能在图像接受和交往行为中感受到公共空间审美的愉悦，并能领略和内化城市文化精神内涵。根据前文梳理，在此提出三条策略建议。

首先是针对 "缺乏头部 IP" 这一问题，有必要由城市相关职能方进行统筹，集合成都乃至国内外优秀文化创意设计资源，打造和投放既能够与城市文化有机关联，又有传播度、审美感和当代感的大熊猫 IP 图像。运营成熟的 IP

既可以成为城市文化标志性符号，又能成为城市公共空间活态文化景观，更能够在线上展陈、图像营销、NFT 收藏等诸多领域有用武之地。其间涉及方向路径、形象设计、IP 运营等环节，沟通协调难度大，有必要由市级相关职能部门进行战略指导和沟通协调，力争打造数组在未来线上线下均能发挥更强威力的大熊猫 IP 形象，构建"熊猫战略"未来发展的品质飞跃的契机。

其次，需要对成都街道公共空间之中低质、粗糙、有版权问题的大熊猫图像进行整顿。这里并不是呼吁官方以公权侵占私权的方式，强行取缔和撤销市民在城市公共空间之中的自发创作（民间自发的创作，除非存在版权问题，否则不应过分干预），而是要对涉及侵权的产物进行纠正。成都"十三五"规划明确提出了各区县都要努力打造和发展文化创意街区，最终成果却良莠不一。有如奎星楼街、枣子巷、望平街、大学路等今日成都标志性的文创街区，也不乏一些滥竽充数的应付式打造，出现诸多粗糙劣质之作。这些"丑熊猫"图像是政府相关能力不足的失败之作，不在私权保障范畴之内，理应在城市公共空间进一步优化提升的过程中进行整顿干预。

最后，应对成都市文化创意人才和创作建立平台进行有效调配，积极干预基层文创街区等城市公共空间的正向发展。仅仅取缔"丑熊猫"是不够的，如何有效帮助社区基层对接需求，调配优秀创作人才和设计团队为街区服务才是治本之道。

对于市场来讲，大熊猫图像战略中，仅仅有头部 IP 也是不够的，应该有更多具有新锐感和创意性的设计创作"集团作战"。因此，相关建议如下：

第一，组织艺术类高校师生、文创工作室与有相关公共空间文创的社区基层积极交流，平衡公共空间文创设计的供需关系，使得包括大熊猫图像设计在内的文创需求能够有充足的渠道进行有效对接。

第二，针对政府基层的相关文创，建立干预机制。据笔者所知，目前成都市已有相关艺术家、设计师组建了官方背景的艺术干预团队，对城市公共空间的建筑、雕塑、文创等内容进行意见反馈，但主要针对城市地标级别公共空间，尚未渗入到城市公共空间的细节。这方面可进一步完善。

第三，以设计基层相关公共空间作为实验平台，"自下而上"让具有新锐感和创意性的创作自然生长。不少社区基层的职能部门（尤其是简阳、崇州、青白江等非核心区县）对于如何打造文创街区毫无概念，又缺乏足够的文化审美素养，强行政令摊派最终也只能事倍功半。成都市官方可考虑结合地理区位等因素，专门打造几条街区，作为成都艺术家、设计师、文创团队进行大熊猫图像创作的街道公共空间"熊猫创意特色街区"。空间内提供足够的场地、平面进行自由创作，并给予相关支持，打造出街头到巷尾全部都是新锐、时尚、有设计感的大熊猫图像街区，成为艺术家自然生长、自我创造的特色文化旅游街道公共空间。定期由官方、艺术界、市民进行评议，对其中优秀创作进行奖励，并将形象纳入 IP 孵化战略矩阵，打造一批"集团作战"的大熊猫 IP，进行不同场景的城市营销。这样一来，社区街道公共空间的需求、对成都青年艺术人才的扶持、大熊猫图像 IP 的孵化研发等问题都可以得到有效解决。

成都在城市图像营销传播方面的"熊猫战略"是城市文化发展、景观建设和对外营销的重要视觉文化形象政策。经过数十年的建设、经营与传播，成都"大熊猫之城"的形象早已深入人心，遍布城市公共空间的大熊猫图像，也成为城市重要的文化旅游和生活场景。尤其是 21 世纪以来，成都几次节点式的"大熊猫事件"，使得大熊猫图像无论是主题、风格还是意义内涵都拓展出更多的可能性。

走在今天的成都公共空间之中，我们随时可以看到街边、车后、建筑上、门店装饰层出不穷的大熊猫视觉形象，有前卫设计、有国潮、有街头插画等诸多视觉呈现，为城市公共空间的景观注入更多的活力。但我们也不得不重视城市公共空间里那些制作粗糙或版权成谜的大熊猫图像在城市公共空间图像交互层面所生成的负面意义感知和接受效果。尤其是生活在公共空间之中的本地居民对于大熊猫图像的审美疲劳乃至负面观感，使得本地居民和外地游客对同一类别的图像接受和期待视野分歧越来越大。

无论是弥合两个群体的审美期待视野，还是在未来的城市规划建设中进一步提升大熊猫图像的质量，都需要城市相关管理者调整和提升相关策略。一方面是宏观调控，以城市作为平台协调统筹资源，打造门户级、城市名片级别公共空间景观和相关 IP、数字文创等。另一方面则是激发城市学界、业界、商界的活力，以大众创新作为城市图像战略的主体，创造更多的、更新的图像资源。建议可以用城市指定的街道公共空间作为落位承载空间，发挥城市民间创造力，孵化包括大熊猫图像在内的城市视觉文化的新生力量。

专题二　城市宣传片中的城市图像与文化精神

——以短视频《成都出差注意手册》文本分析为例

一、概述

在传媒高度发达的今天，借助电视、户外广告或是互联网融媒体平台，人们足不出户就可以了解一座城市的形象、风貌、文化和精神。短短几分钟的影像视频，浓缩了一座城市的公共空间、生活场景、经济发展和文化精神，成为城市对外宣传营销自身文化旅游、营商环境的绝佳视觉名片。自 20 世纪末"山东省威海市为发展旅游产业，大胆选用了广告片的制作拍摄模式，并且另辟蹊径地把着眼点从单一的旅游景点扩展到整座城市"① 以来，中国各大城市都积极投身于城市形象宣传片的拍摄制作中，用以吸引游客、招商引资，近些年也逐渐展现出吸引人才工作定居的功能。成都作为西部文化旅游和经济发展的重镇，对于城市形象宣传片极为重视。早在 2004 年，成都市相关部门就邀请著名导演张艺谋拍摄了城市形象主题宣传片，"成都，一座来了就不想走的城市"的口号，至今耳熟能详。2011 年，成都市政府将"典型中国，熊猫故乡"为题的城市形象片投放于美国纽约时报广场电子屏，开始向世界展示兼具历史文化底蕴和现代时尚气息的城市形象。自 2018 年申办大运会成功后，成都市更是总结国内外城市形象宣传片的成功经验，在城市形象宣传影像制作的数量和质量上都跨上了一个新的台阶。在上述背景下，2021 年初，一部名为

---

① 甄真：《城市形象的影像话语塑造——城市宣传片创作模式读解》，载《当代电视》，2014 年第 3 期，第 104 页。

《成都出差注意手册》的城市形象宣传短视频的病毒式传播，成为互联网络一次堪称"爆款"的城市营销。

《成都出差注意手册》是由中共成都市委宣传部指导的"影像天府·短视频创摄大赛"第二届参赛作品，由四川瑞福视息文化传播有限公司制作、出品。"影像天府·短视频创摄大赛"组委会希望业界通过短视频创作的方式，拓展成都文化的魅力边界，刷新城市影像的表达方式，"发现成都之美"，推广和营销城市文化在新媒介的图像表达。在众多参赛作品之中，短视频《成都出差注意手册》一经发布就迅速成为各大平台的"爆款"，单部全网流量超 7 亿人次①，成为现象级产品。系列短视频讲述的是两个到成都出差的日本人原田部长和坂本君，凭借一本"手册"，在成都出差时产生的各种文化碰撞。片中以日式冷幽默的风格展现了一个又一个外国人视角下成都城市文化独特、时尚、在地化的精神气质，展现出成都这座城市的现代、多元、独特的城市气质和无法回避的大熊猫文旅吸引力。观者在互联网络图像接受的过程中，产生了图像接受和审美的双重快感：在叙事层面被片中快节奏的日式冷幽默"预期违背"喜剧效果吸引，乐不可支；在喜剧内核方面则被成都城市文化表达所吸引，对这座城市的文化产生认同。这一成都官方主推的微视频宣传影像，在 2021 年对城市形象和文化产生了重要的影响，帮助城市形象进一步在国内外产生积极认同。

优秀的城市形象宣传影像固然是图像受众对城市文化产生认同的契机。但反过来讲，作为官方制作或推动的城市形象宣传影像，其中的内容也是城市官方管理者相关机构想要主动去表达的内容。那么在这样一支轰动全网的短视频影像中，主创到底做对了什么？《成都出差注意手册》在大获成功之后迅速推出了 2.0 和 3.0 版本，在网络平台反响却不如 1.0 的版本，这又是什么原因？回答上述问题，就需要对《成都出差注意手册》系列短视频的文本进行相应的分析。

---

① 相关数据引自"封面新闻"：《发现成都之美第四届影像天府·城市短视频创摄大赛来了》。

二、《成都出差注意手册》文本分析

如果从城市形象宣传片惯有的创作模式和文本写作方式来看，《成都出差注意手册》短视频可算是城市形象宣传片的异类。过去城市形象宣传片创作实践中，通常践行着"只有最具代表性及影响力的元素或场景最容易切合内外两个群体受众的心理预期"① 的理念，多使用航拍大远景画面、堆砌城市文化符号等手段，以保证在短短几分钟的影像呈现中，有足够多、足够全面的城市象征元素符号，从城市空间、建筑、产业、文化、生活等方方面面总结城市文化特色，以求得最具文化凝练性的符号传播效果。因此，长期以来，观众与图像生产者的图像交往实践惯性下，大众对于城市宣传片的期待视野往往被规训为航拍鸟瞰的城市风貌、眼花缭乱的城市文化符号等。《成都出差注意手册》首先让人眼前一亮的，就是对这些常规拍摄手法的"预期违背"②。

这种"预期违背"首先体现在叙事视角上，不同于传统城市形象宣传片大全景、大航拍的宏大叙事，《成都出差注意手册》选择了以人物故事作为线索串联叙事，在叙事视角上没有使用全知视角进行俯瞰，而是以具体人物的行动为线索，建立第三人称叙事模式。在这一叙事视角下，虽然影像呈现无法对城市形象做出宏观概括的总结，但受众能够以平视视角追随叙事者的行动，在叙事上有更多的沉浸感和情感代入。在具体的影像呈现上，《成都出差注意手册》基本是用中景、近景和特写追随主人公原田部长和坂本君平拍镜头，仅在第八个故事处对成都的城市建筑、街道、景观等进行了拍摄，但也采取了模拟主人公视角的平拍和仰拍镜头语言，使城市空间与游人在其中的感知更加贴合。

其次，在叙事结构上，《成都出差注意手册》以主人公原田部长和坂本君前往成都市出差为叙事线索，建构了八个系列故事，展现了原田部长和坂本君作为外地游客来到成都之后，在城市商务旅游的文化碰撞中产生的一系列故事，呈现出"日式冷幽默"的喜剧效果。在我国传统城市形象宣传片的创作实

① 刘舒璨：《形象宣传片中城市品牌的传播策略——以广州城市形象宣传片为例》，载《青年记者》，2012 年第 5 期，第 51 页。

② 脱口秀等喜剧中常见的创作技巧，指叙事逻辑跳脱出大众预期的惯性产生反差，以获得喜剧效果。

践中，数个叙事场景串联成的短视频的创作手法是较少的，以喜剧作为城市形象宣传的实践亦不多。《成都出差注意手册》更像是一个短视频喜剧，夹带着成都城市宣传的软广告。这既是新媒体时代影像创作的创新，也是"预期违背"让受众在接受中产生惊喜的原因。

此外，从叙事内容来看，《成都出差注意手册》除最后一个故事着重对成都城市形象进行总结外，其余七个故事的叙事并不侧重于对成都标志性文化符号的展示，而是更加专注于日式冷幽默的喜剧效果呈现。这就使得原本是抱着来看蜀绣、地标、市井文化、麻将等成都城市文化符号期待的受众再次感受到"预期违背"。与人们对成都文化符号的想象不同，《成都出差注意手册》通过短剧的方式，分别展现了原田部长跟随《成都出差注意手册》的指引，学说"川普"、享用麻婆豆腐、喝高度数白酒醉倒、在成都沙滩和冰雪世界游玩、享受包括移动支付的城市便利、参观大熊猫、吃火锅时尝试使用长筷子。在这七个故事中，除麻婆豆腐和火锅具有典型的成都文化符号性之外，其他场景所传达的文化符号并不常见于成都历来的城市形象宣传片中。这些冷门的内容表达，就成为《成都出差注意手册》在内容和符号呈现上的第三重"预期违背"。

如此与受众期待视野产生预期违背的短视频，却在2021年初投放视频平台后，取得了超乎想象的传播与营销效果。笔者尝试将其成功原因总结如下：

首先，与一般城市形象宣传片侧重展示城市形象和文化的叙事不同，《成都出差注意手册》侧重于建构日式冷幽默的喜剧叙事结构，在4分39秒的时长内建构了八个瞬息化、碎片化的喜剧故事，高度符合抖音、微信视频号等短视频平台的传播特点，相较于传统城市形象宣传片，可看性更高，趣味性更强，在短视频营销中"出圈"也就合乎情理。

其次，《成都出差注意手册》展现出的异国文化碰撞，在实际的影像呈现中成为影像表达非常吸引人的内容。在传统形象宣传片的实践认知中，"海外受众由于文化背景与价值观念等方面与本土观众是完全不同的。这也就意味着，当一部宣传片在创意制作之时，就必须同时站在一种他者的立场和视角上，掌握好跨文化传播的某些技巧与方法"[①]。因此，过去北京奥运会主题、

---

① 吴三军、杨静：《城市宣传片中的影像叙事策略》，载《云南艺术学院学报》，2011年第3期，第38页。

上海世博会主题的相关城市形象宣传片，不少以外国人在中国城市中居住和体验中国文化为主要内容，以表达中国城市文化的亲近感和人文魅力。但是，在《成都出差注意手册》中，成都城市文化却并没有以亲近和散发亲和魅力的姿态出现，而是在首次商旅至成都的日本企业部长面前，展现为一种文化碰撞的异质性和奇观感。无论是 52 度的白酒、与日本本土改良川菜口味完全不同的麻婆豆腐，还是城市空间中无处不在的大熊猫，种种场景、设施和文化都让剧中人物感到新奇甚至惊讶，成功模仿出主人公对异国文化带有陌生感和好奇感的好奇视角，使文化碰撞这一母题更具真实感和可信度。带有冲突性质的文化碰撞使得日式冷幽默的喜剧内核能够成立，从而产生异质性下文化碰撞的故事张力和喜感。

　　此外，值得一提的是，对比之前北京、上海等城市的城市形象宣传片，我们能够看到《成都出差注意手册》在中外文化交流碰撞的立场上，带有更强的文化平视视角。前者或多或少侧重于外国人对中国城市文化的亲近、融入、喜爱，乃至以西方人的形象内化为类似于唐人街"中国通"一般的角色，潜意识中多多少少有一种"中国文化努力融入世界文化体系"的意图。但《成都出差注意手册》则直接让不同文化进行碰撞，甚至是原田部长二人需要被动适应城市文化，这背后的逻辑在于今时今日的成都市已经不需要再努力体现自己具有国际视野、努力融入世界文化体系。从这一立场和意图的悄然转型，也能够看出今天包括成都在内的中国当代城市越来越强的文化自信。

　　最后，《成都出差注意手册》中前七个故事选用的文化符号，产生了"陌生化表达"的效果，使得本地市民也能在文化碰撞的故事中，看到陌生化包装的、带有新奇感的城市文化。在陌生化理论看来，对周遭事物的重新发现和在叙事、影像等方面的陌生化包装，"创造性变形的工作能够恢复感受的敏锐度，赋予我们周围的世界以'质感'"①。短视频中没有选择成都城市文化中最有代表性的符号，而是选择了一些相对冷门的内容，如成都的冰雪世界、成都出租车的移动支付、吃火锅时使用的长筷子等，这些本地市民在日常生活中习以为常的器物和场景，在视频中被包装为陌生化的符号，受众这才在文化碰撞的语境下明确这些在成都之外并不是常见的符号，从而重新打量我们生活的城市周

---

① 　V. 厄利希：《俄国形式主义：历史与学说》，张冰译，商务印书馆，2017 年版，第 264 页。

遭。这些相对冷门的文化符号也协助建构了影片预期违背、出其不意的喜剧效果和日式冷幽默的喜剧风格，陡峭的叙事似的影片最终的叙事呈现具有戏剧张力，同时也受到本地居民喜爱。

作为短视频制作的主体，四川瑞福视息文化传播有限公司在这一影响大获成功的激励下，立即拍摄制作了 2.0 和 3.0 版本。其中《成都出差注意手册 2.0 居家篇》在 2021 年影像天府·短视频创摄大赛第三届再次拿下小组赛优胜奖——"万国奖"。2.0 版本投放至视频平台后，凭借着前作的成功依然获得了很大的点击量，但是社交网络的讨论度和病毒式传播却有了下降趋势。这又是什么原因呢？

三、对《成都出差注意手册》续作的分析和批判

2021 年 7 月，《成都出差注意手册 2.0 居家篇》（以下简称《居家篇》）开始在互联网络投放传播，延续了前作的日式冷幽默，用八个故事场景线性串联起整个叙事结构。但相对于第一部来讲，互联网络的讨论度和病毒式传播则稍显疲软。对视频进行文本分析，则不难看出这一现象背后的原因。

首先是短视频文本的创作出现了瓶颈。《居家篇》的八个与成都城市文化相关的故事主题，分别是"川普"、公交礼仪、夜宵美食、城市时尚、城市消费、城市便利、城市夜生活和总结。这其中"川普"、美食和城市便利三个主题，在前作中已有丰富呈现，而续作的展示并没有呈现出新意，反而显得重复，在受众看来缺乏新鲜感，于是在互联网络上的话题度和讨论度就会开始降低。

其次，《成都出差注意手册》的核心特质，在于其对成都城市形象文化选题的陌生化处理，产生了"预期违背"的喜剧效果。然而《居家篇》的不少设计，恰恰是反预期违背的。《居家篇》的选题或者是对于前作的沿用，或者是青城山、太古里等城市地标空间的展示，都是成都市对外宣传营销城市形象再常见不过的文化符号，剧作叙事结构也没有太强的惊喜呈现，在合格的剧作创作的基础上，隐隐透露出审美疲劳的危机。如前文所言，《成都出差注意手册》最核心的传播特质在于模仿日本人视角的日式冷幽默的喜剧呈现，而在《居家篇》中，短视频喜剧本身的完成度只能说差强人意：不少故事为了展现城市文

化形象，前期铺垫过长，而叙事的突转又与前作逻辑类似，容易被猜到走向，从而没有了前作的惊喜感。因此，在视频本身的创作技巧层面，《居家篇》没有实现前作基础上的升级，甚至略有下降，停留于前作水准的视频就很难制造足够的惊喜感和话题度。而喜剧所谓"预期违背"，核心在于不断挑战、刷新和打破受众已经建立的认知逻辑，从而获得喜剧效果。当受众的认知已经被前作提高，续作却不进反退时，在实际的图像接受体验中，就难以产生预期违背的喜剧效果。

最后，《居家篇》中还出现了一个较为危险的创作倾向，并且在2022年最新推出的续作《成都出差注意手册3.0人居篇》（以下简称《人居篇》）中被坐实，那就是在短视频中"晒符号"。对于普通的城市形象宣传片来讲，其剧作核心在于展示城市形象、空间、文化和生活，对于城市象征元素符号的堆砌在"弱叙事"的剧作呈现中相对合理（虽然高频次的呈现也容易在城市本地居民的群体中产生审美疲劳）。或许是因为前作大获成功使得主创和相关部门对续作都提出了更高的要求，《居家篇》的创作过程中，已经隐隐约约呈现出日式冷幽默喜剧创作和"晒符号"宣传创作两种风格的撕扯。剧作中对成都青城山、太古里、夜生活的展示没有延续前作陌生化的处理，而是完全基于大众既有印象和认知的符号化创作，这就使得短视频呈现出更强的宣传属性，而开始与原有的轻喜剧风格若即若离。在《人居篇》中，创作方向已经带有软广告性质，彻底呈现出"晒符号"的宣传性质。片中双机场、大熊猫、吃辣梗的符号化展示，完全在受众的预料范围之内，缺乏剧作转化。而另外两个主题则为了"晒符号"甚至置剧作逻辑于不顾：酒店中先进的VR游戏看似展示了成都的游戏文化与数字文化，但完全罔顾坐拥索尼、任天堂等集团的日本游戏文化强于成都数字文创产业的客观现实；最后一个主题为了展示凤凰山体育公园的形象符号，则硬是让原田部长去城市地标级别体育馆踢四人足球。这种偏离生活现实的"晒符号"创作，丢失了原本刻意模仿真实外国友人在城市中产生文化碰撞的语境，将自身变成了一个没有生活实感、没有剧情逻辑，也丢失了日式喜剧效果的充满符号刻板印象的传统城市宣传片。《成都出差注意手册》原本成功的核心特质，在《人居篇》中最终崩溃。

目前尚不知《成都出差注意手册》系列是否还有续作，但《人居篇》中虎头蛇尾的收场着实是让人感到遗憾的。无论是《居家篇》的相对疲软，还是

《人居篇》的崩盘，《成都出差注意手册》的续作没有满足和超越受众的期待视野，主要有两个原因。首先，对于城市符号缺乏创造性的挪用打破了原有的活态喜剧呈现。《成都出差注意手册》成功的原因，就在于对城市文化表达进行了陌生化和活态化的处理，以剧作为优先，保证短视频喜剧剧情的活态化呈现。而两部续作则不同程度开始以城市符号展示为优先，"就变成了大面积的盲目挪用。设计成为拼贴，而非创造"①。其次，在"晒符号"的创作思路下，两部续作对于成都的城市文化解读逐步走向表象，以表层符号意义表达代替了深层城市精神文化的解读，就使得面对受众时两头不讨好：人们在短视频的图像接受行为中，或是倾向于短平快的纯粹搞笑视频，或是倾向于强调视觉奇观化的宣传影像；而成都本地居民对这种表象化的符号展示则不以为然。更加遗憾的是，这两大导致续作在剧作和传播方面不太理想的原因，其实在前作中曾经被主创克服规避。

说到这里，两个问题就亟待解决了：是什么样的城市文化精神特质，在《成都出差注意手册》第一部中被主创抓住却在续作中错失？深层的城市文化精神特质和表象化的城市文化符号又有什么区别？

四、城市文化精神的提炼与活态化呈现

什么是成都市的城市文化精神？似乎每个人都能脱口说出"休闲""包容"等关键词，但作为一座城市空间的文化基底和精神特质表达，学界目前缺乏高度理论化的提炼。《寻找城市的精神——以成都为例探讨中国当代文学中城市书写的得与失》一文就曾探讨过当代文学艺术对成都城市空间和气质的刻画描摹，文章认为当下大多数文学艺术的呈现中，成都城市的形象和内核的描述多是模糊不清的："生活在成都的读者能够从中寻找到一些熟悉的画面，而更多时候却只能得到一些模糊的影子。总是感觉这个城市的真实品性，它的脉搏仍隔在一张灰蒙蒙的纱幕之后，对于它的刻画还缺少一些更深入的力度。"②《成

---

① 吴兴明：《反省"中国风"——论中国式现代性品质的设计基础》，载《文艺研究》，2012 年第10 期，第 21 页。

② 陈丹：《寻找城市的精神——以成都为例探讨中国当代文学中城市书写的得与失》，载《当代文坛》，2010 年第 3 期，第 91 页。

都历史文化特质简论》一文则从相关历史和文献入手，将成都文化气质归纳为
"和谐包容的文化气度、开拓创新的文化精神、崇文重教的文化传统等特
质"①，这一对成都城市文化历史的总结本身并无问题，但总体还是浮于口号
化、标语化，势必就向当代文学、艺术、文化产业创作者提出一个挑战：在具
体的创作过程中，如何将这些宏观的概念转化为活态的、生动的、能够让受众
有效感知接受的内容？

就《成都出差注意手册》的制作来讲，主创在剧作层面并没有打算实际解
决这一问题。在首部作品之中，主创更加倾向于假设模拟日本旅客的视角，从
而以文化碰撞的剧作冲突去回避对成都城市文化精神和气质的深度剖析。从实
际的制作效果和传播效果来看，这一外部视角的建构确实是有效的。外部视角
的陌生化建构，使得城市文化的诸多光怪陆离的现象以一种奇观化的姿态呈现
（包括在外国人眼中很新鲜的移动支付等），只需要进行形象展示，不需要进行
深度剖析。然而在《居家篇》和《人居篇》两部续作中，这一视角建构的有效
性就开始逐渐丧失。图像受众不再将原田部长二人认知为外部视角，已经开始
与之共情，就会对城市文化内涵的剖析产生期待。在这时，两部续作的城市文
化解读和剖析就显得有些乏力。

主创对成都市的文化精神是如何理解的呢？在首部作品的结尾，主人公以
旁白的形式说了一段话："这里真是一座奇怪的城市。这里的人们可以竭尽全
力地工作，也可以很慢地生活，好像你可以看见这座城市的所有可能。他可以
接纳每一种想法，也接纳每一个人。随着时间，最终你会爱上这座城市。"这
可以看作主创对成都城市精神的解读。这其中，"这里真是一座奇怪的城市"
折射出的是日本访客的外部视角观察下陌生化的成都城市建构，文案内容在短
视频中已经有非常充足的文本和视听语言表达。"这里的人们可以竭尽全力地
工作，也可以很慢地生活"是过去几十年成都对自身经济产业的标榜和"慢生
活"休闲文化的品牌建构，但在剧作中并未呈现，这里更像是一个补充说明，
在此按下不表。那么，短视频是否用视听语言的形式展现了文案所述"城市多
元"的文化精神？很遗憾，就视频本身的内容呈现来讲，城市的多元除地标和

① 何一民：《成都历史文化特质简论》，载《西南交通大学学报（社会科学版）》，2012 年第 4 期，
第 121 页。

文化符号之外，并没有深度的呈现。城市的多元既是地标建筑、空间、文化符号的多元，同时也是在城市中生活的人的表达、展现、生活的多元。这一影像表达在《成都出差注意手册》中是难以完成的，原因在于《成都出差注意手册》无意去塑造生活在成都那些丰富的、多元的、驳杂的人的行动和表达。主创致力于原田部长二人及外部视角的刻画，但这一外部视角切入的视频中，生活在成都这座城市之中具体的人的形象，其实是模糊而不可窥见的。作为城市文化精神气质实际的载体，成都人的面貌模糊和符号、地标的具象，就使得影像很难在意义的探究上深入下去。因此所谓的"多元"，最终在影像呈现中或者是缺席的（如首部作品中只有文案和镜头素材），或者只能做符号化的刻板印象表达（如《人居篇》中太古里的"嘻哈青年"等）。仅看视频本身，《成都出差注意手册》并不能活态化地展现成都文化的多元、快慢、包容接纳，在完整的日式幽默剧作中，观者对于成都城市精神很难有感同身受的体会。

不过有趣的是，我们也完全可以认为，《成都出差注意手册》图像在现身之前，就在形式和选题两个角度，将成都的多元、包容、接纳的城市精神通过互联网络等媒介传达给受众，并且让受众在无意识中就接受了。首先说形式，《成都出差注意手册》并非传统城市形象宣传片，而是成都市委宣传部指导下的"影像天府城市短视频创摄大赛"获奖作品。其"短视频＋日式喜剧"的剧作和传播模式本身，体现出成都对于自身城市形象文化宣传"不拘一格"的模式，通过对短视频创作"百花齐放"的鼓励，展现出城市主体鼓励创新、多元的管理精神。其次是选题。无论是日本商务文化的外部视角，还是日式无厘头喜剧的模式，《成都出差注意手册》的呈现本身，就已经体现出成都文化主体的多元包容。日本与中国在今天各个方面复杂而敏感的关系毋庸讳言，《成都出差注意手册》以虚拟的日本商旅游客的视角打量成都的城市文化和精神，且在日式喜剧的消解下没有矮化任何一方，这一选题设定能够在主创内部成立，能够得到成都市委宣传部的首肯，并得到包括成都本地居民在内的受众的喜爱和认可，这三重"关卡"见证了成都管理者和民众对于文化本身的接纳、认可，展现了成都"可以接纳每一种想法，也接纳每一个人"的多元文化态度。日式无厘头喜剧的模式，也并非传统意义上城市形象宣传片的基调。当代喜剧作品作为消解的艺术，通常更多呈现的是调侃、解构的意涵，这一基调能够成为成都城市形象宣传片的风格，也足以说明政府、创作团队和受众三方对当代都市多元文化的宽容和接纳程度。总而言之，《成都出差注意手册》在剧作内部并没有太过于深入地剖析和展现成都的城市文化精神，仅仅是用旁白进行了抒情性总结。但是因为主创团队、成都政府相关部门和图像受众三方，在图像接受和交往行为中无意识体现出的创新、包容、多元的态度，这一视频的存在本身，就已经成为成都城市文化精神的一个注脚。

纵然前文指出了《成都出差注意手册》系列在制作和传播中一些不尽如人意之处，但不能否认这一组短视频图像在探索城市形象宣传片制作和创新方面迈出的巨大步伐。宣传片以短视频＋日式喜剧的模式，打造了一组更适合短视频平台播放和传播的喜剧视频，并借助虚拟的"日本友人"这一外部视角，重新观察了成都市民习以为常的场景、生活、文化和表达。喜剧短视频包装下的城市形象宣传片令人耳目一新，不但在传播中使得外地游客对成都城市文化有了不同角度的认知和了解，同时也帮助本地居民从另一视角重新审视自己身处的城市及其文化表达，可以说是在融合媒介时代，传统影像表达适应新媒介、新社会、新文化的一次成功尝试。针对传统城市形象宣传影像，《成都出差注意手册》无疑是一个极具借鉴和启发性的文本。面对新时代、新媒介、新技术，以及新的城市发展格局，各城市管理主体和创作者有必要打破过去的思维模式，用更多视角的建构、更多技术的融入、更丰富和活态化的文化表达，创作出更具创新性、传播度和时代格局的作品。

《成都出差注意手册》的制作、传播和影响，背后也是作为城市管理者的政府相关部门推动的结果。成都市政府近年来一直致力于城市文化的打造、宣传和推广营销，借以发展城市产业、文化和旅游相关内容。从张艺谋执导的《成都，一座来了不想走的城市》到今时今日《成都出差注意手册》，都能看出政府对城市形象宣传片制作的重视、创新的鼓励、题材的包容和营销的推广。尤其是资金的鼓励和对创作本身的创新鼓励与包容，值得国内其他城市相关部门积极借鉴。

自然，《成都出差注意手册》本身还存在着一些问题和不足。其中最为明显的是在视频中尤其是两部续作对城市文化本身过于符号化的刻板呈现，而没有将城市生活世界中活态的、生动的文化表达呈现出来。《成都出差注意手册》通过外部视角的建构绕过了对城市文化的深入剖析和活态转化，但并不意味着后来者都可以如此取巧（甚至《成都出差注意手册》的续作都不能绕过）。因此，如何在数分钟的城市形象宣传片中以高度凝练的视听符号展现城市文化，又能通过生动的图像让受众感同身受，与活态的文化产生情感联结，这仍是未来创作中需要持续探索的问题。

结语

一、成都城市公共空间图像战略特质

成都市近年来在城市公共空间的图像战略上的成功，已经以城市公共图像景观的全阵列，展现在成都各类城市公共空间的节点和肌理之中。

凭借着线上线下的宣传图像投放，以及城市公共空间中的图像、景观、装置的布置、展陈和交互，成都市成功地在西南内陆打造了一座具有城市民俗人文景观和文旅特色的交互城市场域。在成都的公共广场空间、公共文化展陈空间、公共商业空间、街道公共空间，或是展会赛事公共空间之中，无数具有地域文化特色的或是现代时尚的图像展现在公众面前，在具体时空场域的语境中与城市公共空间的受众展开感知、意义和功能交往，使得受众能够借由图像交往行为，对城市中的空间、文化和他人有更为强烈的认同感，从而促进城市共同体的对内整合和对外宣传，增强城市文化的凝聚力和影响力。

纵观全国，能够在图像宣传、营销、接受和交往层面实现如此强大影响力和认同度的城市并不多。尤其是在中西部地区，因为图像交往而能够持续具有文化吸引力的"网红城市"更是稀少。成都二十年前被大众媒介称作"来了就不想走的城市"，在今天依靠图像营销和认同吸引了全国数百万人才就业定居，城市文化的影响力和吸引力是一以贯之的。横向对比其他"网红城市"，成都市不仅是吸引了文化旅游的外来观光客，更是在生活世界中展现出强大的黏性。对于本地居民来讲，成都是"来了就不想走的城市"，而对外地人来讲，则是可以实现其就业和生活梦想的"财富之城，成功之都"。截至 2022 年，成都市常住人口已经超过 2000 万，成为中国城市常住人口排名第四的城市，尤其是近十年间，成都常住人口增加了 582 万人。城市人口的暴增当然有经济、产业、气候、地产、教育等多方面因素，但同样不能忽视的是成都市总体的"图像战略"对于宣传营销和内部认同的强大影响力。那么成都市公共空间的图像宣传、接受和交往战略，相比起其他城市，究竟有哪些独特之处呢？

（一）"休闲""安逸""多元"城市精神的审美化图像呈现

成都市公共空间图像交往的主题之一，被突出呈现为"休闲""安逸""多元"等日常生活的审美化形象。与不少"网红城市"不同的是，成都城市公共空间的图像营构并非仅止于视觉奇观，而是着力深度打造有城市文化指向性的内涵。成都市公共空间图像景观的一大主题，就是对成都日常生活的闲适、审美化细节、城市享受体验的宣传和展示。几乎每一个知晓成都的人，都会知道这是一座休闲的城市，而市井文化的休闲、惬意与享受通过各类景观和图像进行宣传营销，在图像接受中让人们对城市生活有着更高的期待。而在成都的城市公共空间之中，人们也能够通过图像和景观营构的空间氛围，实时体验到这一审美化的日常生活。无论是文旅景观的呈现，还是日常生活街道公共空间中的门面、招牌、公共设施、街头艺术等图像景观呈现，都能让受众体验城市日常生活之美。尤其是成都近年来的艺术文创社区，将街道、社区等日常生活空间激活为审美艺术空间，让城市日常生活的片段更富艺术性、时尚性，更加具有审美化体验。从著名的玉林社区到奎星楼街、望平街、大学路……太多城市公共空间的节点，展现出休闲安逸的气质，使得受众在日常生活的街头，就能体验成都的休闲气息。而这一城市氛围就变成了成都独一无二的城市宣传名片，用自身安逸休闲的生活美学图像，打造出特有的城市名片。尤其是对不少高学历年轻人才来讲，成都被打造成一座既有产业机遇又有生活美学的城市，是他们透过图像所窥见的"工作和生活平衡第一城"。城市公共空间生活美学审美图像的接受和交往氛围，最终成为数百万年轻人前往成都"蓉漂"的契机。在一定程度上，正是对城市公共空间的图像接受与交往，再次形塑和深化了成都的城市文化品质。

（二）凸显交互性的城市公共空间图像营构

必须要提到的是成都市公共空间图像的接受、交往和"交互性"呈现。城市作为一个日常生活和工作的时空场域，本身就是容纳人口并使其产生各类交互的场域。成都公共空间以图像、景观、装置等承载内容，使得市民能够在其中产生更为丰富的意义交互。在城市社区的改造过程中，城市注重"四态合一"的综合功能建设,并让社区文化能够活态保留下来,与社区居民有强度更高、更符合时代性和地域色彩的审美交互;在以"天府绿道"和"公园城市"为核心的城市改造进程中,成都重视打造特色街区,并且在街头以各类雕塑、装置、壁画等图像承载城市记忆、焕发时代新表达,将街头公共空间的文化传承与市民日常生活进行有机交互,使得城市文化不仅仅是文博性的展示,更是在日常生活交互中成为生活周遭触手可及的意义再生成。成都作为著名"网红城市",同时注重联通线上线下交互性的图像景观打造,这些"打卡""出片"的网红景观图像,进一步激活了城市景观与受众的交互、游戏关系,使得城市公共空间与受众之间产生更为紧密多元的联结,从而使得受众对城市的认同感更为强烈。

(三)地域特色文化的图像"物阵"覆盖

不能忽视成都市公共空间之中无处不在的地域文化展示。提及成都,人们脑海里马上会浮现诸多代表城市文化的图像:在文博领域,包括金面具、太阳神鸟、说唱俑;谈及民俗,则想到蜀锦、蜀绣、竹编;提到市井生活,喝茶、麻将、龙门阵、火锅的形象呼之欲出,更不用提无处不在的大熊猫……上述形象在受众脑海中的固化,成都市如"物阵"一般覆盖在各类公共空间中不间断出场的图像,在一定程度上起到了固化这些地域文化意象的作用。我们能够看到,无论是天府广场,还是春熙路,公共空间之中总有各种各样成都地域文化的图像呈现,提醒受众古蜀文明或者川西民居的视觉形象与这座城市的文化记忆关联;走在成都的街巷之中,街道壁画和装置与茶文化、餐饮文化、大熊猫图像永远有千丝万缕的联系。对比国内其他城市,成都的地域文化展示未必是最具奇观化和景观化的,但是在任何一条街巷、任何一个广场或商场中,受众都会与成都的历史文化、市井文化、民俗文化不期而遇,可以说成都在公共空间的图像渗透覆盖这一层面,已处于全国城市文化宣传营销的前列。

近年来成都也在积极探索地域文化的传承与转化。继北京、上海、台北等城市之后,成都也开始在文化创意产业发力,将城市文化历史、文化记忆和文化表达相关内容进行转化和创新。这使得被转化创新之后的太阳神鸟、大熊猫、说唱俑等图像,以更具当代时尚气息的图像形制出现在成都公共空间之中,化为灯光、装置、商品等多重图像景观。必须承认的是,在文创转化和发展方面，成都目前并非第一梯队，距离北京、上海、台北尚有一段距离。但相信在成都市的持续发力之下，未来会有更多多元的、具有现代性品质的城市文化形象和商品覆盖城市公共空间，带来新的文化表达和现代审美呈现。

（四）"熊猫战略"的图像名片聚焦

提到成都市公共空间图像的呈现、营销、接受与交往，大熊猫图像必然是无可回避且需重点强调的一笔。作为整个城市公共空间图像阵列的"刺点"，成都的"熊猫战略"在城市文化发展、景观建设上已经深入人心，成为成都市独一无二的图像符号名片。经过数十年的建设、经营与传播，成都"大熊猫之城"的形象早已深入人心，遍布城市公共空间的大熊猫图像，也成为城市重要的文化旅游和生活场景。尤其是 21 世纪以来，成都几次节点式的"大熊猫事件"与相关营销，使得大熊猫图像无论是主题、风格还是意义内涵都拓展出更多的可能性。无论是人们提及成都就第一时间与大熊猫图像进行关联，还是成都各个城市公共空间之中深入浸透的大熊猫图像景观阵列，都标志着这一战略聚焦的阶段性胜利。成都的城市公共空间，也因此成为城市文化旅游无可替代的文化景观。

二、相关问题与对策建议

不过，就成都公共空间图像的接受和交往实践来看，成都市虽然在城市图像战略上取得了丰硕的成果，但对比国内外的一些国际化都市仍存在一定差距，现有图像战略中可能存在一些风险。这些问题和差距一方面是由城市发展水平决定的：作为西部内陆城市，成都在城市相关建设和产业发展方面基础较弱，虽在 21 世纪以来有快速发展，但较之东部国际化城市仍有一定距离。另一方面不能忽视的是，在具体的图像战略执行层面，也有一些问题值得重视。

首先是城市公共图像的交互性方面，成都虽然在近年的实践中以"网红城市"转型为契机，取得了不错的成效，但不少公共场域的图像交互仍有提升空间。尤其是在天府广场等较为传统的城市公共空间，装置、雕塑、图像、景观和受众在功能、审美和意义方面的交互性都是不足的。而在具体的交互性提升方面，需要更加重视以人为功能、审美和意义交互的尺度，在空间营构、意义展现和审美等方面更加重视当代城市人的感知和接受尺度。

其次是需要更加重视城市日常生活公共空间的景观化和文旅化图像营构。在今天，城市旅游已经打破了传统的景点、景观旅游模式，城市的日常公共空间开始逐步成为人们文化旅游的重要目的地。尤其是在成都，商业公共空间如太古里，街道公共空间如玉林社区、望平街、小通巷等，都成为新的文化旅游目的地，承载着城市旅游的观光、消费、文化输出等职能。因此，未来的城市发展，可以进一步加强城市本身尤其是各类城市商业空间的文旅景观图像营构，让城市公共空间本体成为新时代城市旅游的承载空间，激活城市公共空间各个节点在功能、审美和意义层面更多的想象力。

再次是城市图像景观的建设更新和维护成本考量问题。如前文所述，成都市有较为丰厚的公共财政，更是借助一系列财政专项资金投入，在街道公共空间的视觉景观提升方面有充足的能力。但就目前来讲，已经打造完成的诸多景观和街区即将面对的就是尚不明朗的后期维护成本（包括治理成本、人工成本、时间成本和经济成本等），街道公共空间的视觉品质是否能够长久维持仍需进一步观察。其他城市在这方面需要评估自身财政情况，避免过高比例投入，同时也需要观察成都在后期维护方面的投入和成果，用以综合评估成都的借鉴意义和价值。

最后也是最重要的，是城市图像的创造和创新问题。无论是对城市文化历史的挖掘转化，还是对包括大熊猫等名片式图像IP的创作传播，图像本身的创新问题，都是网络时代城市图像接受与交往的核心。成都当前的图像转化和创新能力相对较弱，主要体现为本土文创产业相较于北京、上海等城市还相对薄弱：规模体量小、集团化协同能力不足、具有较高商业价值的图像转化创作稀缺。因此，无论是文博艺术图像的二次创作，还是大熊猫等名片图像的拓展，都缺乏强有力的产业、团队和艺术家支撑，难以进行进一步的IP文创开发和对外传播。这就需要城市管理部门、产业、学界等多方力量协同，一方面集中城市力量打造头部IP，激活城市文创对外传播影响力；另一方面积极鼓励扶持文化创意产业和团队在本土的快速生长，培养本土优秀创作人才和企业的集群，让更多文创人才和企业能够在这座城市中聚集、生长，形成良性的人才和创作氛围，通过城市自我生长，孵化出更多、更优质的文创表达。

对于国人来讲，成都是一座极为特殊的城市。在游客的眼中，成都是一处休闲安逸的所在，是忙碌之余可以休憩放松、旅游玩耍的重要目的地。在本地居民眼中，成都是集当代城市生活便利性与城市文化休闲性为一体的生活场域，是"少不入蜀，老不出川"的不可替代的生活场景。于是乎，城市公共空间的图像接受与交往行为，是对这座城市文化精神进行固化、延伸和创新的重要手段，也是不同人群对这座城市所有想象的直观感知印证。城市公共空间图像的创作，以及接受交往效果与反馈，既是城市的守护者，也是城市的创新媒介。与之相关的议题和现象，仍值得我们在未来进行持续的关注和研究。同时，成都作为国内城市发展的案例，对于其他城市的文化战略、宣传战略，也有着非常重要的借鉴意义，对成都的关注，同样也是对中国城市文化战略、公共空间发展和图像研究的一次管中窥豹。希望借由本次研究，可以为中国的城市相关发展，提供一些思路和启发，助力城市文化宣传在未来产生更多的想象力与可能性，让中国的城市公共空间和景观能够在图像表达、接受和交往行为中，联通文化的历史记忆、现代表达与未来空间。

参考文献

巴尔蒂尼. 论公共艺术的在地性 [J]. 文艺理论研究，2016 (2).

鲍德里亚. 消费社会 [M]. 刘成富，全志钢，译. 南京：南京大学出版社，
　　2008.

鲍德里亚. 符号政治经济学批判 [M]. 夏莹，译. 南京：南京大学出版社，
　　2009.

本雅明. 机械复制时代的艺术作品 [M]. 王才勇，译. 北京：中国城市出版
　　社，2002.

伯梅. 图像与气氛——论图像经验的现实性 [J]. 高砚平，译. 外国美学，
　　2018 (2).

布雷德坎普. 图像行为理论 [M]. 宁瑛，钟长盛，译. 南京：译林出版社，
　　2016.

陈丹. 寻找城市的精神——以成都为例探讨中国当代文学中城市书写的得与失
　　[J]. 当代文坛，2010 (3).

陈香琪. 成都天府广场职能及其空间格局的流变研究 [J]. 山西建筑，
　　2022 (2).

崔珍. 微信朋友圈的自我呈现："社交货币"理论的视角 [D]. 南昌：南昌大
　　学，2016.

德波. 景观社会 [M]. 王昭风，译. 南京：南京大学出版社，2006.

邓经武. 会展之都品牌的创建和城市旅游资源的开发——以成都为例 [J]. 成
　　都大学学报（社会科学版），2007 (5).

厄利希. 俄国形式主义：历史与学说 [M]. 张冰，译. 北京：商务印书馆，
　　2017.

冯汉骥，杨有润，王家祐. 四川古代的船棺葬 [J]. 考古学报，1958 (2).

弗雷德. 艺术与物性：论文与评论集 [M]. 张晓剑，沈语冰，译. 南京：江苏美术出版社，2013.

格莱泽. 城市的胜利 [M]. 刘润泉，译. 上海：上海社会科学院出版社，2012.

贡布里希. 艺术的故事 [M]. 范景中，译. 南宁：广西美术出版社，2008.

哈贝马斯. 公共领域的结构转型 [M]. 曹卫东，等译. 上海：学林出版社，1999.

哈贝马斯. 交往行为理论：行为合理性与社会合理化 [M]. 曹卫东，译. 上海：上海人民出版社，2004.

何一民. 成都历史文化特质简论 [J]. 西南交通大学学报（社会科学版），2012 (4).

赫尔舍. 古希腊艺术 [M]. 陈亮，译. 北京：世界图书出版公司，2014.

洪巴赫. 图像行为理论 [J]. 王卓斐，译. 外国美学，2015 (1).

胡铁，阿杰，石鸣. 成都的全球营销之道　《功夫熊猫2》全球热映，阿宝身世之谜成都揭晓 [J]. 西部广播电视，2011 (6).

胡易容. 图像符号学：传媒景观世界的图式把握 [M]. 成都：四川大学出版社，2014.

康定斯基. 点线面 [M]. 余敏玲，译. 重庆：重庆大学出版社，2017.

康定斯基. 艺术中的精神 [M]. 余敏玲，译. 重庆：重庆大学出版社，2011.

赖明清. 新时期会展经济与城市经济之间的互动效应探析 [J]. 商展经济，2022 (8).

朗西埃. 审美革命及其后果 [C] //赵文，郑冬梅，译. 汪民安，郭晓彦. 生产：第 8 辑. 南京：江苏人民出版社，2013.

朗西埃. 图像的命运 [M]. 张新木，陆洵，译. 南京：南京大学出版社，2014.

李龙. 中国皮影博物馆藏部分成都皮影考论 [J]. 荣宝斋，2013 (11).

列维纳斯. 从存在到存在者 [M]. 吴蕙仪，译. 南京：江苏教育出版社，2006.

刘舒璨. 形象宣传片中城市品牌的传播策略——以广州城市形象宣传片为例

［J］. 青年记者，2012（5）.

麦克格雷尔. 涂鸦与城市：关于街头艺术、城市青年与艺术疗愈的新思考［J］. 吴晶莹，译. 世界美术，2020（3）.

麦克卢汉. 理解媒介：论人的延伸（增订评注本）［M］. 何道宽，译. 南京：译林出版社，2011.

米歇尔. 图像学：形象，文本，意识形态［M］. 陈永国，译. 北京：北京大学出版社，2012.

彭雪梅. 成都大熊猫文化创意产品开发现状研究［D］. 成都：西华大学，2021.

邱硕. 成都与熊猫：城市形象符号的象征化［J］. 中外文化与文论，2018（3）.

桑塔格. 论摄影（插图珍藏本）［M］. 黄灿然，译. 上海：上海译文出版社，2010.

孙艺萌. 纽约地铁涂鸦艺术中的文化政治［D］. 杭州：中国美术学院，2014（4）.

王汝辉，谢梅，李雪霖. 大熊猫生态文化旅游产品形象感知研究——成都熊猫邮局游客调查［J］. 中华文化论坛，2016（3）.

王杨. 会展经济与城市发展的协调互动［J］. 商业文化，2021（31）.

维利里奥. 视觉机器［M］. 张新木，魏舒，译. 南京：南京大学出版社，2014.

吴三军，杨静. 城市宣传片中的影像叙事策略［J］. 云南艺术学院学报，2011（3）.

吴兴明. 反省"中国风"——论中国式现代性品质的设计基础［J］. 文艺研究，2012（10）.

吴兴明. 论前卫艺术的哲学感——以"物"为核心［J］. 文艺研究，2014（1）.

吴兴明. 设计哲学论［M］. 上海：上海人民出版社，2021.

吴勇. 城市符号在城市广场景观中的运用——以成都天府广场为例［D］. 雅安：四川农业大学，2011.

武尔夫. 人的图像：想像、表演与文化［M］. 陈红燕，译. 上海：华东师范大学出版社，2018.

雅各布斯. 美国大城市的死与生［M］. 金衡山，译. 南京：译林出版社，2006.

姚斯，霍拉勃. 接受美学与接受理论［M］. 周宁，金元浦，译. 沈阳：辽宁人民出版社，1987.

余虹. 艺术与归家——尼采·海德格尔·福柯［M］. 北京：中国人民大学出版社，2005.

张浩光.“光合作用”——作为公共艺术媒材的灯光装置艺术［D］. 杭州：中国美术学院，2012.

张一骢. 当代生活世界的图像交往研究［M］. 成都：四川大学出版社，2020.

张意. 城市参与式艺术的“在地实践”与“场域感知”［J］. 广州大学学报（社会科学版），2021（5）.

赵丽. 发挥会展资源优势　打造成都为会展之都［J］. 成都经济发展，2004（2）.

赵宪章. 文学成像的起源与可能［J］. 文艺研究，2014（9）.

赵毅衡. 符号学：原理与推演［M］. 南京：南京大学出版社，2016.

甄真. 城市形象的影像话语塑造——城市宣传片创作模式读解［J］. 当代电视，2014（3）.

CARUSO A.“The Feeling of Things”［J］. A＋T Ediciones，Vitoria-Gasteiz，Spain，1999，No. 13.

RANCIERE J. The Politics of Aesthetics：the Distribution of the Sensible ［M］. London & New York：Bloomsbury Academic，2013.

后　记

自提笔到最终写作完成，经历了三年左右。对一座具有千年历史的中华名城来讲，这不过是其城市发展长河中的一瞬。然而，对于成都这座城市的当代发展变迁来讲，这是极不同寻常的三年。一方面是在新时代下被定位为国家中心级城市发展的狂飙突进，一方面则是经历了2020年以来新冠疫情的巨大冲击，随着第31届世界大学生运动会这一国际赛事的开展，城市的面貌、精神和诸多表达都前所未有地经历着时代的考验。在此背景下对成都公共空间中图像表达、接受、交往的研究，就开展得有些艰难。要应对一日千里的图像展示和表达，要对相关图像现象展开调研而又不时受到干扰，不少对于图像的期待随着一次次公共活动的延期、取消而落空，以及这三年城市文化旅游相关产业、空间所面临的窘境……以项目组的体量和能力，在此次研究中不免留有许多遗憾。例如，因为城市飞速的发展，不少现象和案例的追踪尚未完成；又如，国内对于成都文化旅游公共空间的研究尚有疏漏。希望在未来能够以其他的研究形式，逐渐弥补这些遗憾。

本书分为上下两篇及专题研究，上篇为"城市公共空间的图像接受与交往理论综述"，下篇为"成都公共空间图像接受与交往研究"，专题共两个。撰写分工如下：

下篇第九章"成都公共文化展陈空间的图像接受与交往问题研究"主体文字，由课题组成员唐晓睿完成。

本书其余章节的写作均由张一骢完成。

课题组其他成员，在课题论证、项目调研、文献搜集、阶段性成果写作发表等环节，均有不同程度的贡献。特此向但午剑博士、王诗秒博士等人的支持表示感谢。同时也特别感谢西南石油大学杨晓鑫和王博汶同学的前期资料整理，以及孙佳琳同学在校稿方面的贡献支持。

本书部分学术观点受业师吴兴明先生启发。若其中有何值得注意的问题或可被称之为思想的智慧灵光闪现，皆拜吴老师多年教诲所赐。2022 年底吴兴明老师因病逝世，但其原创思想与风骨不朽。愿吴师学术精神不朽，愿吴门学术战斗火花永存。

图像视觉文化是 20 世纪以来文化研究的显学，不过在以严肃艺术为核心的艺术学研究的版图中，仍属于新锐但边缘的板块。尤其是以图像为媒介的公共交往活动，在今天已经成为人们在各个生活场景之中展开活动和交互的主流，而相关理论的研究分析整体仍落后半步。本书希望通过理论的界定、梳理，以及对成都城市公共空间的研究，在理论层面强调图像对于公共生活交往的巨大价值和无限可能性，而在实践层面，能够让城市管理者意识到图像的氛围、功能、物感、意义对于城市公共生活的重要影响。尤其是图像在城市公共空间中与人的身位权力关系、图像对商业和社区日常生活的激活、图像对城市氛围的营造和人文观照，在地亲近感正向认同感建构，都是城市管理和公共政策可以在新时代进行发力的无限空间。而城市公共空间的图像品质和传播接受效果，和背后的文化创意产业力量也有密切关系，能否发展、协调和促进这一力量在城市本土的生长，也是对城市软实力考验的重要指标。如果本次研究能促成城市管理和城市政治在这些新的问题域下展现出新的想象力，那么本次研究就有了足够的现实意义。

张一骢

2022 年 8 月 17 日

于 MEDISN RESET·药厂

（一家图像景观品质兼具前卫感和亚文化风格的成都咖啡精酿酒吧）